GLI ADELPHI

348

Goffredo Parise (1929-1986) è stato, oltre che narratore, sceneggiatore e reporter. I brevi racconti – o romanzi in miniatura o poesie in prosa – che compongono *Sillabari* sono apparsi in origine sul «Corriere della Sera» fra il 1971 e il 1972 (da *Amore* a *Famiglia*) e fra il 1973 e il 1980 (da *Felicità* a *Solitudine*), mentre è del 1984 il volume che li ha per la prima volta radunati tutti. Di Parise sono stati pubblicati da Adelphi anche *Quando la fantasia ballava il «boogie»* (2005), *Il ragazzo morto e le comete* (2006), *Guerre politiche* (2007), *L'eleganza è frigida* (2008) e *Lontano* (2009).

Goffredo Parise

Sillabari

ADELPHI EDIZIONI

Prima edizione: maggio 2009
Seconda edizione: gennaio 2010

ISBN 978-88-459-2393-7

INDICE

♡ ♡ ♡

27/02/16

PER GIULIA DA VALENTINA

SILLABARI

Avvertenza

Nella vita gli uomini fanno dei programmi perché sanno che, una volta scomparso l'autore, essi possono essere continuati da altri. In poesia è impossibile, non ci sono eredi. Così è toccato a me con questo libro: dodici anni fa giurai a me stesso, preso dalla mano della poesia, di scrivere tanti racconti sui sentimenti umani, così labili, partendo dalla A e arrivando alla Z. Sono poesie in prosa. Ma alla lettera S, nonostante i programmi, la poesia mi ha abbandonato. E a questa lettera *ho dovuto fermarmi*. La poesia va e viene, vive e muore quando vuole lei, non quando vogliamo noi e non ha discendenti. Mi dispiace ma è così. Un poco come la vita, soprattutto come l'amore.

G.P.

Gennaio 1982

a

AMORE

Un giorno un uomo conobbe una giovane signora in casa di amici ma non la guardò bene, vide che aveva lunghi capelli rossastri, un volto dalle ossa robuste con zigomi sporgenti da contadina slava e mani tozze con unghie molto corte. Gli parve timida e quasi impaurita di parlare e di esprimersi. Il marito, un uomo tarchiato con occhi sottili e diffidenti in un volto rinchiuso pareva respirare con il collo gonfio e gli ricordò i ranocchi cantanti. Aveva però caviglie fragili e senili e le due cose, collo e caviglie, davano al tempo stesso una idea di forza e di debolezza.

L'uomo sapeva che queste prime impressioni, quasi definitive, non potevano esserlo del tutto perché si sentiva distratto e perché non era accaduto niente, infatti quasi non si accorse quando uscirono dalla casa e non ricordò il timbro della voce di nessuno dei due.

Passò del tempo e li rivide in un ristorante. Anzi, vide soltanto la moglie, ritta presso il tavolo e nel gesto di sedersi: in quel gesto lei scostò da un lato, con un lieve scatto della grossa mano ma poi lisciandoli, i capelli del colore delle carote sporche di terra e fece questo inarcando la schiena. Indossava un pigiama nero, una cintura di metallo dorato appoggiata ai fianchi, scarpette di vernice nera con una fibbia e tuttavia, per una fulminea coincidenza di ragioni tanto misteriose quanto casuali, era bellissima. L'uomo che la guardava da un tavolo non vicino sentì aumentare comicamente le pulsazioni del suo cuore perché capì di avere capito tutto di lei. Anche lei capì tutto di lui (anche che lui capiva) perché in quello stesso istante si girò, lo riconobbe e lo salutò con un sorriso esultante che subito (e ingenuamente) cercò di contenere entro i limiti di una buona educazione da adulti. Ma l'impeto di quel sorriso le aveva fatto staccare le braccia e le mani dal tavolo e la punta delle scarpette di vernice premeva per terra per sollevarsi. Fu questione di un momento, poi la donna si rivolse ai suoi commensali con volto gentile ma serio, spesso nascosto dai capelli, e le scarpette tornarono tranquille. L'uomo invece seguitò a guardarla fino a quando le pulsazioni del suo cuore si calmarono. Allora la guardò un po' meno incantato e un po' più curioso come fosse, e come avrebbe dovuto essere, una estranea: ma anche questo modo di osservarla, che avrebbe voluto tener conto di particolari banali, non fece che confermare la grande e naturale bellezza della presenza femminile al punto che il ristorante gli parve deserto o tutt'al più avvolto in uno sfarfallìo di colori e di suoni come si vedeva in certi vecchi e forse brutti film. L'uomo si sentì improvvisamente debole e riconobbe i segni di una emozione che da quando era bambino e vedeva sua madre salire da un giorno di limpido gelo, il collo sporgente dai *renards* con le puntine bianche, la bocca rossa e lucida, il neo sulla cipria, erano sempre gli stessi segni. Sollevò gli occhi dal tavolo nello stesso momento in cui anche lei li sollevava obliquamente verso di lui, non più sorridendo ma con il volto percorso da una vampata, ammaccato da un dolore imprevedibile e ingiusto che non capiva. Gli occhi erano mongoli, aperti come se guardasse nel buio.

Una sera, insieme ad amici che nominarono quella coppia, l'uomo si sorprese a dire a se stesso, con voce alta per nascondere l'emozione: «Il destino ci farà incontrare ancora». Gli amici non capirono a cosa si riferisse, ma pochi istanti dopo si udirono alcune automobili e una compagnia rumorosa e allegra, in cui l'allegria non era completa e qualcosa, al contrario, la turbava, entrò nella casa: si guardarono per pochi istanti, anzi si guardarono abbassando lo sguardo. Dopo i primi momenti di timidezza si parlarono. Lei disse che aveva studiato molti anni danza classica ma che aveva abbandonato la danza quando si era sposata, dati gli impegni della famiglia. Ora, ogni tanto, provava una grande malinconia.

«Perché?».

«Mah, non lo so».

«Forse le sarebbe piaciuto diventare ballerina?».

«Mi sarebbe piaciuto, ma sa, pochi riescono, e poi mi sono sposata. Non capisco perché ogni tanto ho una grande malinconia. Eppure sono felice, amo molto mio marito e i miei figli, la nostra famiglia è perfetta ed è, per me, la cosa più importante di tutte. È strano. Mio marito dice che è un po' di esaurimento nervoso».

L'uomo sapeva che non era strano ma, per rispetto e delicatezza, non lo disse. Volse gli occhi verso il marito, che aveva visto così poco. Stava immerso in una poltrona e avvolto con atteggiamento autoritario e ottocentesco nel suo collo che respirava. Anche quello che diceva era autoritario ma le caviglie deboli toglievano ogni autorità al modo di dire le cose (e anche alle cose) e queste parevano uscire dal largo taglio della bocca con soffi lievi e regolari che si perdevano nella stanza. Egli lo capì e fece pressione dentro se stesso e nella poltrona, evitò di parlare e cominciò in quel modo e da quel momento a gonfiare dentro di sé pazienza e astuzia.

L'uomo osservò che la donna fumava e beveva molto. La sua voce, lentissima e infantile, che esprimeva concetti elementari, era un po' rauca, di tanto in tanto tossiva. Eppure la sua bellezza era limpida e intoccata come non avesse avuto marito, figli e famiglia e non avesse mai fumato né bevuto.

L'uomo passava molto di rado per la città dove abitavano i due coniugi ma la rivide ancora, tra due finestrini, mentre le auto correvano in direzioni opposte, e lei lo salutò con lo stesso sorriso impetuoso di quella prima sera al ristorante. Ognuno guidava solo nella sua automobile (erano due automobili della stessa marca e dello stesso tipo) e tutti e due frenarono bruscamente. L'uomo aspettò che la strada fosse libera, girò l'automobile e si avvicinò a quella di lei ferma sul lato opposto ma appena giunse vicino la signora riprese a correre ed egli la vide per pochi secondi nello specchietto, con un volto gonfio come di ragazzo che ha preso un pugno molto forte; per questo la lasciò andare.

Un giorno la donna gli telefonò da molto lontano per invitarlo a cena, una domenica. Lui dapprima non capì di chi si trattava, poi fu preso insieme dalla sorpresa e dall'emozione. Le disse che avrebbe fatto centinaia di chilometri, molte volte, soltanto per vederla, e farfugliò un po'. Lei rispose che doveva «mettere giù» il telefono.

Si rividero a una grande festa, il volto di lei, nella grossa testa rotonda era bellissimo, impaurito e infelice ma c'era anche in quel volto, purtroppo, un'ottusa superbia che lo ferì e soprattutto ferì i battiti del cuore che rallentarono e diventarono normali.

Quando ebbero occasione di parlarsi (ma lei lo sfuggiva e lui ballò tutto il tempo con una donna bella che rideva rovesciando la testa) gli disse che era offesa e disgustata per quanto le aveva detto al telefono. Era felice, molto felice e innamorata del marito, il loro matrimonio era «una cosa superiore, eccezionale». Gli disse che aveva raccontato al marito di quella telefonata perché non c'erano segreti tra loro due. Nel dir questo sorrise con fierezza ma il suo volto era tumefatto dal dolore e dalla vergogna e due solchi erano apparsi agli angoli della bocca fin quasi al mento. L'uomo guardò il marito che li aveva osservati di sottecchi e ora si aggirava, un po' curvo e ondulante, perdendo e conservando autorità. A un certo punto si sedette su un gradino fingendo di seguire la musica dell'orchestrina lì accanto, e con la gola e gli occhi rivolti all'insù mandò un urlo acido, raspante, che nella confusione della serata nessuno udì.

Improvvisamente la donna disse: «Mi lasci stare», si scostò dall'uomo inarcando la schiena e con passi dolorosi e danzanti andò a posare la fronte contro i vetri di una finestra con il bicchiere di whisky in mano. Più tardi qualcuno disse che aveva pianto e fatto anche una scenata, forse perché aveva bevuto.

Nonostante tutto l'uomo fu invitato da loro a una grande cena ed egli non volle rifiutare, per educazione e perché desiderava vederla ancora. Sedette alla destra di lei che manteneva i solchi ai lati della bocca, gli parlava con sfida contadina e non sorrise mai, se non in modo sprezzante e senza mai distendere il volto qua e là sconvolto da quei gonfiori. In due o tre occasioni accadde che le mani o le spalle dei due si toccassero ma lei si ritrasse, offesa. L'uomo stette bene attento che non accadesse mai più un simile caso e allontanò la sedia, poi addirittura si alzò e girovagò un poco per la casa. Passando per un corridoio semibuio, ad ora inoltrata, incontrò u- na bambina in camicia da notte, sperduta, rossastra come la madre, che egli carezzò sulla testa; la bam- bina gli prese subito la mano, se la posò sul petto, gliela strinse come accade nel sonno guardando da- vanti a sé il corridoio con lunghi ciuffi di capelli ad- dormentati in aria. Poi si staccò dalla mano di lui e andò chissà dove. L'uomo tornò nella grande sala da pranzo dove il marito distribuiva champagne: lei stava sempre seduta a capotavola, forte e severa; il marito sorrideva ed era buono e servizievole.

L'uomo tornò sempre più di rado in quella città. Non vide più la coppia degli sposi, pensò a lei e sem- pre gli parve che fosse passato molto tempo. Invece erano passati solo pochi mesi ma il sentimento che lui e la giovane signora avevano provato (e qui de- scritto) era tale che essi, senza volerlo e senza saper- lo, avevano vissuto e disperso nell'aria in così poco tempo alcuni anni della loro vita.

AFFETTO

Un giorno un uomo molto ricco ma «per bene» che conosceva la vita anche grazie alla mondanità e alle cose futili e costose entrò nell'immensa casa di famiglia con l'intenzione di «far capire» alla moglie che non l'amava più pure amandola moltissimo. Tantissime volte aveva tentato di farlo ma sempre qualcosa, all'ultimo momento, lo impediva e forse, a questo punto, non era nemmeno più necessario «farlo capire»; forse la moglie lo sapeva già ma l'uomo in questione si trovava quel giorno in un particolare stato d'animo, di scontentezza nei confronti di se stesso e dunque di crudeltà verso gli altri.

Non provava più alcuna attrazione verso la moglie ormai da dieci anni (non erano più giovani né l'uno né l'altra) e di questo provava una grande vergogna verso la moglie perché gli pareva rivelatore di un lato volgare della propria natura. Da parecchi anni e come per caso avevano cominciato a dormire in camere separate ma entrambi sapevano che non era «per caso» e che qualcosa di impercettibile e di fatale era accaduto per cui era impossibile dormire nello stesso letto; così come era impossibile vedersi in altro modo che vestiti e possibilmente sempre in presenza di persone, meglio se estranei alla famiglia.

Più il tempo passava e più l'uomo sentiva dentro di sé il dovere di spiegare alla moglie qualcosa che egli sapeva inspiegabile, tanto più inspiegabile in quanto il tempo e la consuetudine coniugale, anziché attenuare un naturale pudore che esisteva in entrambi, lo aumentavano al punto che spesso l'uomo provava pudore e anche stizza se la moglie lo sorprendeva in vestaglia, o appena sveglio, o intento a leggere un libro. Avrebbe preferito apparire in quei momenti soltanto a se stesso o ad estranei, ma non a lei. Con lei si sentiva veramente a suo agio soltanto in abito da sera, quando il collo inamidato e il *plastron* imponevano tra lui e lei una inaccessibilità dolorosa ed elegante, che era «il segreto del loro fascino».

Eppure con piacere toccava qualche volta i riccioli di lei, o un suo vestito di *crêpe Georgette*, che trovava per lei più elegante di altri elegantissimi, qualche volta con piacere la guardava ridere e una volta perfino provò un tuffo al cuore quando lei inciampò e stava per cadere come una bambina miope. Ma era un piacere molto esangue ed egli ricordava invece con dispiacere i loro amori giovanili: quando, più grassottella, la trovava nei prati ad aspettarlo, un po' sudata, con le ascelle non depilate, piena di trepidazione come certe rarissime cavalle di sangue, i capelli rossi corti e ricciuti, sostenuti dal loro riccio, e le mani non molto curate ma secche e tremanti e non calme e morbide di crema. E il dispiacere, che nasceva non soltanto dal sentimento della brevità delle cose, ma soprattutto della loro impossibilità a rinnovarsi e a riprodursi nelle stesse persone (loro due), secondo l'uomo per colpa sua, era la causa della vergogna che provava verso di lei.

La moglie, che era diventata una donna alta con

capelli ricci corti e rossi, con occhi sventati e un sorriso infantile e mondano che stirava le piccole e poche rughe ai lati degli occhi e della bocca, non aveva capito tutto ciò che lui aveva capito e che avrebbe voluto spiegare ma non a parole, lo aveva però «sentito» fin dal primo giorno in cui il marito dormì in un'altra stanza. Da allora aveva continuato a «sentire» forse non volendo capire o semplicemente perché il carattere di lei era diventato sempre meno «fisico» e tendeva, anche per educazione, a provare un sentimento amoroso e coniugale molto forte ma sfumato.

Entrato nella casa l'uomo fece a piedi una delle due grandi scalee arcuate che portavano ai saloni d'entrata, poi si infilò nell'ascensore piccolo e giunse in un salotto-veranda bianchissimo, con grandi piante di azalee bianche, dove la moglie e i figli lo aspettavano; salutò tutti (baciò la moglie su una tempia) e si avviò verso la sala da pranzo: che era ovale, con il muro laccato di azzurro chiaro su cui stavano appesi, uno di fronte all'altro, due paesaggi del Longhi. In questa stanza, ai quattro lati, su piedestalli di porcellana azzurro chiari c'erano grandi piante di azalee in fiore color rosa. Davanti ai quadri stavano due giovani camerieri in giacca nera e pantaloni grigi, accanto alla porta il *maître* in pantaloni rigati e marsina nera.

L'uomo aspettò che entrasse la moglie, che si sedesse a un capo della tavola, allora anche lui sedette all'altro capo e subito dopo di lui si sedettero i due figli, la femmina alla sua destra, il maschio a sinistra. L'uomo scherzò col figlio in lingua inglese (il ragazzo era allegro ma troppo «educato» e debole e parlava in inglese meglio che in italiano) poi, come per consolarsi, prese nella sua la mano della figlia, sorridendo e guardandola negli occhi. Ma, anziché consolarsi, in modo completamente inaspettato si commosse perché rivide nella figlia quindicenne che somigliava a lui la stessa *allure* della madre quando si erano conosciuti. L'avvicinò a sé con infinita tenerezza e affondò il volto nel casco di capelli ricci e odorosi di capretto.

La colazione si svolse come sempre: i due camerieri seguivano i rari cenni del *maître* (sia il *maître* sia i camerieri sapevano che non c'era bisogno di alcun cenno ma i cenni si facevano lo stesso) ed eseguivano in perfetto silenzio, come in un film muto, ciò che erano abituati a fare.

Al caffè i figli uscirono (la figlia inciampò) e i due sposi si trovarono soli in un immenso salotto con le finestre aperte. Stettero un po' in silenzio (si udiva il piccolo rumore di una falciatrice da giardino) poi parlarono del viaggio a Bangkok di un notissimo sarto che frequentava la casa, poi del possibile, augurabile matrimonio, o unione, di una loro amica vedova con un professore d'università povero, ma giovane, bello e «per bene» che aveva salvato l'amica dall'alcolismo. Tacquero (l'uomo chiuse gli occhi), poi l'uomo aprì un giornale e lo sfogliò con attenzione facendo in modo che non si ponesse completamente tra lui e la moglie. Di tanto in tanto la guardava in silenzio, appoggiò il giornale sulle ginocchia e la guardò più a lungo. Stava per cominciare a parlare (non sapeva quello che avrebbe detto ma sapeva che l'avrebbe detto) quando la moglie, alzandosi, gli strinse un istante la mano, subito si scostò dal marito e avvicinatasi al telefono che era accanto alla finestra cominciò una lunga telefonata quasi silenziosa e fatta quasi esclusivamente di sorrisi, con un'amica. Egli si alzò, si avvicinò a lei, la baciò su una tempia e uscì.

24

ALTRI

Il giorno di ferragosto dell'anno 1938 un bambino di otto anni, di «ottima famiglia», con la testa molto rotonda ma fragile si aggirava nei pressi della capanna sulla spiaggia del Grand Hôtel Des Bains al Lido di Venezia verso le due del pomeriggio. Era solo perché la sua abituale compagna di giochi dormiva insieme alla bambinaia nella stanza candida dell'albergo. I bambini tedeschi che aveva conosciuto pochi giorni prima, di qualche anno più vecchi di lui e già nuotatori esperti (lui non imparava mai) non avevano il permesso di rimanere sulla spiaggia a quell'ora e giocavano a cricket nel prato in mezzo al parco tra gli spruzzi degli annaffiatoi.

La madre del bambino, che amava molto il sole, stava distesa metà in ombra e metà alla luce su un lettino coperto da un asciugamano bianco di spugna di lino con grandi cifre bianche simili al disegno di una torre: bronzea e lucente di Ambra Solare, i lunghissimi capelli neri, sciolti e rovesciati dalla nuca in su oltre il bordo del lettino, lambivano la sabbia: di tanto in tanto, forse nel sonno, aveva movimenti lentissimi e regali di atleta o di serpente boa che ai raggi potenti del sole abbagliavano. La «signorina», *Fräulein* Etta, dormiva (ma non si poteva mai esserne certi) su una sdraio nel terrazzino della capanna, completamente vestita, la pelle delle guance, delle braccia e delle gambe uniformemente rosa e di un odore uniforme (sapone di Marsiglia). Il suo volto era come tappato, ai lati, da due chignons di capelli misti, biondi e bianchi, fatti di trecce sottili e indissolubili. Il caldo era molto forte, l'acqua immobile e la spiaggia quasi deserta.

Eppure di là dei cespugli e della rete metallica dietro le capanne il bambino vedeva muoversi e occhieggiare una folla di gitanti con cartoni e sporte, alcuni dei quali allungavano il collo oltre la siepe per guardare la sabbia rastrellata a disegni ondulati e, oltre la sabbia, il mare. Il bambino stava nell'ombra a forma di casetta allungata dietro la capanna, fermo, molto distratto non si sa da che cosa, il secchiello in una mano e la paletta nell'altra, si sarebbe detto nell'atto di sostenere la sua testa rotonda e molto ingenua. A un tratto vide un uomo scavalcare la siepe: nel farlo scivolò due volte, si impigliò nei reticolati che strapparono l'abito blu ma pareva avere molta fretta e finalmente cadde, con movimenti incrociati degli arti troppo lunghi, di qua del recinto. Stette un po' così ammucchiato tra la sabbia polverosa, guardando a destra e a sinistra, vide il bambino che lo guardava e dopo essersi assicurato che non c'era nessun altro che lui, lo chiamò con un cenno della mano. Pieno di terrore, ma al tempo stesso attratto, il bambino si avvicinò con una piccola corsa bilanciata dal secchiello e dalla paletta.

L'uomo si era alzato, aveva raggiunto lo stretto spazio tra due capanne vuote dell'ultima fila e lo aspettava lì. Era un uomo molto alto e magrissimo, con la pelle bianca, un volto a punta e due grossissime lenti insieme opache e scintillanti attraverso cui non era possibile vedere gli occhi. Il bambino notò che una delle stanghette di metallo era rotta e aggiustata con filo nero da cucire, anche le scarpe erano rotte e i calzini arrotolati sulla caviglia fin quasi alla scarpa. L'uomo cominciò a spogliarsi, in modo così rapido e magico, data la sua altezza, che in un attimo fu in mutande, con grande vergogna e imbarazzo del bambino: un paio di mutande larghe di tela nera con uno strappo a forma di sette sul dietro. L'uomo arrotolò scarpe e abiti e porgendo al bambino l'enorme fagotto disse: «Mi fai un piacere?» e tentò di carezzarlo con la fredda estremità di un lunghissimo arto (non sembrava una vera e propria mano). Il bambino paralizzato dal terrore si ritrasse, non rispose e l'uomo ripeté la domanda, poi gli chiese di custodire i suoi vestiti per pochissimo tempo: voleva «lavarsi i piedi» e vedere il mare che non aveva mai visto. Dopo gli avrebbe dato «la mancia». Queste spiegazioni e i grossi occhiali rotti attenuarono il terrore nel bambino ed egli, suo malgrado, fu spinto, fisicamente spinto verso l'uomo da una grandissima pietà. Allungò le braccia, l'uomo nel posare il fagotto si avvicinò guardandolo da vicino come fanno i miopi e vide le lacrime che sgorgavano sulle sue guance. Sorrise con la bocca bagnata e informe che sapeva di vino e tabacco e disse: «Ti hanno messo in castigo?» e scomparve.

Il bambino vide due sottili e chilometriche gambe di legno, la bandiera nera delle mutande strappate in uno sventolio generale, laggiù, in fondo alla spiaggia; e subito fu terrorizzato dalla responsabilità e dal peso degli abiti che non riusciva a reggere tra le braccia e gli caddero nella sabbia: pensò all'uomo e lo odiò, dimenticando totalmente il sentimento di poco prima. Con sforzi enormi riuscì a trascinare il fagotto puzzolente vicino alla capanna. Spiò la madre e *Fräulein* Etta: dormivano entrambe. Con un ultimo sforzo portò il cumulo degli abiti in un cantuccio della capanna, lo ammucchiò nel fondo, ma proprio in quel momento sentì dietro di sé l'ombra e la voce strillante dell'istitutrice: «*Was ist denn das?*». Il bambino farfugliò in italiano, non trovò le parole in tedesco, posò le due mani sulla testa rotonda come per sostenerla e con l'intenzione (non sapeva né riusciva a sapere bene quale) di raccontare tutto in fretta o di chiedere perdono.

Le voci risvegliarono la madre che sollevò con una mano i capelli e chiese cos'era successo. *Fräulein* Etta spiegò ciò che non poteva spiegare perché non le era stato spiegato e non seppe andare oltre una serie di sospiri agitati che cominciavano e finivano con «*Ein Mann... ein Mann...*». Fu chiamato il fedele e vecchio bagnino che esaminò il fagotto (allontanato dall'interno della cabina con brevi tocchi della punta delle scarpe da *Fräulein* Etta) e corse sulla spiaggia con i pugni chiusi a cercare l'uomo. Fu individuato subito preso per un braccio e portato a loro tra bestemmie, spinte e contorcimenti dei lunghi arti. Parve al piccolo che l'uomo avesse fatto il gesto di sputare contro il bagnino che lo trascinava. La madre disse: «Lo lasci andare, Giovanni».

L'uomo liberato dal bagnino si avvicinò al gruppetto familiare e disse alla madre che aveva intenzione di pagare, che lui non era un ladro e non aveva mai rubato in vita sua. Cavò dal fagotto una specie di portafogli di stoffa nera e avvicinandolo agli occhiali stava per estrarre del denaro, ma la madre lo fermò con un gesto della mano e disse: «No, no». Poi l'uomo guardò il bambino e con un sorriso che questi intuì debole e falso, voleva carezzarlo ma la *Fräulein* scostò il bambino. Allora l'uomo se ne andò col fagotto e nelle mutandone a passi lunghi e lenti e per simulare una dignità che aveva perduta fin dalla nascita si ravviava i sottili capelli a testa alta.

La madre ordinò al bagnino di curvare l'ombrellone, si girò lentamente ed espose tutto il lungo corpo nel costume nero, al sole. *Fräulein* Etta cominciò a fare al bambino una paternale a raffiche sugli *unbekannten* (sconosciuti), a pause sempre più lunghe, fin quasi al tramonto. Poi calò il sole e la famiglia si ritirò nell'appartamento dell'albergo come in una clinica.

Durante la notte il bambino pensò all'uomo ascoltando la pigra acqua della laguna appoggiarsi sulla spiaggia insieme ai raggi lunari. Si domandò molte cose di lui cercando di arguirle dagli occhiali, dalla pelle bianca, dalle scarpe di gigante e dal fagotto. Fu preso ancora da grandissima commozione e due o tre volte pianse. Chi era? Un ladro, un ex carcerato, un povero, un ricco diventato povero (avrebbe potuto accadere anche a lui, da grande, una cosa simile?), un ammalato, e com'era possibile che non avesse mai visto il mare? Aveva o non aveva famiglia? E lui perché aveva pianto? Tutte queste domande rimasero senza risposta nel bambino e più tardi anche nell'uomo adulto, ma fu da quel giorno che egli seppe, proprio perché nessuna risposta ebbero mai le sue domande, dell'esistenza degli «altri».

AMICIZIA

Un giorno di fine inverno in montagna un gruppo di persone che si conoscevano poco e si erano trovati per caso su una vetta gelida e piena di vento decisero di fare con gli sci una pista molto lunga e solitaria che portava a una valle lontana. Erano dieci, per una coincidenza felice nessuno di loro era veramente «adulto», anzi, erano tutti più o meno timidi e questo li rese subito fiduciosi uno dell'altro.

Le dieci persone erano: Gioia, una donna con dolci occhi ebraici, pieni di qualcosa di antico e religioso che era il senso della famiglia. Carlo, marito di Gioia, alto e biondo con lineamenti quadrati e occhi quasi bianchi un poco fantascientifici. Adriana, alta e buona, un pochino ansiosa di essere sempre buona, ma non in anticipo né in ritardo. Mario, marito di Adriana, con molte fragilità vaganti negli arti e nel volto, ma con una testa rotonda piena di bisogno di affetto che riscattava tutto. Guido, il meno «adulto», che sciava senza «stile» dicendo ai dirupi: «Io ti batto», e li batteva; perché lì vicino c'era Silvia, una ragazza-donna dai tratti mongoli, la erre moscia, che egli amava (e contemplava) da molti anni, di una bellezza così grande che ogni persona guardata da lei sorridente si sentiva caduca e mortale. Silvia però (senza la presenza di Silvia i dieci non si sarebbero mai trovati insieme per caso) amava: Filippo, un uomo che somigliava ad Achille ma anche a Patroclo, perché «umano», avendo dedicato la sua vita a Silvia. L'ottavo era: Dabcevich (basta così). Poi Pupa, la più sconosciuta di tutti, che abitava molti mesi in montagna, aveva occhi gialli con piccole e grandi macchie nere come il sole e sciava in modo volante e pieno di silenzio, due cose forse sviluppate in quei luoghi durante la sua infanzia per vivere e difendersi nella neve come gli scoiattoli e le lepri. E infine un altro uomo che sapeva fare una cosa sola nella vita, cioè osservare nei particolari (sempre mutevoli) gli altri nove e il tempo, sperando e studiando il modo, senza che nessuno se ne accorgesse, che tutte queste cose fossero in armonia tra di loro.

Partirono uno dopo l'altro dalla vetta, tra spinte di vento e neve, tutti, salvo Pupa e forse Guido che era «incosciente», con un po' di paura perché il primo tratto che dovevano percorrere in quel freddo era cosparso di sassi che affioravano e la neve così sottile aumentava la velocità proprio vicino al punto in cui c'era un burrone e si dovevano fermare. Si ritrovarono in quel punto senza quasi vedersi ma Silvia aveva visto che l'uomo n. 10, l'ultimo, era senza berretto: sfilò dal collo il suo *yachting club* (grande foulard di seta blu con bandierine di tutti i paesi) e glielo diede. Questi avvolse la testa nel foulard come i pirati e si avviò per primo (tale era stato il benvolere della dea) nella immensa valle bianca in lieve declivio tra gli altissimi monti, che era la seconda parte della discesa. Qui il vento cessò di colpo, e anche il freddo, la velocità divenne alta perché gli sci affondavano nella neve fresca dando sicurezza e il sole illuminava tutti in viso in modo così forte che ognuno provò il sentimento di questa bellezza. Pupa si bilanciava sulle braccia aperte in lunghi kristiania di una traccia sola (e unica per sempre) che il destino impedì agli altri di seguire: Gioia disse sottovoce a Mario che scendeva al suo fianco: «Come è bello, vero Mario?» e Mario provò per questa frase a lui diretta un attimo di riconoscenza che lei aveva previsto; Silvia si rannicchiò «a uovo» per acquistare velocità (questioni di resistenza all'aria) e così facendo sorrise a se stessa con molto affetto e ironia, Filippo tracciò una sua personale e velocissima scia senza voler competere con Pupa, tutti stavano zitti o parlavano piano, solo Dabcevich, altissimo e stralunato, commise un eccesso slavo, o austriaco, o russo, gridò: «Sublime, sublime!» con cui si conquistò per sempre la simpatia di tutti, poi «sublime» si perdette nelle grandi arie dei monti e non si udì più nulla. Insomma erano tutti molto felici, in modo così bello da attribuire la ragione di questo sentimento non soltanto alle montagne color rosa, alla neve e al sole ma soprattutto ai propri simili che in quel momento (un momento molto importante della loro vita) erano i dieci puntini colorati nella valle.

La terza parte della discesa presentò «notevoli difficoltà»: c'era un passaggio obbligato che dava su un'apparente voragine, in ombra, perciò gelato, che finiva in una vasta conca di nuovo al sole, con una piccola baita. Avendo coraggio si sarebbe potuto scendere senza paura dritti sul ghiaccio, curvare al sole dove la neve è molle ma a forte velocità, e poi ancora dritti nella neve fresca fino alla porta della baita. Le donne, salvo Pupa, non l'ebbero, gli uomini, pochi (Guido, non si sa come, era già arrivato in fondo), Silvia si fermò chiamando aiuto, accorse Filippo ma lei pianse, batté i piedi (con gli sci) e non volle scendere; l'uomo con foulard scivolò in una piccola valle ignota tra neve vergine, capitombolò due volte senza riuscire a fermarsi e pensando al destino, infatti si fermò contro un cespuglio, vide due scoiattoli neri tutti raspanti e pieni di paura e rimase un po' solo a riposare e a pensare. Ma tutto andò bene e quando arrivò alla baita dove Filippo voleva organizzare una spedizione di soccorso, Silvia sorrideva con gli occhi ancora pieni di lacrime.

Il quarto tratto era una stradina sulla costa del monte, facile, con angoli in cui si scompariva alla vista e dove l'uomo con foulard si fece trovare da Guido, per scherzo, abbracciato a Silvia. Guido passò e disse: «Spiritosi!». Adriana perdette uno sci, e parve una cosa molto seria all'inizio, poi fu ritrovato da Filippo, Pupa, sempre prima, aspettava appoggiata ai bastoncini, ravviandosi i capelli con una forcina in bocca.

Il quinto tratto era una discesa ripida, un po' in ombra, anche semplice ma le caviglie di tutti erano ormai un po' stanche e ci fu qualche caduta, niente di grave. Carlo però disse a Guido e all'uomo con foulard: «seguimi, segui le mie code», oppure: «ecco, gira qui dove giro io», ma con pochissima vanità, cioè con più affetto che vanità e intanto gli altri erano già in fondo alla valle dentro un bosco di giovani larici. Qui dovettero camminare, spingere con le racchette, accaldarsi, svestirsi un poco alla volta. Silvia sfilò il suo berretto bianco di lana di pecora con grande pon-pon, i capelli caddero sulle sue spalle e in quell'istante entrarono in rifugio dove mangiarono uova, prosciutto, pane con granelli di kümmel, bevvero vino di una cantina di frati, spedirono cartoline, fumarono, uscirono, presero due tassì e il sole calò. Sorse la luna bianca come la neve nel cielo che diventò subito nero come la pece e tornarono a casa, stanchi.

L'anno dopo i dieci amici (erano diventati amici) si ritrovarono sulla stessa vetta, non per caso, e discesero lungo la stessa pista. A dire il vero non erano tutti e dieci, mancava Dabcevich, e questo dispiacque un po' a tutti, qualcuno dubitò dentro di sé che la sua assenza avrebbe provocato un vuoto non grandissimo ma che avrebbe potuto diventare tale se altri anche piccoli vuoti si fossero formati nella imprevedibile armonia dell'insieme: ma questo non avvenne perché giunti al secondo tratto della discesa qualcuno gridò: «Sublime». Altri ancora dubitavano, perché le cose felici non si ripetono (e invece si ripetono e non si ripetono, non c'è una regola); è vero, c'era qualche differenza, non ci fu bufera all'inizio, il terzo tratto della pista non era più così pericoloso, l'uomo in foulard aveva un berretto (d'altra parte non c'era più il foulard), però si fermarono nella prima baita a bere un *vin brûlé* che l'anno prima non avevano bevuto, si scaldarono al sole che era molto più forte, si scambiarono una crema che sapeva odore ma non sapore, purtroppo, di zucchero orzo e soprattutto uno disse a Silvia, in disparte:

«Silvia, prima ti ho guardato, hai qualcosa di diverso, cioè sei più bella ma diversa dall'anno scorso».

«Che cosa ho?».

«Mah!».

«Dimmelo subito. Che cosa?».

«Hai qualcosa, è vero o no?».

«È vero».

«E che cosa?».

«Non lo so, ma è vero».

Due anni dopo Pupa e l'uomo che chiameremo «in foulard» discesero la stessa pista in una bufera di vento. I sassi spuntavano dappertutto, la pista era sepolta dalla neve, dovettero scendere «a gradini» una parte del primo tratto (non Pupa, l'altro, e Pupa lo guardava con apprensione) coprendosi la faccia con le mani per le lamelle di ghiaccio che soffiavano a molti chilometri all'ora, poi tutto si placò come la prima volta, nel secondo tratto all'apparire della valle serena: il vento scomparve e le nubi, mutevoli come Silvia, si dispersero chissà dove lasciando il cielo azzurro.

Anni dopo si ritrovarono ancora in quel tratto di monte e di valle che li aveva resi così felici la prima volta. Poi smisero di ritrovarsi in quei luoghi, passarono anni restando sempre amici e lasciando che altri prendessero il loro posto.

ANIMA

Una domenica di giugno un cane di nome Bobi che aveva e non aveva un padrone cominciò una corsa errabonda ma piena di pause per le strade di una città italiana: erano le prime ore del pomeriggio, le persone in giro erano poche, forse dormivano, o erano al cinema o in gita sui colli. Le campane di una chiesa romanica suonavano allegre, ma meno allegre del mattino, e il suono si infilava nei lunghi portici pieni di ombra di una antica via deserta che il cane percorreva a saltelli. Aveva aspettato fino a quell'ora in un cortile, dentro un casotto fatto con scatoloni di pasta Barilla, il ritorno di quello che lui pensava fosse il suo padrone (l'uomo che gli aveva fatto il casotto, senza però compromettersi più di così nei suoi confronti) ma questi, che non arrivava quasi mai, non arrivò neppure quel giorno e Bobi, a malincuore però, si sentì moralmente libero di andare in giro.

Si muoveva spinto da una sola necessità (la fame) ma da molti sentimenti: primo fra tutti un grandissimo eccitamento di mettere insieme, nelle combinazioni più diverse, la maggiore quantità possibile di odori; poi dalla noia che nei cani è diversa, ma non molto diversa che negli uomini, poi dal bisogno di compagnia; poi dall'amor proprio, ferito dall'atteggiamento del padrone che egli amava senza aver avuto mai la sicurezza di essere contraccambiato, infine dall'allegria che nasceva dai suoi tre quarti abbondanti di sangue blu. Bobi era un bastardo ma aveva «nelle vene» una fortissima dose di terrier a pelo liscio e solo una minuscola dose di impurità varie, con prevalenza di cani dalle zampe corte. In lui il cocktail aveva dato buon esito e il complesso di superiorità del cane di razza aveva avuto quasi la meglio sul complesso di inferiorità del bastardo, per cui Bobi camminava su zampe corte ma con la testa alta, spesso trottando con disinvoltura e solo di rado galoppava come chi teme le infinite conseguenze della nascita incerta.

Del terrier a pelo liscio Bobi aveva ereditato uno dei tratti più importanti, il tremito da eccitamento e la capacità di levitazione immediata, verticale, dal basso verso l'alto, per sola spinta nervosa. Grazie a questo un uomo di carattere instabile ma dotato di improvvise simpatie e antipatie, lo aveva trovato (un giorno) simpaticissimo, gli aveva costruito un casotto di cartone, qualche volta lo portava a spasso (però senza l'impegno del guinzaglio che Bobi avrebbe desiderato) e, molto vagamente, lo proteggeva. Tuttavia Bobi, per le ragioni che si sono dette ma forse, molto più semplicemente, per carattere, non era un cane felice; era però fortissimo, molto intelligente (insomma capiva la vita) e per queste due cose messe insieme «fondamentalmente» buono. Non era snob come tutti i cani di razza ma neppure lagrimoso o rabbioso o troppo ansiosamente felice come tutti i cani bastardi; era un «indipendente».

La fame non era mai stata per lui un problema,

aveva sempre trovato benefattori spontanei; in mancanza di benefattori c'erano i bidoni delle immondizie dentro i quali Bobi col suo muso lungo di cercatore di volpi (pare che i terriers abbiano cominciato la loro carriera mondana in questo modo, molte migliaia di anni fa) scovava il meglio in un attimo, raspando tutto per aria. Quel giorno vide due gatti, bianco e rossiccio uno, rossiccio l'altro, precipitarsi sotto una finestra. Capì tutto, ma non si scompose, anzi da un galoppo poco serio passò a un trotto serio e minaccioso; da una finestra cadde un fagotto bagnato che si squarciò al suolo, pieno di spaghetti, e in quel momento i due gatti mezzo pelati videro un cane che urlando come se lo sgozzassero (eredità terrier) volò ventre a terra sul cartoccio. I due gatti scomparvero covando malumore, Bobi mangiò tutto lentamente senza badare alle proteste della vecchia al davanzale che gli buttò addosso due catini di acqua.

Finito il cartoccio riprese il trotto, fece un angolo, poi un altro e lì trovò il primo fastidio: un vero terrier a pelo liscio che conosceva di vista stava a una ventina di metri da lui, tenuto a guinzaglio da un padrone affettuosissimo, un pazzo con grossi occhiali che come altre volte gridò, indicando Bobi: «Biri, guarda il tuo nemico!»; cominciò l'inferno delle urla, il padrone di Biri rideva moltissimo, ma durò poco perché Bobi urlò per formalità e fuggì, dopo due o tre angoli tornò tranquillo. Conosceva un posto, un deposito di legnami all'aperto e una chiesa sconsacrata dove si riunivano cani ma non c'era nessuno, annusò a lungo e non trovò tracce fresche.

Allora si diresse verso il parco pubblico, luogo pericoloso per i cani come lui, ma di compagnia sicura: di solito c'erano conoscenti, una specie di «moro» cane pirata, un po' anziano, una traballante cic-

ciona semicieca, irriconoscibile mistura di disgrazia-
ti, vecchissima, che il Municipio lasciava stare (entrambi avidissimi di odori ma in modo indiscrimina-
to e un po' schifoso, come tutti i vecchi), c'era una
cagnetta molto facile, un po' matta, che scompariva
per mesi, c'erano due mezzi *schnauzer*, «molto intel-
ligenti e simpatici», che vivevano chissà come, forse
protetti da qualcuno. Ma quella domenica nemmeno un cane, solo una banda di militari che suonava
e eccitò Bobi tanto che rimase fino alla fine odoran-
do qua e là tra i pochi spettatori che non trovarono
nulla da ridire.

Dal parco pubblico passò alle vie principali della
città dove erano esposte molte bandiere, altre fanfare suonavano e uomini in divisa camminavano in
mezzo alla strada. In un androne che sboccava in un
cortile, molto inaspettatamente, Bobi trovò quattro
cani che rimasero essi stessi sorpresi; dopo un momento fecero amicizia, anzi, fecero molto di più di
amicizia; da cani errabondi quali erano fino a quel
momento, e completamente sconosciuti uno all'altro, chissà per quale caso nei destini di tutti gli esseri viventi i cinque non furono più una meschina cosa canina (tre su cinque erano bruttissimi, uno con
tre zampe, gli altri sbrindellati da zuffe e da morsi
che si perdevano nei meandri dei pedigrees) bensì
una unione sociale (piccolissima), una forza storica
(minuscola, si capisce) quasi un abbozzo di organiz-
zazione politica (l'élite non è sempre stata di pochi?) forse con un programma. O così almeno pareva, c'erano le bandiere, le fanfare, uomini in divisa
marciavano e forse inneggiavano ma soprattutto i
cinque animali avevano assunto, portandosi in mezzo alla strada, compatti e trottanti, le orecchie rosic-
chiate dai topi al vento, quell'aspetto con molta fe-
de e speranza che non è dei cani ma di esseri ben
superiori.

Furono due ore molto piene, ore di «enorme interesse» ed essi parteciparono, mai cacciati, a riunioni grandi e piccole che avvennero nella giornata. Due volte furono disturbati da cani di razza, una volta da un lupo nero che tirò la sua padrona verso di loro ma non per litigare, solo per essere annusato e per annusare; un'altra volta da due gemelli maschi ferocissimi, due doberman, due SS, che saltarono da una jeep per attaccare ma fortunatamente avevano la museruola. Fu una visione che li spaventò molto e sconvolse definitivamente la formazione unitaria dei cinque che fuggirono quanto più lontano possibile. Si ritrovarono senza sapere come, lontanissimi dal centro, quasi all'imbocco dell'autostrada, senza nessuna delle speranze di poco prima, tornati cani e basta.

Quello a tre zampe tentò di ravvivare la domenica (il sole però stava calando) con due bussolotti, poi con l'inseguimento di un camion-rimorchio ma nessuno lo seguì salvo Bobi che si fermò dopo cento metri, ubriaco di fumo di nafta. Deviò a destra del camion-rimorchio barcollando e in quel momento fu investito da una motocicletta che frenò, sbandò e riprese la corsa. Il colpo gli fece molto male ma Bobi arrivò piano piano fino al casotto e lì, senza più aspettare il padrone che non arrivava mai, morì.

Per puro caso, il giorno dopo, passò di lì il padrone, insomma quello che Bobi era convinto fosse il padrone, e ricordando con grande dolore passeggero Bobi e certe sue distrazioni si domandò (o si disse?) una cosa molto bella e degna di lui: «I cani hanno l'anima».

ALLEGRIA

Un giorno una madre e un figlio di diciotto anni, molto somiglianti tra loro, di condizioni modeste e di carattere semplice partirono per un luogo di villeggiatura che la madre aveva sentito nominare da alcune signore. Si trattava di un luogo di montagna non troppo alto, una specie di grande parco con caprioli e scoiattoli situato nella forcella tra due monti, non lontano da un famoso ossario dove ancora si raccoglievano i resti dei soldati italiani caduti in quelle zone durante la guerra del 1915-18. Lì vicino, tra le due guerre mondiali, era stato costruito un grande albergo con stanze magnifiche e fortuna volle che il gestore fosse stato, molti anni prima, compagno di scuola del marito; si intrecciò così una corrispondenza da cui la famiglia trasse altre notizie sull'aria, il trattamento e i prezzi che in ricordo di quell'amicizia lontana erano molto buoni.

Si parlava che nell'albergo, alla sera, si svolgessero feste da ballo con l'orchestra e poiché la madre non era mai stata in villeggiatura o almeno in una villeggiatura così impegnativa, cominciò i preparativi della valigia molti giorni prima della partenza. Si diceva anche che il luogo fosse pieno di ciclamini, che obbligavano alle gite, e il figlio (ma guardandosi bene dal dirlo alla madre), pensava di fare «scuola di roccia» sugli spigoli aguzzi alle pendici dei due monti che si vedevano nelle cartoline. Si diceva poi che la cucina fosse ottima, al mattino caffelatte o tè con burro e marmellata, a colazione primo, uno o due secondi con contorno, frutta e un quarto di vino a testa (il vino di bottiglia a parte, com'era giusto), la sera cena un po' più leggera e pane «a volontà». Si diceva infine che frequentatori abituali dell'albergo erano i figli di un grande industriale della provincia, con le loro famiglie, affezionati al luogo dal fatto che era stato il loro padre a far costruire quell'albergo, successivamente venduto a una società.

Il pensiero fisso della madre erano quelle famiglie e le feste da ballo a cui, naturalmente, avrebbe soltanto assistito ma a cui il figlio, per educazione, avrebbe dovuto partecipare. Per questa ragione si portò dal sarto uno smoking mai usato dal padre che fu fatto ridurre sulla misura del figlio. I vestiti aumentarono ogni giorno di più e fu comprata una valigia che il giorno della partenza il figlio non riuscì a sollevare nonostante tutti gli sforzi. Allora fu chiamato un facchino che, però, brontolò.

Il padre li accompagnò fino alla stazione delle autocorriere e quando furono bene installati nelle poltrone, immediatamente dietro il guidatore dove si soffre meno la nausea (erano andati alla stazione in anticipo proprio per questo), l'immensa valigia color mattone fu issata e altri quattro o cinque viaggiatori si furono accomodati, la corriera partì ed egli tornò a lunghi passi verso la città. Era di buon umore per due ragioni: primo perché sarebbe stato in casa solo col gatto per un mese, secondo perché moglie e figlio, che egli giudicava infelici, erano accontentati. Si commosse anche, un po', tra sé e sé, senza dirselo (aveva due baffetti sottili sottili) perché ricordò la moglie quando era ragazza-madre molto povera, ricordò il figlio non suo che lo chiamava «zio», e insomma ricordò l'intera faccenda familiare, di per sé commovente ma ancora di più quel giorno, con l'agitata e ingenua partenza per la prima villeggiatura importante della loro vita.

Quanto ai due, madre e figlio, molto attaccati uno all'altra per le ragioni che si sono dette, viaggiavano comodamente seduti e dopo tre ore (erano partiti alle sei del mattino) cominciarono ad intravedere i monti in mezzo ai quali stava nascosto l'albergo. In realtà il figlio aveva un po' di nausea, quasi nulla, abbastanza però da fargli cambiare posto due o tre volte; finalmente, tra un turniché e l'altro, si lasciò dolcemente appisolare ma si svegliò subito e vomitò. Si sentì un poco meglio, ma pensò bene di continuare il viaggio affacciato al finestrino, respirando a pieni polmoni l'aria fredda e guardando in direzione dei monti se spuntava l'albergo.

Era una giornata a tratti piena di nubi nere, a tratti splendente di sole; l'alta mole dell'ossario apparve per prima e la madre disse «ecco l'ossario», poi la corriera si infilò nelle nubi che entrarono e uscirono dai finestrini, infine si fermò. L'autista disse «ossario-ossario», per abitudine, in quanto non c'era nessun altro che loro da avvertire, fece scendere la valigia, mise in moto, e la corriera e il rumore della corriera scomparvero immediatamente nella nebbia.

Dall'oscurità sorse il gestore dell'albergo, con un sorriso molto largo di benvenuto sotto i capelli lucidi di brillantina tra i quali si vedevano i solchi esatti del pettine. Continuò a sorridere anche dopo aver sollevato la valigia e fatti due o tre passi si trovarono contro un muro. Era l'albergo? Così, sulla strada?

La madre lo chiese e il gestore avvolto nella nebbia spiegò che il vecchio albergo, quello delle cartoline, non c'era più, era stato distrutto dalla guerra ma tra non molto sarebbero cominciati i restauri.

Entrarono in una casa cantoniera, con un bar-sala da pranzo e poi salirono nelle stanze che avevano sul letto i materassi arrotolati. Il gestore provò due o tre volte le perette della luce, poi scese dicendo «mando subito la cameriera», e una bambina biondastra fatta come un sasso e vestita da cameriera arrivò poco dopo. Madre e figlio si ritirarono ognuno nella propria camera, il figlio aprì la finestra che dava in una vecchia trincea con filo spinato e contro la roccia che si innalzava quasi a perpendicolo fino al turniché sovrastante.

Si ritrovarono dopo cinque minuti vestiti molto pesanti, sulla strada. La nube di poco prima se n'era andata ma altre stavano pronte a poche centinaia di metri, come in attesa di scendere la stretta gola e di mangiarli. Un prato molto ripido, color verde, come una ferita in un bosco fitto di larici, si ergeva in direzione della cima tutta occupata dal monumentale ossario. Su quel praticello alcune figurine umane, una delle quali svolazzante e nera, si muovevano con brevi richiami che parevano in lingua spagnola. In alto, da qualche parte della gola, si udivano i campanellini delle capre e le campane lente delle mucche. La madre e il figlio si diressero verso quelle figure umane ma la nube, pronta e come soffiata dall'ossario, calò su di loro così fitta, fredda e cinerea che furono costretti ad arrestarsi. Poi passò, e si scontrarono faccia a faccia con i villeggianti che si presentarono. Erano un parroco e quattro nipoti, maschi e femmine, una delle quali, rossa e piena di efelidi con un grosso mazzo di ciclamini in mano, guardò il figlio in un certo modo.

A colazione conobbero un'altra villeggiante, una

signorina di mezza età con un volto da uomo e vestita da uomo, i capelli rapati a zero e un passero sulla spalla che, come lei, fissava tutti i presenti negli occhi. La donna disse duramente, rivolta ai nuovi venuti: «Inutile guardarmi così, ho avuto il tifo».

Nel pomeriggio rischiarò, madre e figlio andarono a fare una passeggiata fino all'altopiano Fugazza, incontrarono le macerie dell'albergo, una grande costruzione rosa con baffi neri d'incendio che salivano dalle finestre liberty ed esaminarono i resti di un grande salone da ballo insozzato dai vandali.

Verso sera mentre erano tutti riuniti nella sala da pranzo-bar (fuori piovigginava) la donna mascolina disse che proprio nella casa dove si trovavano ora erano stati scoperti e uccisi dai partigiani, nell'aprile del 1945, tutti i membri dell'ambasciata giapponese in fuga verso la Germania. Fece una brevissima risata cavallina e aggiunse che né i corpi, né il tesoro che portavano con sé erano mai più stati ritrovati; dovevano essere lì vicino, da qualche parte. Cenarono: minestrina in brodo, formaggio e marmellata, polenta e pane, una pesca. La madre prima sibilò tra i denti, dopo divenne furiosa, della sua furia infantile. Protestò col gestore, a voce alta disse: «Si vergogni, abbia il buon gusto di tacere».

Il gestore taceva. La donna mascolina la guardava dal suo tavolo porgendo con le labbra, a intervalli regolari, il cibo al passero che lo beccuzzava con dei bacetti. Il parroco la guardò anche lui, esprimendo approvazione, ma anche disapprovazione. La madre si alzò da tavola e se ne andò su un paio di ciabattine ortopediche di pelle rosa. Il figlio non sapeva cosa fare: uscì un poco con la nipote del parroco ma sebbene lei lo avesse guardato in un certo modo ora non gliene importava proprio niente che lo avesse guardato in un certo modo. Pensava: «Devo restare qui un mese. Impossibile». Piantò in asso la nipote del parroco e andò in camera sua dove batté i pugni contro il muro.

Durante la notte le coperte non bastarono perché il freddo aumentava, aumentava, fu chiamato il gestore che ne portò altre ma nel pieno della notte la madre andò dal figlio perché non poteva dormire; aveva versato la bottiglia di acqua di colonia nei materassi che sapevano di muffa, disse che aveva una grande malinconia e a un certo punto pianse «per la delusione». Che cosa si poteva fare? Almanaccarono, e almanaccando, piano piano, il loro umore cambiò. Si dissero che l'albergo era stato prenotato per un mese, che la «caparra» era stata versata, che lo «zio» era tranquillo a casa col gatto, che il gestore, in fondo, era una persona gentile solo un po' sfortunata, si dissero molte altre cose serie e di buon senso ma ormai l'umore era cambiato.

Presero la corriera alle cinque del mattino (la valigia sembrò leggera al figlio), la madre saltò sul predellino e, scusandosi e ringraziando, disse al gestore che soffriva di allergia a causa dei materassi. Il gestore le toccò un braccio, forse sperando di trattenerla, e promise altri materassi, subito. «No, no, soffro di cuore, ho l'asma» disse la madre con fastidio e si sprofondò nel sedile della corriera ridendo davanti a sé. In quel momento il gestore capì che non c'era nulla da fare e si coprì il viso con le mani per il dispiacere. Fece un ultimo tentativo e disse: «Scriverò subito immediatamente a Mario» (Mario era lo «zio», il marito) ma a loro non importava un fico secco che egli scrivesse o non scrivesse a Mario, tanto bella era la vita.

ANTIPATIA

Un giorno un uomo un po' pigro che non si era mai interessato di politica perché non riteneva affatto, nonostante i rimproveri che gli piovevano da tutte le parti, che «ogni azione umana è una azione politica», udì il telefono squillare in modo che gli parve antipatico. Quest'uomo, contrariamente a molti che possiedono la certezza di spiegare ogni cosa con la ragione, spesso non spiegava un bel nulla e, forse a causa della sua pigrizia, si accontentava di ricevere dagli uomini e dalle cose dei segnali che, senza alcuna spiegazione, contenevano già la spiegazione. Se quel giorno, ad esempio, il suono del telefono era antipatico ciò non costituiva una legge da «approfondire» con la ragione, bensì un caso, perché, infatti, altre volte il suono era simpatico, saltellante, o frivolo, o pettegolo, e preannunciava qualcosa di buono e di amichevole. Quel giorno, come purtroppo altre volte, no: forse era stato il primo squillo che gli era parso prolungato e in certo qual modo petulante, forse il fatto che i segnali continuavano senza che la persona che chiamava si fosse stancata di aspettare (il che significava una costanza sorda, un temperamento tenace, privo del timore di inopportunità), fatto sta che l'uomo in quel momento provava antipatia per colui che chiamava.

Sperò che la persona, chiunque fosse, smentisse questo sentimento ma non ne era tanto certo e andò a rispondere di malavoglia. Udì all'altro capo del filo una voce dolcina, «in maschera», che gli parve completamente sconosciuta anche dopo che ebbe dichiarato un nome. Invece conosceva bene la persona ma in quel momento aveva dimenticato di lui sia il nome che il timbro della voce. Era una persona che molti in quegli anni ritenevano importante, o meglio, che molti giudicavano segno della propria importanza ritenere importante. Ma aveva una brutta faccia ossuta a forma di pugno, una bocca chiusa dentro un incavo osseo come certi sdentati e soprattutto aveva occhi mobilissimi che non si fermavano mai negli occhi della persona con cui parlava.

Chi non guarda mai negli occhi ma distoglie nervosamente lo sguardo qua e là è sempre sgradevole; ancora più sgradevole in lui perché rammentava non l'inquietudine umana e conoscitiva bensì l'ansia animalesca e furba delle scimmiette che non guardano mai chi le guarda ma distolgono sempre gli occhi verso oggetti, veri o immaginati, possibili da afferrare e da mangiare: così quella persona guardava uomini e cose, valutando subito la quantità, afferrabile e per così dire, commestibile, e mai la qualità: in questo modo era riuscito ad afferrare una grande quantità di nozioni senza qualità ma correnti in quegli anni, che gli avevano procurato la fama di persona importante.

Dandogli del «tu» ma con voce dolcina andò subito al concreto: chiese una sovvenzione per alcuni fuggiaschi spagnoli che lottavano contro il regime del generalissimo Franco e in quel momento si trovavano in Italia. Disse che si era rivolto a lui come a persona «notoriamente progressista» sicuro che non avrebbe rifiutato un contributo al «processo di rivoluzionarizzazione» che si compiva in quel paese.

L'uomo pigro provò antipatia immediata per due ragioni: primo perché quelle parole erano senza senso e poi perché, ritenendosi persona che non sapeva quasi nulla, invidiò nell'altro l'abilità fonica di assimilare e di poter pronunciare senza difficoltà parole non soltanto prive di senso ma difficilissime da pronunciare. Cacciò quel torpore a lui ben noto che nasceva sempre dall'antipatia (anzi il torpore si identificava con l'antipatia) e rispose che egli non si considerava «notoriamente progressista» dal momento che non si interessava di politica (l'altro cominciò subito a dire che «ogni azione dell'uomo è una azione politica», come a preludere una di quelle lunghe e noiose lezioni che disgraziatamente capitano nella vita ma che in ogni caso sono da evitare al telefono). Poi disse che non conosceva di persona i fuggiaschi, infine ripeté ancora una volta che, disinteressandosi di politica, non avrebbe, come dire... contribuito.

Ci fu una pausa durante la quale l'uomo indovinò esattamente l'obiezione dell'altro, che infatti arrivò pochi secondi dopo. Era questa: «Guarda, pensaci, perché questo è un tipico lapsus: significa che tu sei qualunquista per non dire fascista». L'ammonimento, fatto sempre con voce dolcina, aveva intenzione di provocare un risentimento e una immediata precisazione ma non provocò nulla perché previsto e l'uomo rispose con voce semplice e quasi umile: «Può darsi, non me ne intendo». L'altro continuò: «Dovresti andare da uno psicanalista» aspettandosi un «perché?» che però non venne e al suo posto venne un sospiro lungo. Allora cambiò tono, ma non voce e disse: «Senti, ci vediamo una di queste sere? Non ci vediamo mai» e l'uomo rispose che stava partendo, un viaggio di molti mesi. «E quando torni?».

«Tra molti mesi, forse sei mesi, o più, al mio ritorno, volentieri».

Il discorso continuò ancora un po' sul viaggio, inventato lì per lì dall'uomo pigro e dunque fu un discorso difficile e noioso perché l'«altro» desiderava conoscere alcuni dettagli di luoghi e date, però a un certo punto finì.

Passarono i mesi dovuti e un giorno l'uomo, che aveva completamente dimenticato, udì un'altra volta il suono antipatico del telefono ma con sonnolento candore andò a rispondere. Era lui. Chiedeva una sovvenzione per alcuni guerriglieri palestinesi di passaggio. Ottenne un rifiuto, ripeté il discorso fatto alcuni mesi prima, trovò «indifferenza colpevole» e nessuna disposizione al «dialogo». L'uomo ammise di non aver alcuna disposizione al «dialogo», non per cattiveria ma per poca competenza.

Passò ancora del tempo e un'altra volta l'uomo udì il suono antipatico del telefono e anche questa volta, non ricordando nulla delle telefonate precedenti, sollevò la cornetta con un sospiro. Non si trattava dell'«altro», ma di una voce di donna che chiedeva firma e sovvenzione mediante abbonamento a una rivista politica molto di moda in quegli anni. L'uomo ripeté il suo refrain e rifiutò. Poi vide che erano le otto del mattino di una domenica tutta illuminata dal sole e quasi senza ombre e capì che il suo rifiuto era giustificato non soltanto da molte ragioni che egli però non «approfondiva», ma anche dalla natura: la telefonata era giunta in un giorno e in un'ora inopportuni, con un tempo atmosferico completamente estraneo all'abbonamento annuo a una rivista di un ristretto gruppo politico. Inoltre la donna, che era stata, a dire il vero, brevissima, aveva però detto «piattaforma di lotta» e questa frase gli risultò antipatica perché gli ricordò il ring dove aveva visto morire un uomo.

Una sera l'uomo si trovò a cena a tu per tu con l'«altro», subito sentì che questi era punto da un forte desiderio di «discutere» e sospirò. Non poteva andarsene, il suo posto era stato assegnato dalla padrona di casa ed egli vedeva o gli pareva di vedere alla tavola alcune donne bellissime e uomini molto simpatici e interessanti da cui però il destino l'aveva allontanato. L'«altro» aveva già cominciato a parlare ma l'uomo lo udiva poco, tutto teso ai discorsi frivoli della padrona di casa e degli altri convitati che, con sua grande invidia, ridevano. Li guardava con la coda dell'occhio e li udiva poco ma per simpatia anche lui aveva atteggiato le labbra al sorriso: il vino, Brunello di Montalcino squisito, l'ottimo roast-beef che la padrona di casa aveva fatto portare dinanzi agli ospiti perché il cuoco lo disossasse con un coltellino veloce e scintillante, le soffici *pommes soufflées*, gli occhi neri e profondi di una donna laggiù in fondo al tavolo e la sua risatina gorgogliante come una fontanella, tutto ciò disponeva le sue labbra al sorriso. Ma l'«altro» non capì, anzi credette di capire in un certo modo ignoto all'uomo il significato del suo sorriso, per ragioni altrettanto ignote si rivolse a lui con voce alta per attirare la sua attenzione e forse quella di altri e disse: «Allora tu, non ammettendo nessuna alternativa, preferisci i colonnelli...».

A questo punto l'uomo che non aveva sentito le frasi precedenti, a quelle parole ignote e sconnesse ebbe una pausa di timore e pensò all'esercito e ad alcuni gradi dell'esercito per poter rispondere; e sempre mantenendo sulle labbra il sorriso anche se il sentimento di quel sorriso era stato disturbato da «qualcosa» (egli non sapeva che cosa) disse che purtroppo, non avendo fatto il militare e non conoscendo l'ambiente, non si poteva pronunciare. Il torpore vagava nella sua mente mentre così parlava ma allo stesso tempo, vedendo la faccia dell'«altro», come in un gioco a dama capì di quali colonnelli si trattava. Si trattava dei colonnelli che in quegli anni si erano impadroniti del potere in Grecia. E invece non era neppure così: l'«altro» si riferiva ai colonnelli italiani. Reso silenzioso dalla torpida ignoranza del suo interlocutore, girò gli occhi furbi e voraci qua e là, bevve una sorsata di Brunello come fosse un vino qualsiasi e mangiò roast-beef e *pommes soufflées*, rapidamente e senza guardarli prima. L'uomo pigro approfittò di questa breve pausa per rivolgersi alla moglie dell'«altro» che era seduta accanto a lui: si complimentò con lei per una spilla antica che aveva appuntata allo scollo dell'abito.

«È antica, sa?» disse la donna, e sollevando una manina grassoccia, di pupattola, mise in mostra l'anello, il *pendant*: «Anche questo è antico» disse, e subito, come vergognandosi di chissà che cosa, forse di quello che lei riteneva un lusso eccessivo, disse: «Un'occasione». In realtà spilla e anello erano oggetti antichi ma di poco valore ma l'uomo capì che la donna, tra sé e sé, e fin dal momento dell'«occasione» doveva aver provato l'emozione di una donna povera e inelegante a contatto con gioielli che lei riteneva di grande valore materiale e mondano: e questo sentimento puro piacque all'uomo e fece sì che egli si disponesse meglio anche verso il marito che gli ispirava antipatia. Lo guardò e proprio in quel momento il marito ficcò in bocca nello stesso tempo, con la forchetta una *pomme soufflée* e con le dita un grosso pezzo di pane (due cose che non vanno d'accordo) in un certo modo curvo, tra umile e ingordo, di una umiltà e di una ingordigia così antiche, irredimibili e lontane da ogni speranza «futura» che l'uomo, sapendo quanto breve è la vita, con suo grande sollievo cessò di provare antipatia per lui.

b

BACIO

Un giorno d'estate una donna di cinquant'anni con un bellissimo nome greco passò accanto a un fiume e guardando un prato di erba alta con pioppi di là dell'acqua ricordò un bacio.

Lei aveva vent'anni, lui tredici e vivevano in una antica città italiana. Il ragazzo era diventato «amico intimo» del fratello ma lei non l'aveva mai visto, solo udito e un poco intuito stando in camera sua a studiare calcolo infinitesimale (era la migliore allieva della facoltà di fisica) mentre i due amici parlottavano sulla porta di casa. Non le era simpatico: i ragazzi stavano troppo insieme, si chiamavano Achille e Patroclo (il fratello era Patroclo e lei invece avrebbe voluto che fosse Achille, il suo protetto), i loro giochi, tutti inventati dal nuovo amico, erano pericolosi e strani. Arrivò a casa una signora a protestare: passeggiavano sui tetti e sugli alberi dei giardini e, di tetto in ramo, salivano fino alle grandi querce del parco pubblico.

Il fratello parlava tutto il giorno della costruzione di una certa *tavern of Jamaica*, fatta con mattoni, finestre e mobili in miniatura che li occupava da un mese; tutto quel lavoro per poterla dare alle fiamme in una notte di temporale e guardarla bruciare. Chissà perché avrebbe preferito che quella amicizia cessasse e non vederlo mai più: invece lo vide il giorno di Natale del 1943, qualche minuto dopo il primo bombardamento della sua vita: lei entrava in casa tremando e lui usciva di corsa; fosse la paura, o l'emozione di ritrovarsi vivi, come si fossero cercati si abbracciarono, e si riconobbero senza essersi mai visti prima. Ma questo non bastò a far cessare l'antipatia.

La guerra avanzava, lei si stabilì con la famiglia in una grande villa in campagna, i «due eroi» vennero separati con scenate e pianti ma tale era l'amicizia che trovarono il modo di riunirsi e anche il ragazzo con la famiglia si stabilì in campagna, in una casetta di contadini molto vicina alla villa.

I ragazzi portavano a spasso i cavalli e li ripulivano, nel pomeriggio dormivano insieme abbracciati e sudati nel fieno, al tramonto salivano sui tetti per addomesticare i pavoni, alla sera costruivano una nave chiamata *Marianna* (come il *praho* di Sandokan) che una volta finita e varata in un canale sarebbe stata fatta colare a picco da una batteria di minuscoli cannoni. Perché questa manìa di costruire con tanto entusiasmo e poi di distruggere? si chiedeva lei, e ciò le dava come un sospetto, insieme funebre e vitale, dell'esistenza di qualche cosa non dimostrabile per mezzo delle sue care e limpide equazioni. Ma un mattino presto vide il ragazzo dentro un'automobile, pallidissimo e smagrito dal dolore mentre lo portavano all'ospedale; pensò che sarebbe morto, lo baciò sulla testa e poi pianse tutto il giorno girando la campagna. Invece non morì (aveva un comico verme, sconosciuto alle patologie generali) e risero insieme quando, col fratello in lacrime, andò a trovarlo. Guarì e lei tornò ad essere superba con lui. Un giorno si guardò a un grande specchio e vedendo il ragazzo che la guardava ebbe dentro di sé un attimo di immensa e stupefatta vanità che apparve nel volto. Il ragazzo vide quell'attimo (di cui lei stessa si stupì e arrossì) e fu certo che era dovuto a lui.

Lei aveva un fidanzato, uno studente di medicina ufficiale in Grecia; si scrivevano e in famiglia si diceva che finita la guerra e l'università si sarebbero sposati. Il ragazzo rubò quelle lettere e le lesse nascosto nel fieno in una stalla; poi le riportò al loro posto, lei lo vide stando nell'ombra della sua camera, ma non disse nulla. Il ragazzo capì dalle lettere che forse il fidanzato l'amava, ma lei no.

Un giorno lei gli chiese di aiutarla a lavarsi i capelli sotto una fontana: il ragazzo lavò e spazzolò al sole i capelli di lei, che erano corti, nerissimi e molto ricci, ma il cuore batteva forte, le mani tremavano ed egli pensò con immensa vergogna di essere innamorato. Ma, prima di tutto, cos'era l'amore? L'uno senza sapere dell'altra entrambi se lo chiedevano. Per il ragazzo rispondersi: «È lei» era cosa impossibile, confusa e illecita. Per lei, che sentiva un fastidio ormai molto simile al piacere quando lo vedeva, l'amore era una cosa «seria», che sarebbe venuta più tardi, al ritorno del fidanzato dalla guerra, oppure sarebbe apparso di colpo non si sa da dove.

Purtroppo apparve, o lei credette di vederlo apparire, nella persona di un giovane capitano tedesco, una specie di zingaro con occhi nerissimi, che arrivò rombando per requisire la villa. Poi arrivarono i soldati e la famiglia di lei si trasferì in un'ala accanto al fienile. I tedeschi uccisero maiali fuori stagione con secchi colpi di rivoltella alla fronte, di notte intimavano l'alt e sparavano, organizzarono feste da ballo a cui lei partecipava in vestito di organza plissé ma il ragazzo non volle mai vederla. Una sera la vide nell'ombra, udì il fruscio del plissé e per tutto il tempo trattenne il respiro. I pavoni abbandonarono il tetto della villa, lei udì il loro verso allontanarsi nella notte mentre non dormiva e pensava al capitano tedesco (si chiamava Werner), disteso al sole in slip nero come una serpe, la pistola appesa al cinturone sulla pelle nera, che la guardava passare con un certo sorriso. A quel sorriso lei atteggiava il volto come allo specchio, con immensa vanità, eppure avrebbe fatto tutto quello che lui avesse voluto.

Qualcosa accadde un pomeriggio di moltissime cicale nei granai della villa, qualcosa con molte lotte, sudore e graffi ma lei da quel giorno diventò triste e diversa, non guardò più quel Werner che fumava sigari e rideva, e scappò di casa per tre giorni; voleva arruolarsi nel corpo ausiliario della repubblica di Salò. Ma tornò e rivedendo il ragazzo con molta gioia le venne da pensare: «Cosa mi succede? Ha sette anni meno di me».

La famiglia di lei si trasferì improvvisamente a Milano, la guerra finì, l'amicizia tra i due ragazzi aveva già superato quell'estate il punto più alto della parabola, non si videro più per due anni. Lui dimenticò presto e cominciò a frequentare le ragazze della sua età; quando lei ritornò non ricordava quasi più nulla ma lo stesso si ritrovarono, parlarono dell'estate in campagna durante la guerra come fossero passati molti anni, entrambi avrebbero voluto dire qualcosa di più di quei giorni ma ognuno si fermò con la sensazione che non si poteva dire qualcosa di più. Questo «qualcosa di più», non detto, fece sì che si incontrassero sempre più spesso alla sera e il ragazzo che era diventato «grande» (aveva sedici anni) la portava a spasso sulla canna della bicicletta. Seppe che il fidanzato era tornato dalla Grecia ma che si erano lasciati. Lei si sarebbe laureata quell'anno, parlavano molto di cose che sembravano loro im-

58

portantissime e lei si dava arie di persona scettica e razionale per opporsi a lui che trovava la ragione sempre insufficiente e spesso meschina. Lui frequentava la prima liceo e leggeva molto, lei diceva di amare Hegel (ma non era vero, non sapeva niente di Hegel) e lui no: di Marx allora non se ne parlava tanto tra giovani e le notizie erano vaghe, in ogni modo ne fecero un rapido cenno e lo «saltarono». La famiglia di lei era stata fascista, il nonno di lui, invece, era anarchico e il nipote press'a poco. Tuttavia la frase «la proprietà è un furto» udita nella più tenera infanzia egli la ricordò ma non la disse perché, se pure in quella frase c'era del vero, dirla gli pareva falso.

Accadde che il ragazzo, di colpo, si prese una «cotta» per una «signora bionda» che tutti i liceali guardavano: ebbe buon gioco, ma non fece ciò che tutti i compagni di scuola pensavano che lui facesse con la «signora bionda». Non lo fece perché pensava a lei e si vergognava. Anche lei pensava a lui, un giorno lo vide uscire dalla casa della «signora bionda» con pantaloni corti di velluto, scarpe da tennis e un giubbetto di cotone blu con la cerniera lampo, un po' stinto. Arrossirono, lei abbassò la testa, il ragazzo la rincorse silenzioso sulle sue scarpe da tennis e lei fece finta di niente ma capì che quel «qualcosa di più» tanto complicato e impossibile da dire era in realtà una cosa semplice. Un giorno lei disse: «Tra noi c'è qualcosa di più di una semplice amicizia». Ma pensava «Come è possibile? Ha sette anni meno di me, io sono una donna e lui un bambino».

Cominciarono a tenersi per mano, cosa che durò due mesi e più, una sera sdraiati nell'erba sotto un pioppo e accanto a un fiume non parlarono né si tennero per mano. Il ragazzo si diceva: «Ora la bacio», lei pensava che lui l'avrebbe baciata e si teneva pronta immaginando la cosa. Ma passarono più di due ore, *tout était dans l'air,* niente avveniva e lei girò la testa masticando un filo d'erba e pensando: «Lo sapevo, è una cosa impossibile, ha sette anni meno di me e io non gli piaccio perché sono troppo vecchia». Ma il ragazzo si girò e con una autorità che a lei parve assoluta le tolse di bocca il filo d'erba e posò le labbra chiuse sulle sue.

BAMBINO

Un mattino presto d'inverno un uomo senza figli vide tra la brina e la boscaglia sulle rive del Piave un bambino dagli occhi celesti e mongoli in compagnia di un vecchio con un falcetto. Aveva la testa grossa coperta da un berretto di lana con pon-pon, zoccoli alti e una lunga sciarpa a strisce di colori diversi; non pareva un bambino «moderno» ed egli, per uno di quegli scherzi di tempo e di luogo che la vita gioca agli uomini per illuderli, in quel bambino vide se stesso quarant'anni prima.

Attratto dalla luna ancora alta tra la brina e dal bambino l'uomo si fermò a parlare: il dialogo si svolse in una luce quasi azzurra con degli scricchiolii e il vecchio, che si era subito accorto della somiglianza tra i due, incitava continuamente il bambino a rispondere il suo nome e la sua età: ma il bambino rifiutò di aprire bocca e solo alla fine, quando parve non ci fosse più nulla da fare per convincerlo, quasi per scusarsi e in modo ispirato e sereno come certi esseri molto antichi, improvvisamente sorrise.

Venne l'estate e l'uomo rivide il bambino negli

stessi luoghi, in una radura di erba appena falciata in mezzo alla boscaglia. Il bambino lo vide, sorrise come allora ma si nascose subito dietro i mucchi di fieno e camminando a quattro zampe tra il fieno e l'erba non ancora falciata scappò via l'uomo guardò a lungo in quella direzione e ogni tanto vedeva la schiena color miele e la canottiera bianca, ma, quando si avvicinò, il bambino scomparve nel folto del bosco.

Sempre più attratto l'uomo si informò, seppe che il bambino era figlio illegittimo di una contadina, piano piano fece amicizia col vecchio e poi con l'intera famiglia, molto diffidente e piena di situazioni intricate e «irregolari». In queste visite vide il bambino solo di sfuggita perché scompariva ma seppe molte cose di lui, per esempio che temeva di essere rapito e di notte parlava nel sonno, rivolgendosi a persone dai nomi sconosciuti.

Un giorno lo mandò a chiamare per affidargli un lavoretto e gli promise un piccolo stipendio: si trattava di raschiare con la carta vetrata delle sedie appena tagliate e poi di lucidarle con l'olio. Il bambino lavorò mezz'oretta con molta foga, poi piano, sempre più piano e svogliatamente finché smise: alle domande dell'uomo non rispose e appena questi entrò in casa, sparì.

Da quel giorno cominciò ad aggirarsi intorno alla casa, pronunciò qualche parola, anzi qualche monosillabo ma questo bastò perché l'uomo riconoscesse nella voce del bambino il timbro della sua. La stessa notte in cui udì la voce del bambino ci fu un temporale molto forte che egli non udì dal profondo del sonno: sognava il bambino in bermuda scozzesi e canottiera bianca che camminava sull'acqua.

Poiché il bambino non si decideva a dire qualcosa di più del «sì» e del «no», l'uomo si serviva del nonno e della madre come mediatori e interpreti per conversazioni un poco più lunghe: attraverso di loro non soltanto gli mandava a dire le cose ma gli faceva racconti dei suoi viaggi. Visto che il bambino era interessato ai viaggi (non conosceva che i luoghi dove era nato e dove viveva) gli venne in mente di portarlo in gita a Venezia e attraverso gli ambasciatori gli comunicò la sua intenzione: il bambino fece rispondere all'uomo che sarebbe andato ma con il costume per fare il bagno nel mare nonostante il divieto della madre, altrimenti niente.

Partirono un sabato mattina (alla sera il bambino aveva qualche linea di febbre e al mattino si svegliò alle cinque) e arrivarono con l'auto fino all'aeroporto di Venezia dove li aspettava un motoscafo. Il bambino guardò i grossi jet arrivare e partire da quell'estremo lembo di terra ma non disse una parola, nel motoscafo si aggrappò ai bordi e guardò con il collo teso le due grandi ali d'acqua che si aprivano ai lati dello scafo in corsa, finché ebbe tremiti sempre più forti e si rivolse all'uomo con il suo sorriso onnisciente in silenzio. L'uomo gli chiese se aveva freddo ed egli rispose: «Un poco». Era la prima parola. L'uomo lo coprì con la sua giacca, lo tenne stretto a sé e il bambino di tanto in tanto lo guardava con gli angoli delle tenere labbra rivolti all'insù.

Scesero al Lido e si incamminarono nel viale alberato in direzione della spiaggia; da un fornaio comprarono pane fresco e due fette di torta sfoglia con mele, poi passarono dal salumiere per riempire i panini di prosciutto. Qui il bambino tirò l'uomo per la giacca e disse: «Le patatine fritte». L'uomo ne comprò due sacchetti, misero tutto in una piccola sporta di plastica e si avviarono alla spiaggia dove l'uomo affittò una cabina in prima fila con un lettino e una sedia a sdraio. Si spogliarono, andarono a fare una passeggiata sulla diga, tra i bagnanti nella sabbia. L'uomo osservò che il bambino aveva spalle e schie-

na magre, con il segno della canottiera, gambe rotonde e uniformi come due paletti e grossi piedi
con dita grosse; si muoveva in modo un po' ondulante come gli animali giovani che si orientano col
fiuto e tuttavia, come toccato da una grazia lontana,
annunciava ogni movimento imprevisto (come buttarsi di colpo nella sabbia sulle ginocchia) con quel
suo sorriso lento, lungo, e diretto verso l'orizzonte.

Giunti sulla diga su cui sventolavano grandi bandiere azzurre l'uomo raccomandò al bambino di tenersi ben stretto alla fune mentre lui nuotava e si gettò dal trampolino con un po' di vanità pensando,
chissà perché, che questo avrebbe fatto piacere al
bambino. Dall'alto il bambino lo guardava e lo seguì
finché giunse a riva. Qui l'uomo, vergognandosi di
quel tuffo, propose al bambino di fare anche lui il bagno ma il bambino disse di no; poi, un poco alla volta, entrò nell'acqua ma non andò oltre il polpaccio.

L'uomo lo incitava ad immergersi tutto, di colpo,
indicandogli altri bambini molto più piccoli di lui
che lo facevano ma al piccolo sembrava mancare il
fiato e le spalle gli si facevano più magre in quei momenti. Allora ripresero a camminare sulla spiaggia
chiacchierando (l'uomo gli spiegò l'uso del salvagente) e si fermarono a una barca di bagnini che
vendevano conchiglie piccole e grandi di diversi
prezzi. L'uomo ne appoggiò alcune all'orecchio del
bambino e gli fece sentire il rumore del mare, più
forte quanto più grande era la conchiglia, poi gli
chiese se ne voleva una. Il bambino ci pensò un po',
poi rispose di sì e indicò la conchiglia più grande.
Come ripetendo parole non sue l'uomo spiegò che
quella costava troppo cara e ripresero a passeggiare
sulla spiaggia. Il bambino disse improvvisamente:

«Si potrebbe avere un salvagente?».

«Ti piacerebbe un salvagente?» domandò l'uomo
e poiché il bambino rispose «sì», disse che lo avreb-

be comprato ma intanto lo chiese in prestito a una signora vicina di capanna, molto gentile e con molti bambini piccolissimi in accappatoi azzurri con le iniziali.

Tornarono in acqua con il salvagente e l'uomo portò il bambino fino a un punto in cui non avrebbe potuto toccare. Il bambino tremava di paura e di freddo. Diceva battendo i denti: «Ho paura, ho paura, ho freddo, ho freddo», ma rideva (l'uomo non l'aveva mai visto ridere). Si teneva aggrappato alle mani dell'uomo che gli insegnava a tenere le gambe allungate sull'acqua e a battere i piedi e questi sentiva le piccole mani tutte tese, strettissime e tremanti nelle sue.

«Torniamo indietro, torniamo indietro» disse il bambino battendo i denti ma quando tornarono verso riva si fermò a galleggiare e a far fischiare il salvagente a forma di oca.

Era l'una, tirarono fuori i panini dai sacchetti e mangiarono. L'uomo osservò che il bambino accostava la testa e la bocca al pane più che il pane alla bocca e si guardava intorno come per nascondere il cibo e l'atto del mangiare. Quando mangiò il primo boccone di torta di mele disse seriamente: «Buonissima», poi domandò:

«E il gelato?».

«Il gelato quando saremo a Venezia, più tardi, ora hai appena mangiato e può farti male», disse l'uomo, ripetendo esattamente parole che gli erano state dette in quello stesso luogo molti anni prima. Passò un po' di tempo e due o tre volte il bambino domandò: «E il gelato?» e l'uomo rispose ancora la stessa frase poi si addormentò: a brevi intervalli si svegliava preoccupato, che non fosse andato in acqua o in luoghi pericolosi, ma lo vedeva lì intorno che si aggirava a qualche metro dal lettino e tornava a dormire. Si svegliò alle quattro: si rivestirono, «ringraziarono la signora» per il salvagente, percorsero il viale (il bambino guardava i tabelloni con le immagini dipinte dei vari gelati e cassate) e, appena in tempo, si imbarcarono nel vapore per Venezia. Nella terrazza superiore, all'ombra, il bambino disse: «Qui sì che si sta freschi». Poi vide un transatlantico greco e disse: «Mariavergine, non finisce mai».

Appena sbarcati a Venezia l'uomo mostrò al bambino il Ponte dei Sospiri, gli indicò le grosse sbarre dei Piombi e gli raccontò della fuga di Giacomo Casanova da quelle carceri. Lo alzò sul parapetto di un altro ponte perché vedesse le gondole e gli spiegò che in quella città non c'erano né auto, né moto, né biciclette: bisognava andare o in barca o a piedi. Il bambino ascoltava e stringeva nelle mani il fagottino umido dei costumi da bagno. Entrarono nella chiesa di San Marco e l'uomo spiegò:

«Vedi il pavimento fatto a onde? È così perché sotto ci sono le onde del mare».

Salirono sul campanile, l'uomo indicò il Bacino di San Marco al sole: proprio in quel momento entrava tra i bagliori una petroliera giapponese, bianchissima, la bandiera col disco rosso in campo bianco, al vento. Poi l'uomo mostrò al bambino i «mori» che battevano le ore col martello sulla grande campana.

Scesi dal campanile il bambino domandò: «Si potrebbe avere una macchina fotografica?» e l'uomo spiegò che costava troppo. Ma il bambino si precipitò verso un banchettino di souvenirs indicando la macchina fotografica, un oggettino di plastica da duecento lire che «scattava» all'interno minuscole vedute di Venezia, a colori. L'uomo si vergognò e la comprò. Poi sedettero al caffè Florian e ordinarono il gelato: una coppa d'argento con una palla di crema, una di cioccolato e due di pistacchio. Il bambino disse due volte, una per la piazza e l'altra per il gelato: «bellissima» e «buonissimo», poi, finito il gelato domandò:

«Si potrebbe avere il granoturco per i colombi?» e l'uomo che ancora si vergognava (senza sua colpa) per la macchina fotografica di poco prima, gli chiese se gli sarebbe piaciuta la fotografia.

Posarono insieme con i «colombi» svolazzanti nelle mani: l'uomo un po' accigliato per il sole negli occhi, come allora, il bambino con la piccola bocca, gli occhi celesti a mandorla ridenti come chi, senza saperlo, conosce degli uomini il destino.

BELLEZZA

Ogni giorno un vecchio di campagna usciva di casa con la falce e un carrettino. In tasca aveva la pipa con la borsa del tabacco, un astuccio fatto con un pezzo di bambù per i fiammiferi e un coltello ricurvo molto tagliente. Appeso alla cintura aveva un corno di bue, immersa nell'acqua dentro il corno la pietra per affilare la falce.

Come tutti i contadini aveva molto da fare l'estate: falciare lungo i ruscelli, preparare i bordi dei prati prima che arrivasse la motofalce, pulire dalle ortiche e dall'erba grassa la terra sotto le viti, spargere il fieno al sole o raccoglierlo in mucchi, caricarlo con la forca sul carrettino e portarlo a casa. Ma poiché era molto vecchio si fermava spesso, si sedeva per terra e fumava.

D'inverno usciva più tardi, sempre con la falce e il carrettino per abitudine e per certe sue speranze, ma anche con la forbice per potare le viti e un coltellaccio per tagliare i rami dei salici. Qualche volta portava il piccone: se un tronco affiorava dal terreno lo sradicava (per questo occorreva un'intera giornata, o due) lo puliva dalla terra, e lo caricava sul carrettino. Spesso non vi riusciva da solo e aspettava fino a tardi qualcuno per farsi aiutare, ma non passava mai nessuno.

Una volta venne un pescatore, il vecchio lo guardò piantare nella melma del fosso i pali delle reti per le anguille, due o tre volte gli porse le reti ma non ebbe il coraggio di chiedergli aiuto per caricare il tronco e l'altro era troppo nervoso per capirlo. In quell'occasione il vecchio pensò che con una corda avrebbe potuto fare il lavoro da solo.

Certi giorni d'inverno non trovava niente nei campi, la nebbia era fitta e si accontentava di raccogliere fascine di legna qua e là, senza soddisfazione. Quando nevicava usciva lo stesso ma diventava di malumore, tornava a casa, si metteva a letto e a differenza di quasi tutti i vecchi riusciva a dormire molto.

Aveva pochi indumenti: un paio di pantaloni di tela blu, una maglietta di lana, una camicia a quadri e scarpe di tela e corda per l'estate; pantaloni di lana militare, una maglia grossa e la giacca di un proprietario morto nel 1940, zoccoli e un mantello, per l'inverno; aveva anche un cappello di feltro verde scuro e una cinghia di cuoio che usava in tutte le stagioni. Alla domenica metteva un vestito grigioblu, una camicia bianca senza cravatta e calzini.

Era analfabeta e aveva molta paura delle malattie, per questo fingeva di essere umile, ma non lo era affatto, anzi, tra sé e sé era superbo di non sapere né leggere né scrivere pure riconoscendo la relativa importanza di queste cose: se doveva parlare con qualcuno (se era proprio costretto), lo chiamava «padrone, signore, signorino», e lo salutava dicendogli «che Dio la mantenga in salute» ma se poteva spariva prima di ogni incontro: si ritirava nelle siepi o si accucciava dietro certi ciuffi d'erba o mucchi di letame molto lentamente e senza far rumore, poi accendeva la pipa e dall'erba o dal letame saliva un filo di fumo. Aspettava che la persona passasse, poi tornava in piedi, raccoglieva gli attrezzi e andava via molleggiando.

Naturalmente il vecchio aveva una famiglia, con tre figli, tre figlie e la moglie. Uno dei figli era in America, un altro in casa non sposato (in primavera cantava in mezzo ai prati sotto la luna), un terzo aveva un enorme camion con rimorchio che girava l'Italia e quando non girava stava immobile davanti alla casa. Due figlie erano sposate fuori paese, una terza in casa con tre figli avuti da padri diversi e aveva il brutto vizio di bestemmiare.

Era stata una famiglia poverissima soprattutto per mancanza di legna ma negli ultimi anni, grazie al camion del figlio, la casa era stata rifatta, c'era un bagno e una doccia, il frigorifero, la lavatrice e la televisione ma il vecchio non usava nessuna di queste cose perché restava fuori molte ore al giorno e quasi nessun avvenimento della società lo interessava. Non aveva mai viaggiato, solo una volta si perse in bicicletta e arrivò all'alba in un paese di nome: Porto Buffolé. Udì il nome dagli abitanti, si spaventò pensando di essere al mare e corse via. Dopo un po' si fermò su un ponte molto curvo e senza acqua e si guardò intorno: non c'era né il porto né il mare ma una grande distesa di prati di molte qualità di erba, falciati e da falciare, illuminati all'orizzonte da una luce verdastra di temporale. Forse i prati finivano davvero nel mare ma molto lontano un campanile pendente e appuntito stava sospeso su una fascia di pioggia. Dove era il porto e dove il mare? Questa domanda rimase sempre senza risposta e spesso, fumando seduto per terra nei campi, pensava a Porto Buffolé.

Durante l'estate il vecchio adocchiava certi rami d'albero e li segnava, quando cadevano le foglie li osservava meglio e sceglieva, all'inverno li tagliava e li metteva ad asciugare al sole per un anno, poi li scorticava lentamente col coltello: per fare questo lavoro impiegava anche un giorno per ciascun ramo. Preparava i suoi progetti di lavoro invernale due o tre anni prima, partendo dal ramo o dal tipo di legno (salice, acacia, gelso, olmo, raramente pioppo) poi risaliva agli oggetti necessari (scale, rastrelli, manici per forche, un cancello) e cominciava il lavoro dentro la stalla.

Stava sempre molto attento alle campane, quando suonavano si fermava, tendeva l'orecchio e capiva dal timbro del primo tocco quale era l'annuncio: se era l'Ave Maria cessava completamente di lavorare, si sedeva, o sui prati o nella stalla e fumava la pipa cercando di indovinare quale persona anziana poteva essere morta. Fumava con una gamba reclinata sotto l'altra, un gomito appoggiato per terra, e gli occhi socchiusi sempre rivolti verso il sole.

Non aveva mai amato né la caccia né la pesca perché, pure conoscendo tutti gli animali dei dintorni e le loro abitudini, preferiva vederli vivi. Si avvicinava ai fagiani molto lentamente, poi gonfiava le gote, soffiava e batteva i piedi: in quei momenti i baffi lunghi e neri si sollevavano in aria, i fagiani volavano via spaventati con il loro verso strozzato nella lunga gola verde e il vecchio rideva. Alle upupe rifaceva il gesto della cresta sollevata per vanità, con le dita di una mano. Se era necessario sapeva affumicare le donnole e i tassi e li imprigionava in un sacco di pelle di pecora. Alcune volte era riuscito a vedere la volpe, un inverno la seguì per un giorno e una notte, la volpe sapeva di essere seguita e quando il vecchio (allora giovane) perdeva le tracce, lo aspettava nell'oscurità segnalando la sua presenza con gli occhi lucenti. In questo modo lei si fece seguire e il vecchio la seguì fino ai piedi dei monti: all'alba vide la volpe davanti a sé nella neve in tutta la sua libertà e selvatichezza, con la pellicola di animale solitario nelle pupille e sentì anche l'odore: la volpe ebbe un'impennata di superbia (il vecchio vide i denti da vicino), poi si allontanò con alti balzi tra la neve e il sole, scomparve. Il vecchio aspettò ma poiché l'animale non tornava scese verso la pianura. Alla sera la moglie gli chiese con insistenza perché era stato fuori casa due giorni ma egli rispose: «Taci, taci», e soffiò sulla candela.

Da circa dieci anni il vecchio pensava alla morte e spiava dentro e fuori di sé quei sintomi e quegli avvertimenti che conosceva alla perfezione; ma anche se stava molto attento non li sentiva. Ecco perché ogni giorno usciva con la falce e il carrettino e nei momenti di riposo faceva progetti. Per esempio studiava se era il caso di sfoltire un vigneto o di sradicarlo e seminare erba e basta. Pensava che in caso di sua, chiamiamola così, assenza, i vigneti muoiono di incuria ma l'erba vive. Poi arrivava alla via di mezzo: sradicare alcuni filari di viti, uno sì e uno no. Contava le piante di vite sbagliando e ricominciava da capo. Se stava seduto vicino agli alberi non ricordava più le viti e pensava di tagliare gli alberi e di vendere la legna, perché gli alberi se tagliati a una certa altezza gettano nuovi rami. Se stava seduto vicino al granoturco pensava che tolto il granoturco bisognava arare e seminare frumento o erba medica. Meglio erba medica e così pensando rideva tra sé perché nei suoi progetti egli sceglieva sempre quello dove c'era da falciare.

Quando stava seduto si toglieva la maglietta, indossava la camicia che aveva nel carrettino o appesa a un albero; ogni tanto strizzava la maglietta zuppa di sudore, poi si perdeva in una specie di sonno di cui sospettava la natura e si risvegliava subito. Le sere in cui non aveva nulla da caricare, nascondeva il carrettino e la falce dentro qualche siepe, da un'altra siepe tirava fuori un bastone a cui si appoggiava per tornare a casa.

BONTÀ

Un giorno di settembre del 1941 alla stazione di
Cortina d'Ampezzo una donna bionda e rotonda in
compagnia di un bambino di dieci anni vestito da
frate aspettava il «trenino» bianco e azzurro in arrivo da Dobbiaco. Erano i soli ad aspettare e accanto
a loro avevano una valigia, un aeromodello di carta
dalle grandi ali gialle e blu e un mandolino dentro
una custodia di grossa tela color caffè. Tacevano, e
la luce senza vento ma fredda li illuminava in modo
totale e sereno. Il trenino arrivò, i due si affrettaro-
no per prendere posto e in quel momento dalle
porte della stazione entrò correndo una donnetta
vestita di nero con un cappellino nero che mise un
piede sul mandolino e lo sfondò. La donna bionda
udì il rumore del mandolino sfondato, tirò un urlo
e si precipitò sulla donnetta che, con il braccio, fece
un gesto di difesa. La bionda gridò verso il treno:
«Umberto, guarda il mandolino», il bambino vestito da frate si affacciò al finestrino e spalancò gli occhi senza parlare.
«Adesso lo paga» disse la donna bionda cercando

di dominare l'istinto con le parole e a quel «paga» la donnetta vestita di nero parve svegliarsi dall'improvvisa paura, estrasse il piede dal mandolino e corse sul treno in partenza. Era però seguita dalla bionda che la teneva al braccio e diceva: «I carabinieri, i carabinieri, ferma il treno, ferma il treno». Ma si udì un fischio, il treno cominciò a mettersi in moto e anche la donna bionda fu costretta a salire. Non abbandonò la donnetta vestita di nero che si divincolava e la obbligò a sedere davanti a sé e al bambino vestito da frate. «Adesso facciamo i conti: lei l'ha rotto e lo paga» disse la bionda con voce sibilante e ansimante dalla rabbia.

«No» disse la donnetta con un fil di voce e di nuovo ebbe quel gesto di difesa col braccio.

«Altroché se lo paga».

«No» disse la donnetta e rafforzò quel no con un piccolo gesto del capo.

«Sì che lo paga» sibilò la donna rotonda.

La donnetta fece finta di non sentire. Era molto pallida e magra, vestita di seta e organza e merletti neri, calze grige e piccole scarpe nere da uomo molto lucide: avrebbe potuto essere una dama di compagnia di qualche vecchia contessa o una perpetua di parroco benestante. Il volto le tremava (aveva occhi azzurri molto scoloriti) ma si vedeva dal pallore nervoso del volto e dalle labbra strette e bianche che era decisa a non pagare.

«Chi rompe paga» disse la donna e avendo visto il pallore, il tremore e il biancore delle labbra della donnetta vestita di nero era diventata quasi beffarda (la donna rotonda era biondissima e vestita a colori vivaci, con alti sandali di sughero). Il bambino vestito da frate era agitato vedendo la sua accompagnatrice così furente e rigirava tra le mani la custodia col mandolino fracassato dentro.

La donnetta vestita di nero serrò le labbra ancora di più e fece no col capo, due o tre volte.

«Alla prima stazione scendiamo e chiamiamo i carabinieri» disse la donna bionda sempre più beffarda: «Se lei non pagherà sarà portata in prigione».

La donnetta fece ancora cenno di no col capo e il mento cominciò a tremarle.

Ci fu una lunga pausa di silenzio durante la quale la donna rotonda fissava con violenza e spietatezza (i suoi occhi sembravano perfino strabici) la donnetta vestita di nero che tentava di distogliere lo sguardo. Ma la donna bionda allungò una delle sue mani forti e polpute, piene di efelidi e con le unghie smaltate di rosa e scrostate, con due dita afferrò la punta del mento della donnetta, le sollevò il capo e disse:

«Guardi le persone negli occhi», e la guardò fissa con la massima concentrazione delle sue pupille azzurre. La donnetta seguitava a distogliere gli occhi e ci fu un'altra pausa: una nube molto fredda che segnava la fine dell'estate entrò dal finestrino socchiuso, raffreddò la pelle dei tre e portò dentro di loro il sentimento dell'inverno. Subito dopo la pausa la donnetta, che forse era stata colpita meno degli altri due dal sentimento dell'inverno, domandò quasi senza voce: «Quanto costerebbe il mandolino?».

«Il mandolino è costato centoventi lire» disse la donna bionda, già meno forte e non più beffarda.

«Uhmm» fece dubbiosamente la donnetta.

«Non ci crede?» disse la bionda e tornò ad arrabbiarsi.

La donnetta non rispose e, sempre molto pallida, guardò le montagne che si allontanavano nella luce splendente. Sulle Tofane era caduta un po' di neve e proprio sulla punta il vento alzava e arricciava la neve contro il blu del cielo. Giunse anche un suono di campane (era domenica).

«Ci fermeremo dai carabinieri di Calalzo» disse la bionda al bambino vestito da frate e, senza rivolgersi alla donnetta, aggiunse: «Canaglia, guarda come ha ridotto il mandolino».

Il bambino vestito da frate non disse nulla, ma, come per mostrare le condizioni del mandolino aprì la custodia di tela e levò lo strumento. La cassa lucida e panciuta era sfondata al centro e il manico spezzato pendeva come il collo di una gallina. Dalla custodia scivolò fuori uno spartito dal titolo *Macariolita*.

Alla vista del mandolino in quelle condizioni la donnetta vestita di nero lo guardò a lungo tra incredula e disperata e parve rendersi conto solo allora del danno provocato, che le sembrò enorme e irreparabile. Impallidì ancora una volta e il mento le tremò. Con secche e bianche dita di donna casalinga e anziana stringeva una logora borsetta di pelle nera. «Potrei dare cinquanta lire» disse e aperta la borsetta tirò fuori un borsellino di tela chiuso da bottoni automatici. Da questo estrasse cinquanta lire in monete d'argento di cinque lire.

«Ho detto che è costato centoventi lire, mi dispiace» disse la bionda. La vittoria sulla donnetta l'aveva improvvisamente acquietata, il suo tono era calmo, un po' altero, e sorrise.

«È usato» disse la donnetta.

«Chi rompe di vecchio paga di nuovo» disse la bionda.

La donnetta tirò fuori dal borsellino ancora un foglio da dieci lire e una moneta da cinque lire. Si vedeva che nel borsellino non aveva quasi più nulla.

La bionda fece un gesto negativo, con la lingua tra i denti, e aggiunse: «No, no».

La donnetta vuotò il borsellino: aveva ancora quindici lire, in tutto ottanta lire.

«È tutto quello che ho,» disse «se vuole denunciarmi mi denunci», guardò le montagne che scompari-

vano e allungò il denaro sul palmo. La bionda lo con-
tò e lo diede al bambino vestito da frate, ma il bambino, prima fece segno di no col capo poi prese il denaro e lo tenne in mano. «Mettilo in tasca, ebete» disse
la bionda e solo allora il bambino sollevò la tonaca e
ficcò il denaro nella tasca dei pantaloni corti.

Passò altro tempo in silenzio e la donnetta disse:
«Però il mandolino sarebbe mio».

La bionda tolse di mano il mandolino al bambino
e lo porse alla donnetta che se lo mise in grembo;
passò così più di mezz'ora e la donnetta volgeva lo
sguardo dalle montagne riapparse al mandolino
rotto (ora suo) con le corde pencolanti. Infine si
volse al bambino e gli ritornò il mandolino: «Cosa
ne faccio, riprendilo tu, io non so suonare il mandolino, anche se si potesse riparare io non lo so suonare, non ho mai suonato niente...» e su queste ultime
parole cominciò silenziosamente a piangere. Cavò
dalla borsetta un fazzolettino bianco con una cifra,
si asciugò gli occhi e quando il fazzoletto si inzuppò
usò le nocche delle dita di persona vecchia. Ogni
tanto scrollava la testa senza rassegnarsi, il bambino
non voleva assolutamente il mandolino, lei invece
voleva darglielo e si passarono lo strumento rotto
due o tre volte. Alla fine il bambino lo posò sulla re-
ticella sopra la testa della donnetta.

La bionda chiese: «Si può sapere perché piange
tanto?» e la donnetta scosse la testa piangendo.

«Si può sapere?» continuò la bionda e poiché la
donnetta non rispondeva insistette a lungo. Finalmente la donnetta rispose.

«Era tutto quello che avevo, ottanta lire, si vede
che il Signore voleva castigarmi».

Passò ancora del tempo, il trenino era entrato
nella valle al crepuscolo, dai comignoli usciva il fumo e da qualche parte entrò un po' di quel fumo insieme all'odore della polenta. Il treno si fermò ac-

canto a una casa di pietra scura con un comignolo da cui uscivano faville e su una larga striscia di calce bianca era scritto: «*Credere, obbedire, combattere. Mussolini*». Ma nel blu della notte imminente si leggeva appena.

«Lei cosa fa?» chiese la bionda per rompere l'imbarazzo della lunga pausa di pianto.

«La rammendatrice» disse la donnetta che si era rassegnata e aveva perfino l'aria di voler scambiare due chiacchiere.

«E dove abita?».

«A Bassano del Grappa».

«Guardi che il treno va a Venezia» disse la bionda completamente calma e gentile.

«Vado a trovare mia sorella suora a Venezia» disse la donnetta. Ormai era buio e i tre viaggiatori si vedevano appena nella luce delle lampadine azzurrate ma l'aeromodello di carta lucida scintillava sospeso tra due sedili.

Dopo un po' di quella oscurità la bionda disse al bambino vestito da frate: «Dài i soldi alla signora», il bambino lo fece subito e la donnetta li prese, armeggiò nell'oscurità con borsa e borsellino, chiuse i bottoni automatici sempre dicendo: «Grazie, grazie, pregherò per il bambino. Hai fatto un voto?».

«Sì» disse il bambino.

«A chi?».

«A sant'Antonio di Padova» rispose il bambino.

«Sant'Antonio di Padova è un santo buono» disse la donnetta. «Io sono devota di san Francesco d'Assisi ma so che sant'Antonio di Padova è un santo tanto buono».

c

CACCIA

Un mattino di novembre molto prima dell'alba un uomo ancora giovane stava dentro una botte in una palude vicino a Venezia: il cielo era limpido, le stelle si riflettevano nell'acqua, piccoli stormi di anatre passavano in volo nell'oscurità verso il mare ed egli pensò: «Tra poco verrà l'alba»; ma sentì il pensiero volare via dal suo corpo e andarsene insieme alle anatre.

Passò un po' di tempo durante il quale guardò il fucile (una doppietta fabbricata a Rimini nel 1942) e pure non vedendolo lo vide con il ricordo di tutti i giorni che l'aveva visto e pensò:

«Voglio un Purdey, in valigetta di bulgaro con iniziali d'argento e tutto il necessario per la pulizia. Costa milioni ma la vita è così breve». E durante questo pensiero una striscia molto sottile di luce color zolfo apparve a oriente, le canne intorno alla piccola laguna tremarono e un leggero vento molto freddo lo carezzò sulla guancia. «Ecco l'aurora,» pensò «anzi no, è alba, che con il suo bel nome precede Aurora». Udì altre anatre che non vide e anche quest'ultimo pensiero andò con loro. Era molto felice che i pensieri volassero via dal suo corpo, senza ragione lo sentiva caduco e spesso si diceva appena sveglio, proprio a quell'ora: «Avrò venti, forse trenta, forse quaranta anni da vivere, poi la vita finirà, ma l'illusione della vita è già finita da qualche anno e non so come fare. Voglio un Purdey» pensò ancora come un bambino testardo.

La striscia color zolfo era già salita dietro le canne e aveva cambiato colore: era ancora color zolfo in alto ma rosea in basso e «il nostro eroe» la guardò a lungo con l'ammirazione, la timidezza e la riconoscenza con cui si guarda una donna molto amata e lontana.

In quel momento udì dietro di sé il volo, l'aria si mosse a pochi centimetri dalla sua testa e l'anatra allegrotta si posò vicino a lui su quella parte di laguna che rifletteva la luce dell'alba e l'ombra delle canne. Si rizzò in piedi, l'anatra si accorse tardi della presenza di lui e partì veloce ma quando fu contro l'alba così lontana che forse avrebbe potuto fuggire l'uomo sparò e l'anatra allargò le zampe e cadde nell'acqua: lì parve riprendersi, cominciò a spennarsi e a nuotare verso le canne, tentò perfino di sollevarsi stendendo le ali ma non riuscì e ficcò la testa nell'acqua. Solo allora egli vide che era una folaga, provò dispiacere, di nuovo gli tornarono i pensieri sulla brevità della vita.

«Triste uccello in tight» pensò «cantato da una folla tumultuante di poeti che non l'hanno mai visto, giovane, pallido e non simpatico lord con guanti di nappa grigio scuro (fatti comprare da Willougby), a un funerale; crede di poter ancora vivere nonostante il colpo, nuota, si spenna e cerca cibo. Anche lei si illude». Così pensando sparò un altro colpo per finirla ma i pallini si tuffarono oltre, ne sparò un terzo e sbagliò ancora, intanto la folaga si allontanò con il suo verso di trombetta.

L'uomo sedette, dopo un po' sentì il vento tagliato a grande altezza e guardò uno stormo enorme di germani volare tranquilli dal cielo verde-rosa a sud, provò a contarli ma svanirono nell'aria lontana.

Il sole era apparso a oriente tra le canne, quella parte di cielo prima rosea era diventata rosso arancio e il punto centrale della prima curva di sole («una gobba, un pallone» pensò) era rovente e fumante. Il cielo sopra l'alone rosso era verde e azzurro chiaro, tutto il cielo intorno e sopra era azzurro e viola salvo a occidente: lì c'era ancora un poco del blu della notte e qualche stella.

Passò uno stormo di fischioni molto alti che sparirono subito alla vista ma gli parve di udire il fischietto e il palpitare delle ali anche quando non li vide più.

«Che vita collettiva e solenne» pensò «come quella dei vescovi in San Pietro con le loro mitre e i loro canti».

Il sole illuminava ormai l'orlo della botte, riscaldava e colorava la sua guancia ed egli pensò:

«Voglio prendermi tutte le soddisfazioni, voglio prima di tutto un Purdey, se sarà necessario andare in Inghilterra per le misure andrò in Inghilterra, poi tornerò per provarlo e lo porterò in Italia nella sua valigetta. Lo guarderò molto nei primi tempi, poi sempre meno, ma sarò orgoglioso di averlo e mi darò delle arie con molta attenzione, senza farlo notare, rivelando il suo nome solo quando mi sarà chiesto e, se sarò capace, con piacere e noncuranza al tempo stesso. Ma non sarò capace e non avrò il Purdey e se e quando l'avrò sarà troppo tardi perché non avrò più la vanità nemmeno di dire il suo nome. Poi voglio una Jaguar bianca cabriolet, di quelle che non si fabbricano più...»; il pensiero si

arrestò lì in quanto non era molto sicuro di deside-
rarla tanto.

«I miei desideri sono pochi» continuò a pensare
con dispiacere; perché sapeva che la mancanza di
desideri è il segno della fine della gioventù e il primo e lontanissimo avvertimento della vera fine della
vita. «Niente mi fa più voglia, salvo la caccia». Con
la coda dell'occhio vide la folaga nuotare intorno a
se stessa, con grandi sforzi e ostinazione, come per
uscire da un cerchio.

«L'ho colpita alla testa,» pensò «e ora cerca di
usare tutte le sue forze per fuggire, la sua logica è
andata perduta e i suoi sforzi sono vani, ma lei non
lo sa, per questo crede di essere ed è ancora viva». E
si alzò per finirla ma udì un frullio di ali e vide dietro di sé fra terra acqua e canne dietro la botte un
beccaccino danzante: la minuscola testa striata e il
becco ad ago si sollevarono con un lampo superbo
degli occhietti; l'uccello spaventato e seccato saltellò due o tre volte sostenendosi sulle ali poi partì:
l'uomo lo lasciò andare e sparò anche questa volta
quando il beccaccino era lontano ma lo colpì e l'uccello cadde di fianco nell'acqua.

«Comincio ad amare questi animali, ho fatto male a uccidere il beccaccino che mi piace tanto da vivo, e ho fatto male a uccidere una folaga, che non
mi è simpatica ma neanche antipatica, che non è né
uccello né anatra ed è vestita a lutto con i guanti».

Così pensando udì un'altra volta il volo dietro le
spalle: si accucciò nella botte e vide passare sopra di
sé il primo germano di uno stormo disposto a triangolo perfetto. La distanza era quella giusta ma attese qualche istante per vedere il ventre di folta piuma beige e il lungo collo verde, poi sparò agli ultimi
due della fila di sinistra, uno morì in volo e cadde
con la severità della morte nell'acqua. Data la di-

stanza avrebbe potuto ucciderli tutti e due ma aveva perso tempo a pensare.

Il sole saliva nel cielo completamente azzurro e guardando con attenzione davanti a sé verso occidente l'uomo vide sorgere dalla grande laguna oltre le ultime barene come dei campanili e delle torri, gli parve udire, con il vento che veniva di là, un lontanissimo ma profondo suono di campane e il cuore riconobbe, di colpo, il campanile di San Marco. Con gli occhi pieni di lacrime si guardò le mani, poi volse lo sguardo appannato alla folaga, tutta raccolta in un mucchietto, con la testa nascosta sotto l'ala come per dormire o per riposarsi dal dolore prima della fine e pensò:

«Quanti anni sono passati».

CAREZZA

Una sera d'inverno del 1937 in una città italiana fredda e poco illuminata con molti portici e chiese sbarrate un uomo alto con un cappotto lungo e un cappello peloso dalle ali larghe che davano un che di sghimbescio alla sua ombra salì le scale di una casa umida, si avvicinò al buio a una porta e suonò un campanello dal trillo incerto.

In quella casa abitava una signorina ancora giovane con un figlio di sette anni e una coppia di parenti anziani che il bambino chiamava nonni. Di solito soltanto la signorina andava alla porta (l'uomo compariva alle otto in punto) e per espresso desiderio del visitatore si trovava già pronta per uscire oppure entravano in una specie di salottino di vimini e lì rimanevano a parlare.

Il bambino aveva visto l'uomo soltanto due volte, tutte due le volte l'uomo gli aveva dato dieci lire da mettere nel salvadanaio, non ricordava quasi niente di lui ma la sua presenza «di là», lo teneva col cuore sospeso ogni sera. «È lui» diceva uno dei due parenti, le porte si chiudevano e il tempo passava tra i due vecchi e il bambino come in attesa di qualche cosa. Spesso, durante queste sospensioni, credendo o facendo in modo che il bambino non capisse, i vecchi parlavano del visitatore (veniva sempre chiamato «lui») quasi con venerazione e soprattutto la donna almanaccava quale sarebbe dovuto essere il comportamento della famiglia degno di lui. Se salutare o non salutare, se farsi vedere e chiedere o no una cosa. Col tempo la figura del visitatore invisibile che usciva con la madre o stava a chiacchierare appartato con la casa in silenzio e i due vecchi confabulanti entrò nei pensieri notturni del bambino ed egli cominciò ad avere paura. Quella sera l'uomo entrò nel salottino di vimini ma dopo di lui entrarono anche i vecchi e il bambino capì che la sua vita sarebbe cambiata. Lo capì perché vide attraverso i *vitrages* colorati della cucina il «nonno» piangere e carezzare la mano dell'uomo e la «nonna» sollevarsi sui tacchetti e abbracciarlo in modo eccessivo. Poi anche lui fu chiamato nel salottino (lo avevano vestito «bene» e pettinato fino all'ultimo momento) ed egli sentì la sua apparizione farsi avanti tra le pareti alte e strette del tinello come una stonatura che gli parve definitiva.

Siccome non parlava né si faceva avanti, la parente disse: «Saluta il signore», e il bambino disse, perfino con un sorriso: «Buonasera». Il visitatore rispose al saluto e lo chiamò per nome ma il bambino era troppo piccolo e inesperto per vedere nel suo animo e vide soltanto una capigliatura nera e lucidissima su una testa molto lunga.

Ci fu una pausa durante la quale la luce tremò nelle lampadine, tutti, salvo il bambino, sollevarono lo sguardo e la «nonna» disse:

«Anche ieri è mancata la luce». Aprì la vetrinetta di una credenza (ci fu una specie di bagliore molto debole che passò davanti agli occhi del bambino e andò a perdersi in un angolo del soffitto) tirò fuori una bottiglia e versò il liquore scuro in quattro bicchierini che solo in quel momento il bambino vide già disposti su un centrino sopra la tavola. La donna distribuì i bicchierini, tutti assaggiarono il liquore in silenzio poi la parente con voce che parve severa disse al bambino:

«Ringrazia il signore, tu non sai cosa fa per te».

Il bambino non parlò, non si mosse e rimase in piedi in una strana posizione d'attenti, con le mani tese lungo i pantaloncini di velluto.

«Non dica queste cose,» la interruppe l'uomo «io non voglio ringraziamenti da nessuno...» e in quel momento la madre del bambino cominciò silenziosamente a piangere.

«L'hai fatta piangere» disse il «nonno» rivolto alla moglie e fece un gesto di disappunto con la testa.

«Ma la riconoscenza...» disse la moglie e si fermò lì a uno sguardo del visitatore. Ci fu ancora una lunga pausa durante la quale l'uomo batté due o tre colpetti sulla mano della signorina che piangeva, da uno dei tanti pianerottoli del casamento si udì una voce rantolante di uomo che chiamò due o tre volte: «Tilde...» e una campanellina di un collegio di Canossiane non lontano cominciò a suonare.

Gli adulti ripresero a parlare di una nuova casa dove il visitatore, la signorina e il bambino avrebbero abitato, con un giardino dove c'era un albero di fico, dell'affitto di casa, di un viaggio («Basta Venezia, è sufficiente Venezia» disse il parente vecchio), la donna versò ancora un bicchierino colmo di «nocino» che l'uomo accettò con una breve risata.

Il bambino stava sempre sull'attenti, la signorina gli si avvicinò, lo prese per la mano e avvicinandolo al visitatore disse:

«Non dici niente a lui?».

Il bambino pensò cosa doveva dire e poiché ricordava i due precedenti incontri e le dieci lire, disse con profonda vergogna:

«Le dieci lire».

I vecchi non capirono ma la madre arrossì e disse:

«Si ricorda delle dieci lire, quelle che gli hai dato l'anno scorso per il suo salvadanaio», e sorrise, ma l'uomo non sorrise e guardò fisso il bambino dall'alto della sua lunga testa lucente. Si alzò in piedi cavò di tasca una moneta da dieci lire e la porse al bambino che aveva allungato la mano. Poi il bambino andò di là, accese la luce in una stanza con due letti di noce molto vecchi, si allungò sulle punte dei piedi fino al marmo del comò dove riuscì ad afferrare un salvadanaio di ferro e un minuscolo cane del signor Bonaventura di panno Lenci giallo. Guardò il cane, infilò la moneta nel salvadanaio (che scosse vicino all'orecchio) e tornò nel salottino.

«È andato a metterli nel salvadanaio» commentò la parente ma il visitatore era già in piedi, col grande cappello peloso in mano e stava per uscire con la signorina. Salutò tutti, poi si fermò accanto al bambino e disse:

«Ricordati piccolo che non bisogna mai chiedere niente».

Pieno di paura il bambino fece un piccolo passo indietro e tornò sull'attenti, l'uomo si avvicinò, si curvò su di lui, con una mano lucida e grigia lo carezzò su una guancia e disse:

«D'ora in poi mi chiamerai zio».

CASA

Una sera di dicembre in una casa di campagna italiana non lontana dai monti coperti di neve una famiglia cenava: in tavola c'era una pentola rettangolare di alluminio con un pollo spezzato, patate nel sugo di pomodoro e una insalatiera colma di radicchio rosso dal gambo bianco con molto pepe; c'era pane, alcune fette di polenta abbrustolita, vino rosso e denso dentro un fiasco di paglia impregnata del colore del vino. La cucina era riscaldata da una stufa bianca a gasolio dove erano stati cotti i cibi, la famiglia e due amici sedevano alla grande tavola coperta da una tovaglia bianca e parlavano di un'altra stufa a gasolio ai piani superiori. Il vecchio alto che stava a capotavola aveva parlato delle zanzare in trincea nella prima guerra mondiale, ora sorrideva dietro gli occhiali a se stesso e seguiva la conversazione partecipando solo con qualche parola. Il barometro aveva smesso di segnare bel tempo e si trovava in quello stato di indecisione che prelude un mutamento improvviso. Il vento era cessato, il freddo era ancora molto forte (il termometro esterno segnava meno quattro, ma tendeva a salire) e tutti sentivano che sarebbe caduta la neve. Un giovane bracco bianco e nero entrava e usciva spalancando la porta di casa, portava ventate di freddo e qualcuno a turno si alzava da tavola e correva a chiudere.

«Gianfranco, non ha nessuna educazione sai...» disse la padrona di casa, il figlio disse: «Full, basta, cuccia qua», il cane appoggiò le guance flosce su una gamba di Gianfranco e lo guardò. La madre riprese la conversazione, con il volto acceso.

«È un paradiso, un paradiso,» disse «scalda, una, due, tre, camere da letto, tutto il corridoio e il bagno».

«A che numero la mettete?» chiese un ospite che aveva lo stesso tipo di stufa.

«Al sei e il termostato al massimo» rispose la figlia Rosetta.

«È troppo, è il massimo, sa cosa consuma? Io metto tre, medio».

«Il libretto delle istruzioni dice di mettere sei e il termostato al massimo» disse la padrona di casa «ma sembra troppo anche a me Rosetta, non senti che caldo».

«È una bella praticità» disse il padrone di casa, la madre guardava il figlio e sorrideva.

«Ti ricordi Gianfranco, quando si doveva scaldare a legna, è vero che c'era Pino a fare tutto...».

«Come Pino?» disse Rosetta «e noi? Non andavamo a prendere la legna fuori col gelo, ti ricordi Gianfranco?» e Gianfranco sorrise come per dire: «Altroché se ricordo». Era un italiano alto, bello e ricciuto, di trentadue anni, era molto amato dalla sorella e dai genitori. Perché allora, così spesso, era malinconico? Molti se lo chiedevano.

Dal buio, dietro i vetri della porta apparve un volto, poi un giovane prete in clergyman entrò fregandosi le mani.

«Stanotte nevica» disse e chiuse la porta dietro di sé.

«Oh, don Antonio» dissero tutti e l'apparizione del prete dal volto roseo e gli occhi molto azzurri diede a ognuno il sentimento di essere protetto da qualche cosa.

«Che bel calduccio» disse don Antonio e guardandosi intorno aggiunse: «Hanno portato la stufa nuova?».

«Sì, sì, ieri. Si sieda don Antonio, cosa fa col paltò? Mangia qui con noi?».

«Comodi, comodi, ho già mangiato...».

«Un bicchiere di vino, allora» disse Gianfranco e cavò dalla credenza dipinta di bianco un bicchiere pulito. (C'era una fotografia infilata ai bordi del vetro della credenza, un neonato in pizzi, forse dormiente, forse morto).

«Ecco, sì» disse don Antonio, poi guardò fuori con i suoi occhi azzurri e disse: «Che notte da passeri, ho le reti in macchina».

«Ah bravo, complimenti, un prete che fa il bracconiere» disse il signor Alfredo ridendo e anche don Antonio rise e allargò le braccia come dire: «Siamo tutti peccatori».

«Permesso don Antonio, noi continuiamo a mangiare, non vuole un po' di radicchio rosso, guardi che è una bontà» disse Rosetta.

«Per l'amor di Dio, mangiate, mangiate. Scherziamo» disse don Antonio, poi sollevò le falde del paltò, si sedette su una sedia col bicchiere di vino in mano e tutti ripresero a mangiare.

«Che bontà» disse Gigi, il secondo ospite, e pescava nel suo piatto con calma le patate nel sugo di pomodoro e la tenera carne del pollo. «Un pollo al pomodoro così si mangia solo in casa vostra, che bontà».

«Oh, per carità signor Gigi» disse la padrona di

casa, ma si vedeva che non soltanto lei ma tutta la famiglia era soddisfatta del complimento.

«Ci vogliono le gallinelle nane».

«Trovarle» disse il signor Gigi.

«Ne abbiamo un centinaio qui, quando ti occorrono parla, ne vuoi due per domani, da fare arrosto?» disse Gianfranco.

«No, no grazie» disse il signor Gigi non tanto sincero.

«Senza complimenti Gigi, quando le vuoi...».

«Davvero sa, signor Gigi» disse Rosetta.

Ci fu una pausa durante la quale tutti mangiavano lentamente e si versavano a vicenda del vino, poi si riprese a parlare delle stufe, della casa e di cose utili alla casa. Essa li avvolgeva con il suo piccolo numero di stanze calde e poi con il grande numero di stanze vuote, fredde e buie, l'enorme granaio e le soffitte dove erano morti due tedeschi; parlandone le persone di famiglia e anche gli ospiti parvero sentire di colpo quanto di antico, disabitato e perduto da molti anni era in quell'involucro di mura.

Si parlò della prima e della seconda guerra mondiale ma chissà perché la conversazione tornò al riscaldamento.

«Facciamo i conti» disse il padrone di casa sfilando la biro dal taschino e cominciando lentamente a notare su un angolo di giornale. «Il consumo dovrebbe essere di un litro di gasolio all'ora, fa ventiquattro litri di gasolio. Un quintale di legna costa mille lire, tra una cosa e l'altra si risparmia, altroché se si risparmia».

Salirono a vedere la stufa e a sentirne il calore; entrarono nelle grandi camere da letto (su un letto c'era una bambola, una spagnola), nel bagno, si fermarono nel corridoio. In fondo al corridoio una porta chiusa dava in altri corridoi, stanze senza mobili, scale e soffitte. Dal buco della serratura entrava il freddo delle cose ignote. Poi Gianfranco, i due ospiti e don Antonio (forse a causa di quella porta) uscirono nel freddo tra gli alberi del giardino e con una lampada illuminarono il termometro: era sceso quasi a zero, nel folto dei sempreverdi si udivano frusciare ali e penne.

«Sssst,» fece don Antonio «sentite i fagiani». Camminarono piano fino ai piedi del grande cedro e Gianfranco diresse la luce della lampada tra i rami, si videro prima uno, dopo due, tre fagiani femmine abbagliate nel pieno del sonno, poi un grosso fagiano maschio volse il capo da un lato e la luce brillò nel suo occhio.

«Un'oca, guarda un'oca» disse Gianfranco a bassa voce col cuore in gola e illuminò una grossa oca selvatica che allungò il collo, starnazzò, aprì le lunghe ali e prese il volo nella notte. Dalla porta illuminata, dietro i vetri, il padre, la madre, Rosetta e Full guardavano fuori.

«Scemo,» don Antonio disse agitato «sai cosa vuol dire un'oca selvatica? Potevi portare la carabina, macaco, un'oca, Dio buono lasciarsi scappare un'oca...» e a quella parola «oca» intorno alla casa cominciò a cadere la neve.

CINEMA

Una domenica di gennaio del 1942 una signorina di una certa età dai capelli crespi e rossicci raccolti a chignon decise di andare al cinema. Era stata pochissime volte nella sua vita e sempre per accompagnare i bambini ai cartoni animati (era governante in una casa molto signorile), salvo una volta, al film *Salvator Mundi* che aveva visto insieme alla famiglia il giorno di Pasqua di un anno che non riusciva a ricordare. In casa il cinema non veniva considerato molto bene ma quella domenica la signorina aveva deciso di andarci da sola e di non dirlo a nessuno.

Era un giorno di pioggia, il denso fumo giallo che usciva dalla ciminiera di una fabbrica dove si tostava orzo avvolse lei e il suo ombrello, soli viaggiatori lungo un interminabile muro di mattoni (tirava anche vento).

La signorina raggiunse il centro della città, a passi di tacco nel suo loden si avvicinò all'entrata del cinema Edison, si fermò a guardare le fotografie del film *La città d'oro*, uno dei primi film tedeschi a colori di quegli anni, e vide che al botteghino c'era una gran ressa di soldati e in generale di uomini: la signorina sapeva che quel film era considerato audace, sapeva anche che quel cinematografo non era dei migliori ma non voleva fare nessun caso a tutto questo (era cresciuta in un collegio di suore povere ma parlava perfettamente il tedesco ed era stata perfino interprete) anche se, in quel momento, il suo cuore batteva un poco più forte. Per non ficcarsi in mezzo a tutti quegli uomini si fece forza e chiese al venditore di caramelle (un ragazzo ruminante liquirizia, dalla bocca nera) di comperare il biglietto per lei. Lo ricompensò comprando cinque caramelle ed entrò nella sala. Subito capì che si trattava di un cinema «popolare», che non c'erano quasi donne tra gli spettatori salvo alcune bionde sparse e altre poche donne con i mariti. Trovò un posto, un brutto posto tra una combriccola di giovinastri, e fece per entrare nella fila ma fu fermata da un tipo in divisa nera che la sorpassò dicendo: «Occupato».

Poi si spense la luce, la signorina si trovò in piedi addossata al muro proprio sotto la fessura del proiettore da cui usciva un forte odore di acetone e già questo odore inaspettato le diede un senso di mistero. Sullo schermo apparvero alcune immagini di alpini diretti non si sa dove, sfilate a Roma, infine una diva che sorseggiava per propaganda un caffè chiamato «astragalo». La luce si riaccese e la signorina vagò sempre più a disagio alla ricerca di un posto (aveva un cappello tirolese con una spazzola di tasso infilata nel nastro) finché una mano grossa, gonfia e fortissima l'afferrò per un braccio. Si volse impaurita ma aggressiva e vide un uomo anziano vestito di un mezzo paltò con larghi baveri rossi di pelliccia, che le sorrise e le indicò un posto vicino al suo.

La signorina disse «grazie», passò toccando con le sue le gambe dell'uomo che le parvero durissime e sedette. Sentì subito, dopo pochi istanti, una gran vampata di calore al volto (la sala era piena di fumo), sbottonò il loden, sciolse il nodo della sciarpa e proprio in quel momento si fece buio e incominciò il film a colori. La signorina si «innamorò» subito del volto della protagonista, una giovane tedesca nel ruolo di una contadina bella e pura, ma in seguito si rese conto che si trattava di un film molto più audace di quanto avesse mai potuto immaginare: «sentiva» che prima o poi i protagonisti si sarebbero baciati, quando non fosse accaduto di peggio: per un momento pensò di andarsene (ma dove?) poi si abbandonò a una certa spossatezza interiore provocata dal calore del cinema e dalla durissima e inerte gamba dell'uomo al suo fianco, che avrebbe dovuto scavalcare, inoltre il cuore le batteva forte. Anche una donna dietro di lei le batté un colpetto sulla spalla con dita che sapevano di mandarino e disse: «Scusi, potrebbe spostarsi un po' a sinistra?».

La signorina si spostò a sinistra ma dopo un po' ecco di nuovo le dita di mandarino e la voce della donna che chiedeva: «Forse sarebbe meglio che spostasse la testa un po' a destra». La signorina obbedì. «Così?» disse, e la donna rispose seccamente: «Così».

Passò ancora del tempo e di nuovo la donna disse: «Senta, io non ci vedo». Un uomo che stava con la donna borbottò al suo fianco, la signorina non sapeva cosa fare, le persone intorno dicevano «basta, silenzio» e qui si intromise l'uomo rotondo in mezza pelliccia; si sollevò un poco con fatica e sbatté la sua dura gamba contro la poltrona di legno sollevando un suono di strumento musicale. Ci fu un breve battibecco in un dialetto che la signorina non conosceva ma udì la parola «educazione». Alla fine la donna disse a voce alta: «Come si fa a venire al cinema con un cappello così?». La signorina avvampò e con un gesto rapido e secco, come un uomo che saluta, si levò il cappello dalla testa, lo chignon si sciolse e alcune ciocche ingarbugliate di capelli rossi e grigi si sparsero intorno alle orecchie. Poi abbassò il cappello tenendolo sul grembo con le due mani e riprese a guardare il film: si baciavano, la bionda e pura contadina tedesca stava affondata in un letto con un grande piumino, le labbra gonfie e tremanti nel viso accaldato, la camicia da notte di canapa tesa dal respiro affannoso. La signorina beveva quelle immagini disperata e col cuore in gola.

«Vado, non vado, resto, che vergogna, non emozionarti, sii superiore, che vergogna...» farfugliava la sua mente e qualcosa dovette anche sfuggire dalle labbra perché l'uomo al suo fianco, che di tanto in tanto le gettava una occhiata, disse piano: «Come? Come dice?» e le sorrise con una larga bocca di mangiatore. La signorina non rispose e aguzzò lo sguardo verso lo schermo ma udì un rumore che veniva dall'uomo: era come un battito, dei colpetti che sorgevano dalla gamba inerte di lui e che si trasmisero alla sua: come dei colpetti a una porta. Lanciò due o tre volte un rapidissimo sguardo a destra in basso e vide che l'uomo teneva una delle sue grosse mani appoggiata alla gamba e forse con una, o più dita, tamburellava. Terrorizzata la signorina non capiva come una gamba potesse produrre un suono simile (l'uomo bussava ora senza tregua, con le nocche, proprio come si bussa forte a una porta): immobile fissò ancora lo sguardo sullo schermo, dove si svolgeva la scena della seduzione ed ebbe un gemito, un breve urlo, tanto forte le batteva il cuore.

CUORE

Un giorno molto azzurro un uomo arrivò in una città di montagna nera di fumo e sepolta nella neve tra alti picchi: camminando sotto i portici bassi si fermò davanti a un negozio di souvenirs, vide una coppia di sposini tirolesi con su scritto *Zwei Herzen* e di colpo ricordò una bambina bionda e rosea sempre vestita da tirolese che incontrava per la strada quando andava a scuola. Si vedevano e arrossivano, una sera la incontrò in una stradina semideserta vestita di un mantello di panno Lenci rosso con un cappuccio (nevicava), la prese per una mano e dopo un poco la baciò prima su una guancia molto fredda, poi sulla bocca rossa mentre lei lo guardava con gli occhi celesti aperti e immobili.

«Come ti chiami?» domandò il ragazzo e lei, sempre con occhi spalancati, con voce lentissima rispose: «Cu-o-re». Poi non si videro più e passarono gli anni.

Guardando le due bambole l'uomo si chiese dove avrebbe potuto essere in quel momento, se era viva o magari no, continuò a pensare a lei il pomeriggio e anche la sera e gli venne una grande curiosità di rivederla. Con un certo imbarazzo telefonò ad amici d'infanzia dimenticati, spiegò quello che voleva ma poiché non sapeva nulla di lei, solo il nome ma non il cognome, nessuno riusciva a ricordare nulla. Finalmente ne trovò uno con più memoria degli altri, un botanico con una barbetta riccia che sprofondò nel passato, gli disse che era sposata con due bambini in una città poco lontana da quella in cui si trovava lui in quel momento e scovò anche un numero di telefono.

L'uomo chiamò quel numero e udì in risposta una voce di bambola meccanica; era lei, disse che ricordava tutto e desiderava rivederlo.

«Hai ancora le trecce?» domandò l'uomo.

«No, ho i capelli corti».

«Corti come?» insistette l'uomo senza capire perché insisteva e lei rispose: «Corti normali».

L'uomo disse che la ricordava vestita da tirolese, lei gli ricordò che erano passati tanti anni, che adesso era «una signora di mezza età», che forse per lui sarebbe stata una delusione e che, forse, era «cosa saggia» non vedersi affatto. Poi aggiunse una frase che all'uomo parve molto bella:

«Ad ogni modo, anche se tu non hai voglia di rivedermi io invece ho molta voglia di rivederti».

L'uomo le chiese il suo nome da sposata, la donna rise e disse: «È il nome di uno dei sette nani: indovina».

L'uomo si schermì (chi ricordava più i nomi dei sette nani?) ma fu costretto, con lei che suggeriva, a dirli tutti finché arrivò al nome: Dotto. La donna fece un piccolo strillo al telefono.

«E che lavoro fa il signor Dotto?».

«È rappresentante di generi alimentari».

Ci fu una lunga pausa, poi, con l'impressione di avere molte cose da dirsi, si salutarono. «Forse è un po' pazza, o soltanto stupida» si disse l'uomo ma senza volerlo continuò a pensare a lei, quella notte la sognò come la ricordava, vestita da tirolese, con occhi di porcellana tra le lunghe ciglia nere coperte di neve, completamente immobile e sorridente.

Il giorno dopo le telefonò ancora ma non la trovò in casa, parlò con un ragazzo con una voce severa, che aveva intuito qualcosa girare nell'aria di quell'inverno. Alle cinque del pomeriggio (le aveva detto che lo avrebbe sempre trovato a quell'ora), puntualissima, egli udì la lenta voce di lei: stettero al telefono per un po', lei disse che era stata molto innamorata di lui (allora aveva dodici anni), lui si convinse e la convinse della stessa cosa.

«Lo sei ancora?» domandò l'uomo arrossendo (non era tipo da avventure del genere) e la voce di lei, dopo una lunga pausa, disse: «Sono sposata, come potrei amare due uomini allo stesso tempo?». Nella sua voce c'era grande stupore ma nessun giudizio ed egli non seppe cosa rispondere. Le disse che sarebbe passato per la città dove lei abitava il giorno dopo, per qualche ora. Fissarono un appuntamento davanti al Duomo ed egli le chiese le sue misure perché voleva portarle un regalo. «Quarantadue, quarantaquattro,» rispose lei con felicità «ma non ti devi disturbare».

L'uomo uscì tra la neve stupido e leggero, andò al negozio di souvenirs, comprò un vestito tirolese (la misura non era proprio certa) e si mise in viaggio. Durante il viaggio ricordò quasi tutto il film *Biancaneve e i sette nani* aiutato anche dalle foreste ai lati della strada e precipitò senza accorgersene in quello stato di irrealtà che precede e accompagna sempre i grandi avvenimenti della vita. Giunto davanti al Duomo la vide subito tra i passanti: gli parve uguale, la stessa bambina lenta e attonita di trent'anni prima.

«Ciao Cuore,» disse col cuore in gola «sei identica», e la donna salendo in automobile, con un sorriso e quella sua voce lentissima e dolce, disse: «Ciao, anche tu sei uguale».

Girarono nella campagna e lungo un fiume tra la boscaglia, per due ore. Parlarono, soprattutto lei, con molta intelligenza e candore, come nelle favole, e con un linguaggio elementare e purissimo. Quando si addentrarono nella boscaglia dove lei volle provare l'abito tirolese, così vestita disse: «Oh, che bosco nero», e lo prese per mano; quando uscirono indicò il frumento basso nei campi e disse: «L'erba è già verde». Anche il suo volto rotondo e roseo, con i grandi occhi celesti spalancati e la bocca rotonda e rosa erano elementari e purissimi e l'uomo la baciò: come allora lei stette immobile con gli occhi aperti a guardarlo.

Durante il viaggio di ritorno l'uomo le chiese:

«Ieri, quando parlavi con me al telefono, i tuoi figli sentivano quello che dicevi?».

Lei si fece seria: «Sì, c'è anche stata una discussione con mio marito. Mio marito è un orso. Mi ha detto: "che cosa vuole?"».

L'uomo notò che il volto di lei era un poco imbronciato e distratto come quello dei bambini quando non vogliono parlare di una cosa o stanno per dire una bugia.

«E tu cosa gli hai risposto?».

«Niente, ho detto che non volevi niente».

L'uomo insistette per sapere qualcosa di più ma lei era distratta e guardava davanti a sé, allora cambiò discorso. Le chiese se aveva un'automobile. La donna rise e disse: «Mio marito non vuole che impari a guidare, dice che sono svanita».

«E cosa fai tutto il giorno?».

«Sto in casa, mio marito non vuole che esca perché dice che non so nemmeno attraversare le strade, figurati. Esco solo al mattino per fare la spesa, ma mi accompagna il fattorino».

«Non hai una donna?».

«No».

L'uomo aveva tenuto per tutto il viaggio la mano di lei nella sua, una volta la baciò e sentì il profumo di un sapone modesto e molto diffuso; poi la baciò su una guancia e sentì profumo di un talco per bambini anche quello molto noto.

«Sono stata molto felice di rivederti,» disse lei prendendo con cura il pacchetto del vestito tirolese «e vorrei vederti sempre». Dopo questa frase che aveva pronunciata con voce tranquilla e felice, aggiunse: «Anche tu?».

L'uomo fece cenno di sì col capo e mentre la donna uscì dall'automobile udì che diceva: «Ti telefonerò sempre io alle cinque».

Da quel giorno si videro sempre più spesso nei modi e nelle ore in cui si vedono gli amanti, l'uomo non chiedeva mai nulla del marito e della famiglia, lei ne parlava raramente: quando ne parlava il suo volto si faceva imbronciato e distratto. La loro conoscenza non andò avanti gran che: durante i loro incontri l'uomo parlava poco, immerso nella stupefazione in cui lei lo avvolgeva con le sue parole e le sue esclamazioni, ma anche con le sue carezze e i suoi occhi celesti aperti nei baci e chiusi dalle lunghe ciglia nere nel sonno.

Qualche volta l'uomo era inquieto ma non esprimeva a lei la sua inquietudine perché non avrebbe saputo come. Allora diceva, come tra sé: «Sei uguale, identica»; e lei rispondeva: «Anche tu». Ma l'uomo invece sapeva molto bene che tutto ciò che è umano passa e scompare e forse era questa la ragione della sua inquietudine. Si videro per quattro anni durante i quali sembrò loro di rimanere giovani e felici, poi, un bel giorno, lei non venne più ed egli non riuscì a sapere più nulla di lei.

d .

DOLCEZZA

Un mattino presto di settembre con un'aria sala-
ta e molto amara che saliva dal Bacino di San Marco un uomo con polmoni e bronchi un po' deboli
uscì dall'Hôtel Danieli: fece tre «respiri profondi»,
guardò e ascoltò gli sciacquii del bacino, gli spruzzi
di acqua e di aria attraversati dalla luce del sole, vide
l'isola di San Giorgio in ombra (un po' azzurrina) e
udì suoni di campane giungere da punti diversi di
Venezia.

«Come sono felice» disse a voce quasi alta, poi
aggiunse con il pensiero: «ma purtroppo so di esserlo».

Si avvicinò al bordo delle fondamenta fin dove
giungevano gli spruzzi e come un bambino andò a
sciacquettare con le mani, bagnandosi e temendo
che qualcuno lo sgridasse per questo. Allora si rialzò, camminò verso la piazza e fu avvolto da un grande arieggiare di piccioni e dal loro odore: volavano
in massa verso l'ometto del mangime e l'uomo che
aveva un po' fame sentì (per simpatia) una gran fame. Cantò una canzoncina, *Nina non fare la stupida* –

come le tortorelle e si avviò verso il caffè Lavena: era ancora chiuso, allora andò a comperare due giornali poco lontano, tornò al Lavena e si sedette a uno dei tavoli all'aperto immaginando con impazienza il fagottino di pasta sfoglia calda e pasta di mandorle, il *kipferl*, che avrebbe mangiato di lì a poco insieme a un cappuccino con schiuma e una spolveratina di cacao. Aprì i giornali, li sfogliò, guardò qualche titolo ma il *kipferl* sullo sfondo della piazza di San Marco deserta, il sale dell'aria nel cielo azzurro con nuvolette rosa vinse tutti i titoli dei giornali.

« La politica, i politici... » pensò con pensiero schizzinoso come guardando a un'altra specie animale dall'apparenza indegna e sgradevole « i politici... cosa sanno loro del *kipferl*? ».

Passò del tempo (il Lavena non apriva) e il sole apparve con i primi raggi tra i merli delle Procuratie, batté in faccia all'uomo e gli ferì gli occhi ma egli si lasciò un po' ferire e un po' no, socchiudendo le palpebre, chiudendo un occhio e giocando. Intravide tra i barbagli il fotografo con la scatolona coperta di nero, il treppiede e le fotografie di mostra: con rapidi gesti precisi sistemò tutto in mezzo alla piazza, appese un cartellino (Torno subito) e scomparve. Poi arrivarono i banchettini di mangime e di souvenirs, i venditori sistemarono ogni cosa e scomparvero.

« Che paese meraviglioso è l'Italia » pensò l'uomo con profondo affetto, e per amarlo meglio e tutto intero rivolse il pensiero a Porta Capuana (Napoli), all'acqua dei faraglioni (Capri) nel punto dove una grotta sottomarina attraversa la prima roccia, alle trippe del ristorante Troja (Firenze), al film *La dolce vita* (Roma), alle discese nella neve fresca tra le Tofane (Cortina) e fu commosso da un sentimento di cui non riuscì a trovare il nome. Era certamente un sentimento italiano perché egli non l'aveva mai provato durante i suoi viaggi in altri paesi. Forse in Indocina, al tramonto, quando bambini a cavalcioni di bufali si immergono negli stagni e i fiori di loto cominciano ad aprirsi; o il frastuono delle cicale all'alba, sugli eucalipti, che dura dieci minuti esatti e poi torna il silenzio e i primi campanelli delle biciclette dei cinesi. Questo era un sentimento bellissimo, ma diverso e non così allegro. No, quel sentimento senza nome era italiano e basta.

«Ma i sentimenti allungano o piuttosto accorciano la vita?» si domandò l'uomo e «sentì» che, per quanto ingiusta fosse, la seconda ipotesi era la più reale se non la più probabile.

Il Lavena aveva aperto mezza serranda e dietro, nell'interno, due gambe anziane coperte di una vecchissima stoffa nera, poggiate su due piedi piatti infilati dentro scarpe tagliuzzate e lucidissime si muovevano lentamente insieme a una scopa: parve all'uomo che si muovessero uno al minuto, non seppe trattenersi e sapendo di sbagliare chiamò: «Cameriere». Vide scarpe e scopa fare una lunga pausa e nessuno rispose.

L'uomo pensò ancora all'Italia, fece un po' il broncio a quel sentimento italiano senza nome e pensò ai «lati negativi» di quel paese tanto amato, ne trovò moltissimi, ma, chissà perché, li dimenticò subito.

Passò ancora del tempo per l'uomo immerso in una leggera sonnolenza di sole, arrivarono uno dopo l'altro tre *kipferl* caldi come li aveva immaginati e il cappuccino con la spolveratina di cacao. Ne mangiò uno tutto intero, restò quasi senza fiato, pensò «Ah, che felicità», e respirò con un piccolo mugolio di cui non si vergognò. Poi accese una sigaretta e anche il fumo gli diede piacere ma subito dopo il grande dispiacere che i suoi polmoni e bronchi ne avrebbero sofferto così tanto che gli anni sarebbero passati molto più in fretta per lui di quanto gli era dovuto (molto o poco): e presto si sarebbe trovato vecchio e malato. «Ma sono passati pochissimi anni da quando ero bambino» pensò con candore. Allora si alzò e cominciò a vagare per Venezia alla ricerca di una piazzetta, traversata da colonne, che incontrava solo e sempre per caso e oltre la quale si perdeva. Come altre volte era accaduto si trovò su fondamenta larghe, in ombra, a nord, che guardavano l'isola di San Michele tra freddi cipressi, l'isola di Murano e la ondulante laguna tra barene e lembi di terra e canne. Sentì dentro di sé il freddo di quell'ombra e di quei cipressi (i suoi bronchi erano anche un po' psichici), tornò indietro e si perse. Poi chiese informazioni, ritrovò la strada ed era mezzogiorno e mezzo quando entrò in una rosticceria affollata dove, seduto su uno sgabello, mangiò il risotto verdino di vongole aglio e prezzemolo che voleva. Poi mangiò due piccoli polipi bolliti e conditi con olio e limone (uno lo provò senza limone, era indeciso, era migliore o no?), uscì, entrò in una osteria vicina e bevette due calici appannati di Tokai friulano. Salutò e tornò all'albergo, si spogliò in fretta completamente nudo, si infilò tra le lenzuola di lino un poco irrigidite dall'amido, ascoltò per qualche minuto sciacquii di remi, gli *óoee... óoee... óoee...* dei gondolieri e si addormentò.

Nel tardo pomeriggio l'uomo andò a sedersi al Florian con un bel foulard di seta blu a pallini bianchi al collo, non lontano dall'orchestra ad ascoltare la musica e a guardare. Vide passare due uomini provenienti da qualche paese socialista, uno molto rosso in volto, coi capelli color stoppa e le scarpe di pelle grige. L'orchestra suonava *La vedova allegra* e l'uomo di stoppa parve illuminarsi di gioia: si fermò davanti all'orchestra, fece una piroetta e un inchino, poi raggiunse il suo compagno con i fagotti.

L'uomo vide altre cose: una donna, forse inglese, seduta in un angolo che beveva molti fernet e, di tanto in tanto, pareva cantare. Poi un vecchietto italiano, di un'eleganza minuziosa, vestito di bianco con ghette bianche e un bastoncino di bambù. Il suo volto roseo era illuminato dalla felicità: ogni tanto guardava l'uomo con sottili occhi un po' mongoli, lucidissimi e forti, e accennava un saluto oppure muoveva il capo a tempo di musica come per invitarlo a fare la stessa cosa.

«Anche lui è felice» pensò l'uomo «perché vivrà a lungo e lo sa», e provò ancora il sentimento senza nome del mattino, perché sapeva che a lui non sarebbe toccata quella fortuna.

Cenò al Quadri: aragosta freschissima (Mario, il *maître*, era molto soddisfatto del consiglio) e Silvaner ghiacciato. Guardò intorno a sé e vide una donna stupenda, con i capelli molto corti e un occhio leggermente più piccolo dell'altro, che cenava sola molto lentamente. A un certo punto perdette un anello, l'uomo lo raccolse, glielo diede e lei sorrise con grandissima eleganza nelle labbra.

L'uomo partì da Venezia, passarono non molti anni da quel giorno di settembre e un altro giorno di febbraio, in una clinica, era molto triste. Per consolarsi cantò con un filo di voce, ciò che ne venne fuori fu: *La biondina in gondoleta*, e l'uomo pianse perché riconobbe l'orchestra del Florian, la laguna ondulante e la dolcezza della vita.

DONNA

Un giorno a Cortina in una grande valle nascosta tra le Tofane una donna che sciava veloce e come giocando vide nello spazio bianco senza ombre e senza vento un uomo fermo, solo, con un mefisto nero e gli occhi neri. Fu un attimo, continuò a scendere con salti nella neve fresca ma tutto non era più come prima e questo le parve strano.

Arrivata in fondo alla valle si tolse gli sci, li caricò su una jeep rossa (anche lei era vestita di rosso e aveva capelli corti, ricci e rossi) e tornò a casa. Udì subito gli strilli dei bambini e lo squillo del telefono: con un lievissimo tremito pensò che fosse l'uomo col mefisto, sollevò il telefono ma non era lui, era una sua amica con cui parlò molto e in fretta, un po' balbettando e senza sapere bene che cosa diceva. A tavola parlò moltissimo col marito e senza sapere perché lo abbracciò due volte, poi parlò con la governante e con i bambini sempre alzandosi e sedendosi, prendendo ora l'uno, ora l'altro dei bambini in braccio e baciandoli.

Passarono alcuni giorni, il tempo si era oscurato, faceva di nuovo freddo e un mattino di neve fitta e sottile, molto strana per quel mese, la donna vestita di un pellicciotto bianco e di una cuffia bianca di lana di pecora da cui usciva un ricciolino rosso, passò sotto il campanile con i due bambini per mano e vide l'uomo, senza mefisto ma con il capo coperto da una vecchia cuffia di cuoio da aviatore. Era in compagnia di un uomo biondo e ricciuto vestito di un giubbotto militare e di una donna molto bella: tutti e tre ridevano, la donna capì dai loro denti bianchi che erano felici insieme e provò un po' gelosia e un po' invidia. In quel momento anche l'uomo la vide, smise di ridere e la guardò in modo forte e indecifrabile, tanto che la donna non seppe staccare gli occhi da quelli di lui e per far questo fu costretta a girarsi.

Tornò il sole e un vento tiepido di primavera cominciò a sciogliere la neve. La donna sciava sempre, qualche volta pensava di rivedere l'uomo col mefisto ma, se le pareva di vederlo, poi non era lui: lo vide invece a una cena con molta gente, glielo presentarono, lei non capì il suo nome e si trovò seduta accanto a lui.

«Lei scia molto bene» disse l'uomo guardandola in quel modo indecifrabile (gli occhi erano molto neri e il bianco, bianchissimo). «Come un ragazzo».

La donna disse con voce malsicura: «Non è un complimento».

«È invece lo è» disse l'uomo. «Lei ha i modi del ragazzo, la pelle, perfino la voce».

«Perché, che voce ho?». Si sentiva timida, forse doveva offendersi?

«Ha la voce un po' rauca».

«Le sembra bello?».

L'uomo la guardò, poi disse: «Bellissimo», e senza salutare scomparve.

Da quel momento la donna si sentì così e cominciò a parlare senza interrompersi, ma interrompendo come fanno i ragazzi. Aveva le guance rosse, il cuore le

113

batteva e gesticolava con le mani. Durante la notte la donna, che dormiva sempre di un sonno profondo e tranquillo, ripensò alle strane frasi dette dall'uomo, poi pensò a lui e cercò di vedere davanti a sé nel buio il suo volto: sopra gli occhi aveva sopracciglia molto nere e arcuate, una bocca dura e quasi senza labbra e tuttavia c'era in lui e nel suo modo di muoversi qualcosa di molto fragile, come di persona triste o malata.

Al mattino la donna gli telefonò e disse subito:

«Devo dirle due cose: la prima se vuol venire a sciare, la seconda che è invitato a pranzo da me questa sera. Viene?».

L'uomo disse: «Sì, ragazzino», e si trovarono; lei trasportò sci, racchette e scarponi nella macchina di lui poi si misero in viaggio. La donna si sentiva piena di soggezione per quella telefonata e si accucciò sul sedile guardando l'uomo di traverso quando non la guardava, ma lui sorprese due volte quegli sguardi e sorrise; la donna, intuendo che la sua curiosità era molto chiara, lo disse:

«Sa che ero molto curiosa di conoscerla?».

L'uomo la guardò in silenzio per molto tempo, le guardò la fronte, gli occhi, la bocca, le guance, poi disse:

«Io ancora di più: la sto guardando da un mese».

La donna arrossì e non parlò. Finalmente disse: «E perché?».

«Perché è come la vita» rispose l'uomo.

Molte cose si confusero nella mente e nel cuore della donna ma tra tutte le cose confuse riconobbe la paura.

Si fermarono accanto alla funivia ma nessuno dei due si mosse.

«Cosa vuol fare?» disse l'uomo. «Vuole sciare?».

La donna non aveva nessuna voglia di sciare, voleva soltanto fare molte domande all'uomo e conoscere di lui più cose possibili, ma disse:

«Facciamo quello che vuole lei, scelga lei».

L'uomo fece una lunga pausa con piccoli mugolii di indecisione, sorrise, passò ancora del tempo in silenzio durante il quale guardò la grande discesa al sole, poi disse:

«Niente sci, andiamo a colazione da qualche parte. Mi dica lei dove preferisce».

La donna si sentì felice e disse: «Di solito so sempre dove andare ma oggi no, e non ho nemmeno voglia di pensarci. Decida lei, mi fa piacere se decide lei».

L'uomo propose alcuni posti senza convinzione e la donna fu ancora più felice perché aveva già scelto dove andare. Disse:

«Andiamo alla casetta rossa, la conosce?».

«Non la conosco ma andiamo alla casetta rossa» disse l'uomo. La donna pensò che l'uomo aveva intuito fin da prima la decisione di lei e si affrettò a dire:

«Se però vuole andare da un'altra parte...». Ma l'uomo la interruppe ridendo, disse: «No, ragazzino, si va alla casetta rossa», e le scompigliò i capelli.

«Perché mi chiama ragazzino? La smetta di chiamarmi ragazzino» disse la donna. L'uomo rise e con voce molto calma e allegra ripeté: «Ragazzino, ragazzino rosso che non sta mai fermo, e timido anche».

La donna aveva voglia di giocare, di contraddire, di litigare.

«Non sono mai stata timida in vita mia, ho trentacinque anni e due figli. E un marito».

L'uomo rise: «E invece ha tredici anni, è timidissima, non ha né figli né marito».

«Lei è sempre così sicuro?».

«No, ma ora sì».

Mangiarono alla casetta rossa, sepolta nella neve piena di gocce e bagliori. Lei si sentiva timida esattamente come aveva detto l'uomo, per questo le venne una gran fame e mangiò un piatto enorme di spaghetti, una bistecca di cervo con polenta, bevette molto vino e due grappe. Al ritorno cantò e quando l'uomo le carezzò una guancia con il dorso della mano lei gli prese la mano da quel lato e strofinò le nocche sulla sua guancia.

La donna tornò a casa, dormì un poco, diede ordini per la cena e si immerse nel bagno parlando da sola e cantando. Il marito la udì e le disse: «Che hai, sei matta?» e la donna rispose: «No tesoro, non sono matta».

Uscì dal bagno e andò in guardaroba. Forse era il caso di indossare un vestito lungo: lo provò e si trovò ridicola, una donna sposata con due figli e ridicola. Provò una minigonna, vide che le sue gambe erano belline ma non belle e in ogni caso erano gambe di donna non alta. Non alta come la donna che aveva visto ridere in compagnia di Mefisto. Mefisto le parve un bel nome e rise tra sé pensando che glielo avrebbe detto. Poi indossò un pigiama di crêpe nero e si trovò ridicolissima. Poi un paio di pantaloni di tweed con una camicetta di raso rosso e scarpette di vernice nera. Niente, niente e niente. Guardò con la coda dell'occhio un paio di pantaloni scozzesi, capì (come fosse lui a dirglielo) cos'è il «pessimo gusto» e arrossì. Provò una sottana di pelle di daino con una camicetta a piccoli quadri bianchi e celesti. Non era male ma non era bene, si sentì stanchissima e si buttò nuda e un po' disperata sul letto.

Udì il marito nel bagno che si spruzzava di profumo e non le piacque né il soffio dello spruzzatore, né il profumo, né che il marito si profumasse. Non le piacque nemmeno l'idea di avere un marito e due figli e soprattutto non le piacque di avere quel marito. (Sei matta? Che cretino!). In quel momento qualcosa le disse di mettere la camicetta e un paio di pantaloni di cinghiale. Lo fece, si guardò allo specchio da tutti i lati (stirò due volte le labbra) e le parve di essere abbastanza ragazzino. Così pensando due lacrime molto grosse saltarono sulla camicetta a piccoli quadri celesti.

e

ESTATE

A Natalia e Alessandra Ginzburg

Un giorno di ottobre sul battello Ischia-Capri un uomo appoggiato al parapetto di prua contro il vento e il sole guardava fisso e senza pensiero il blu del mare e le spume bianche.

Disse: «L'estate è finita», la gola si chiuse e non poté più parlare. Allora pensò: «Chissà dove sarà» e rivide accanto a sé su quello stesso parapetto di prua la moglie che non vedeva più da molti anni, e come quell'estate la guardò. Aveva lunghi capelli castani raccolti a coda di cavallo ma battuti dal vento, un volto ovale timido e selvatico da suora orientale, cortissimi shorts bianchi, una camicetta di Madras scolorita, scarpe da tennis impolverate di rosso sui piedi nudi, pelle già scura, denti bianchi e forti un po' convessi (spesso teneva la bocca schiusa). Aveva diciannove anni, non parlava quasi mai, si muoveva e camminava in fretta con confusione e grazia, spesso aveva fame, sete e sonno. Insieme non avevano molti soldi, anzi pochi, ma erano molto felici e molto infelici come succede a quell'età. Litigavano moltissimo, lui la tirava per i capelli per non farle troppo male, certe volte la prendeva anche per il collo e stringeva, o le storceva un braccio, lei lo graffiava, soprattutto dava calci.

Ma quel giorno di quell'estate erano abbastanza felici arrivando a Capri e lui avrebbe voluto dirle, vedendola così vestita: «Come sei graziosa» con vero e imparziale entusiasmo; ma non lo disse per timidezza, per timore di essere troppo parziale e anche perché voleva fare un po' il duro. Non avendo molti soldi e anche per gentilezza portarono da soli le valige (vecchissime, bellissime, con etichette Goa, Singapore), salirono con la funicolare, attraversarono la piazzetta, lei in fretta e con gli occhi bassi perché qualcuno la guardava e arrivarono non senza fatica ma senza pause alla pensione Scalinatella. Nel percorso dalla piazzetta alla pensione lei sentì il profumo delle bougainvillées e vide il colore viola e morbido di quel fiore coprire un vecchio muro: il piccolo naso si arricciò un poco (lei annusava sempre tutto) e non disse nulla.

Il signor Morgano li accompagnò alla loro stanza e spalancò le finestre su una grande terrazza che guardava la Certosa e il mare. Coltissimo, il napoletano capì dei due giovani sposi tutto quanto c'era da capire, la natura selvatica ed elegante di lei, il cervello a conchiglia di lui (che già conosceva), notò con occhio guizzante il cerchietto d'oro al dito di lei ma ebbe il genio di dire: «La signorina non conosce Capri?». Lei intuì il genio del signor Morgano, le piacque molto quel nome di fata, schiuse le labbra ridendo e disse: «No». A seguito del signor Morgano arrivò un bambino vestito di bianco con un cocomero in ghiaccio, poi scomparvero senza che nessuno li udisse scomparire. La stanza era grande, bianchissima, con soffitto a volta, lenzuola, copriletti, coperte, tutto bianco. Il pavimento era di mattonelle azzurre e su quell'azzurro freddo e lucente in terrazza c'era un tavolo bianco e due grandi *chaises longues* di vimini dipinte di bianco. Oltre la terrazza c'erano pini e tamerici di due verdi diversi, cupolette bianche, terrazze e giù in fondo, di là dai salti di roccia, il mare blu. Sul mare blu un grande panfilo blu, fermo e ondulante e dietro il panfilo un motoscafo bianco in corsa.

Non uscirono subito perché in quel momento si amavano e perché lei mangiò mezzo cocomero verde e rosso con le mani e, cosa strana, sorrise per la seconda volta. Solo dopo uscirono, percorsero tutta la strada di Tragara fino alla punta. Da lì, senza dire nulla, senza annunciare ciò che sarebbe apparso, lui scese verso i faraglioni tra i pini. Si aspettava un commento ma lei non parlò, arricciò ancora il naso e poi tese le narici per sentire bene l'odore di resina ma non fece nessun commento. Come altre volte egli invece guardò dall'alto le due rocce salire dagli abissi blu tra piccole e lente spume estive, avvolte alla sommità dai grandi branchi di bianchi uccelli *planipteridoi* (non gli piaceva chiamarli gabbiani, né diomedei e questo nome lo teneva per sé in omaggio all'autore) tra fortissimi stridi. Ma non seppe resistere e disse alla moglie il suo segreto: «Sai come si chiamano quegli uccelli?».

«I gabbiani?».

«Non so se sono gabbiani, non credo, pare siano di un'altra specie, rara e molto antica. Io li chiamo planipteridoi».

Lei cercò di spalancare i suoi occhi a mandorla. «Pla...» disse, e si fermò. Per concentrarsi l'occhio sinistro si fece un poco strabico, pochissimo.

«Planipteridoi» disse l'uomo e la baciò su una guancia.

«Pla-ni-pte-ri-doi» ripeté lei con molta attenzione guardando dentro di sé e per aiutarsi a dirlo prese una mano di lui e la strinse forte quasi aggrappandosi.

Scesero correndo il lungo sentiero e arrivarono ai piedi dei faraglioni. Lì entrarono in una cabina, appoggiarono maschere e pinne, si spogliarono in fretta nudi e si guardarono chiusi tra le vecchie assi piene di mare e di sale, poi si abbracciarono per un momento e tutti stretti sentirono il loro odore (lei lo annusò tra il collo e la spalla), infilarono i costumi e scesero verso la grande piscina naturale di mare frizzante tra i picchi. Infilarono pinne e maschere molto in fretta, si tuffarono, si guardarono sott'acqua e si presero per mano un momento, poi riemersero. Lei aveva i capelli gocciolanti e flottanti sull'acqua, e ciglia gocciolanti sugli occhi a mandorla e altre gocce sul volto un po' contratto per il sale dentro gli occhi e per le brevi raffiche gentili di acqua, aria e jodio che il vento soffiava dalla stretta gola della prima roccia. Lui avrebbe voluto dirle: «Come sei splendente» perché il cuore di lei e tutto il suo carattere selvatico splendevano di una grandissima autonomia naturale e solitaria. Ma egli fu geloso di questa autonomia e della sua fortunata bellezza e qualcosa di meschino gli fece dire soltanto «Come sei carina», ma lei nella sua felice sordità e autonomia marina non udì.

Si tennero per mano e guardarono sott'acqua nelle profondità sempre più buie piccoli branchi di saraghi (più l'abisso sprofondava più lei stringeva la mano di lui), nuotando lenti e come volanti attraversarono il bacino e toccarono con mani di madreperla le prime rocce taglienti del Monacone. Lì si arrampicarono dentro forre e cunicoli fino alla cima e tra grosse lucertole restarono al sole. Poi tornarono a inabissarsi nelle profondità marine, poi riemersero e nuotarono lentamente e raggiunsero il punto da dove erano partiti.

Mangiarono sulla terrazza di legno sconnesso «Da Luigi», ma con tovaglia bianca e bicchieri a calice di un vetro verde e leggerissimo che si appannò subito al vino d'Ischia ghiacciato. Sentirono il sapore di zolfo di quel vino mischiarsi in bocca al sale amaro del mare e le labbra diventare più dure e come anestetizzate dal bordo gelido e sottile del bicchiere senza peso. Mangiarono cozze al pepe (lei succhiava le cozze con la piccola bocca indurita dal vino freddo) e a quel punto lui la baciò proprio su quelle labbra per sentire se era vero: era vero, le labbra erano indurite dal vino freddo e fuori, intorno, sopra il labbro era rimasto un po' di sale. Mangiarono un'aragosta enorme: lei masticava rapidamente, con forza, a bocca chiusa; ma sapeva, conosceva le cose che mangiava e il momento in cui le mangiava? L'uomo, che in quegli anni intuiva soltanto, se lo chiese. No, lei non sapeva, era troppo giovane per sapere, aveva molta fame e basta e subito dopo mangiò una mozzarella in carrozza.

Dormirono abbracciati su un materassino su uno scoglio, coperti da un asciugamano di ciniglia blu, con un grande delfino, un bordo giallo e una piccola iniziale. Anche lui dormì (meno), con la guancia appoggiata a quella di lei già un po' madida; per qualche breve istante si svegliava, sentiva i capelli umidi di lei sulla spalla, una volta sentì che lei nel sonno gli dava due o tre bacini molto piccoli sulla guancia.

Restarono fino al tramonto, si tuffarono ancora nell'acqua senza sole e si asciugarono, poi salirono il sentiero tra i pini a passi veloci, sudando moltissimo.

La notte dormirono tra le bianche lenzuola che sapevano odore di aria mattutina, tenendosi per mano come dentro il mare. La finestra era spalancata e l'uomo guardò per molto tempo la luna: era luglio, poi venne agosto, e così passò l'estate.

ETÀ

Un giorno un uomo che amava la sua vita e quella degli altri comunque fosse ma non si guardava mai allo specchio, uscendo dal bagno si vide un attimo e gli bastò quell'attimo per capire tutto. Allora rientrò, accese con coraggio e calma tutte le luci e si guardò negli occhi.

«Gli occhi sono ancora vivi» si disse, e li esaminò bene: guardò dentro il nero della pupilla come a un uomo armato contro di lui in combattimento notturno (o in un film); anche lui era armato. Chi avrebbe sparato per primo? Ci fu una pausa, nessuno sparò, entrambi sorrisero ma solo internamente e fu soltanto perché si conoscevano molto bene (ma sarebbero stati pronti a sparare) che ognuno vide il sorriso dentro la pupilla dell'altro.

«Non è un sorriso» pensò l'uomo «non c'è nessuna allegria in questa specie di sorriso, c'è gioco, c'è anche un po' di paura, c'è sfida, un puzzle insomma, e c'è soprattutto la vecchia età che non ho, ma che dimostro».

L'uomo fischiettò (sapeva fischiare bene ma lo faceva molto di rado), la canzone era *Night and day*, vide che aveva palpebre stanche, come avvizzite da un eccesso di alte temperature (caldo e freddo) troppo sperimentate con nessuna prudenza e disse: «Che grande musicista Cole Porter. Si potrebbe fare un gioco, anzi facciamo un gioco: qual è la più bella canzone del mondo?». Fischiò *Stardust, The man I love, Tenderly*, quelle che gli parvero le migliori tra quello che si può chiamare «canzone».

«Forse proprio *Night and day*, ma non sono sicurissimo, sono quasi sicuro però» e ricordò brevi periodi della sua vita giudicata ancora giovane in cui c'erano quelle canzoni. Gli sembrarono tempi lontanissimi, mille anni fa, avrebbe potuto facilmente lasciarsi andare a considerazioni sull'«esistenza» ma l'occhio duro del nemico allo specchio con l'arma puntata glielo proibì ed egli lo ringraziò e disse anche «*Thank you*»: il nemico strizzò l'occhio come dire: «Di nulla».

Vide che i capelli, un tempo biondi rossi e ricciuti, erano grigi e pochi, aprì le due ali dello specchio e si accorse per la prima volta che alla sommità del cranio erano pochissimi, dei peluzzi, delle specie di piume tra l'uccellino morto ma ancora palpitante e i capelli del neonato. Si rinforzavano alla nuca con qualche riccetto color rame, in compenso il collo scuro entrava nella camicia a righe azzurre con una certa forza. Questo lo rinvigorì abbastanza da affrontare un'altra volta la faccia che gli era stata antipatica per tanti anni e per questo non si guardava mai allo specchio. Era un uomo completamente privo di vanità ma la amava e la odiava (e invidiava) negli altri, perché sapeva quanto fosse cara alla vita. La faccia era migliore di quando era più giovane, era diventata più coraggiosa ma fragile e non aveva quasi più paura di nulla: c'erano tre rughe sulla fronte, volendo potevano diventare tre solchi, più due solchi verticali all'attaccatura del naso, la pelle (grazie al vino) si manteneva bene.

«Anche la Piaf è stata una grande cantante, e anche Yves Montand». Fischiò *Milord*, subito dopo *La vie en rose* ricordando con più banalità possibile Parigi (Tour Eiffel, Senna, Beaujolais freddo, Rue Jacob, le portougaises da Charlot), ma disse: «*Night and day* è più bella, è più bella, non c'è niente da fare».

Vide che dalla tempia scendeva una ruga verso la guancia e il mento. Anzi, all'inizio, all'attaccatura tra orecchio e tempia erano tre, ma due scomparivano subito mentre la terza, quella vera, compiva tutto il suo percorso fino in fondo.

«Poi verranno le altre due, quelle due baby che cominciano ora, ma che io non nasconderò con le basette dei giovani-vecchi basettoni di tutto il mondo: no, non le nasconderò e anzi le lascerò crescere, ora che sono nate, con la loro giusta età, piano piano e poi improvvisamente come crescono i bambini che di colpo sono già uomini. O signorine? Preferirei signorine, ora sono bambine, ma preferirei che fossero due rughe femmine, due signorine da collegio e più tardi donne eleganti con candori, rossori e vera timidezza che durasse tutta la loro vita. L'altra invece è una ruga maschio senza nessuna timidezza e candore e neanche l'ombra di un rossore. Quella fa la sua strada da maschio cretino, ha già fatto carriera, bella roba».

«E la bocca?» disse e vide che l'altro non aveva nessuna voglia di ascoltare ma egli la guardò lo stesso. «Non ha labbra» pensò «non ci sono quasi labbra e sembra una ferita, non ha nemmeno la bellezza che può avere una cicatrice, secca, ben rimarginata, liscia e con pelle tenera: no, è una ferita eterna, una brutta bocca che va tenuta chiusa in modo che sia soltanto una piega e basta». Per la sua bocca ebbe un moto violento di antipatia ma in più aggiunse il disprezzo, l'altezzosità verso qualcosa di «razza inferiore».

«Potrò fare il razzista con la mia bocca o no?», e cambiò subito pensiero. «*Anema e core* è brutta?» (Cantò stavolta). «Nemmeno *Roma non far la stupida stasera* è brutta. *E se domani*? No, sono belle, ma le prime due sono belle e buone come i prodotti tipici italiani, come la mozzarella di Mondragone, gli spaghetti De Cecco e il Pomino Frescobaldi, o forse sono così perché sono diventate (o sono nate?) prodotti tipici italiani. *E se domani* anche quella è italiana, anche Mina è italiana ma non sono diventate prodotto tipico italiano, insomma è una bella canzone e basta. Chissà se "piace agli stranieri", gli americani conoscono *E se domani*? Se non la conoscono peggio per loro come mille altre cose, loro che hanno avuto e perduto Cole Porter, Gershwin e amici e poi non hanno avuto più nulla. Non si può e non si potrà dire mai Porter, Gershwin and Sons: Bob Dylan e amici non sono nulla in confronto».

Udì l'altro: «Lo dici perché sei vecchio, se fossi giovane ti piacerebbe di più Bob Dylan».

«E invece no,» l'uomo rispose aggressivo (e pronto a sparare) «e invece mi piacerebbe sempre Porter e Gershwin e *Stardust,* perché avrei la bontà, la giustezza, il gusto e il sentimento di sceglierle ancora».

«La realtà è che sei vecchio anche se non hai gli anni del vecchio» disse l'altro tranquillo e senza alcuna paura dell'arma. L'uomo si incupì ma un po' sorridendo e sempre in modo che solo loro due, i due soli uomini al mondo sempre all'erta l'uno verso l'altro, capirono.

«Mi piacciono i Beatles» disse l'uomo per rifarsi, diede un colpetto col pollice al naso rotto, si preparò al match finale.

«Ti piace di più *Night and day*» disse l'altro tranquillo. Risero tutti e due, veramente allegri per un momento. Apparvero i denti che erano grandi e forti ma già un po' deboli all'attaccatura e scuri di fumo però simpatici e lucenti. Ma l'unica cosa veramente bella e forte erano gli occhi grigi picchiettati di nero, del colore di certo mare del Baltico o del porto di Amburgo quando tira vento a novembre, dicembre, con la grande pupilla nera e profonda che non aveva paura di nulla.

Il nemico lo guardò senza più armi, senza scherzare, anzi, anche se per un solo istante, con bontà e amicizia: «Nemmeno di quella cosa?» disse con voce bassa o un po' rauca, e intendeva la fine della vita e poi il niente. I begli occhi dell'uomo si fissarono un momento dentro se stessi, guardando alcune immagini di vita passata, non fischiò ma immaginò di fischiare *Appassionatamente,* una canzone di sua madre. A quel punto doveva rispondere e anche dire la verità. «No,» disse dopo una lunga pausa guardando l'altro come l'altro guardava lui «nemmeno di quella cosa», e sentì che l'età di *Night and day* finiva in quel momento.

ELEGANZA

Una sera d'estate in un palazzo romano due amici che non si vedevano da molto tempo si ritrovarono e come animali guardarono i loro movimenti dentro le grandi stanze principesche. Entrambi sapevano che non occorreva parlare: uno era un pittore e l'altro un uomo volante per l'Italia.

«Ciao Mario» disse l'uomo volante; ci fu un abbraccio frettoloso, poi si guardò intorno. Di là dalle grandi finestre aperte si vedeva il cielo non ancora buio, color pervinca, con qualche stella, un leggero vento entrava e il pittore si mosse qua e là come seguendo quel vento, in modo un po' timido e un po' no. Non sapevano cosa dire.

«Schifano, che bel nome italiano» pensò l'uomo guardando l'amico che aveva due scarpini di capretto sul piede nudo e jeans a righe americane; ma forse a causa del colore del cielo e delle stelle tornò col pensiero a un grande quadro suo che aveva rivisto pochi giorni prima. Il soggetto del quadro era la scatola dei «baci» Perugina: un grande cielo blu tempestato di stelle e le silhouettes dei due amanti

129

ottocento, abbracciati. Le stelle erano dipinte con uno smalto al fosforo e nell'oscurità mandavano luce come le lucciole. L'uomo che quella notte era molto triste, nervoso e non dormiva, vide il quadro nel buio (in una grande villa al mare, sotto la luna) fu confortato e placato dalle stelle e pensò al suo amico Schifano che le aveva dipinte per calmarlo; per questo ora si trovava lì, ma non avevano quasi niente da dirsi e un lieve imbarazzo girava nell'aria nonostante il sentimento dell'amicizia.

Stavano in una stanza dal soffitto altissimo con travi dipinte, tre divani di lana bianca, un enorme tavolo di travertino, una televisione bianca e un complicato e quasi elettronico impianto di giradischi con altoparlanti bianchi dovunque. Non c'erano quadri alle pareti, tutto, salvo le travi del soffitto, era bianco e l'uomo guardò ogni cosa con attenzione. Provò un po' di ingiusta nostalgia per il vecchio studio in Campo de' Fiori, dove c'erano molti quadri e più gioventù nei denti e nei capelli neri di scimmia dell'amico.

In quel momento dalle sale vicine apparve una giovane donna bionda, gli amici si alzarono dai divani e Mario disse: «Ti presento Nancy», l'uomo strinse la mano della donna e la guardò. Era una donna timida, infantile, con una grande leggerezza interna che somigliava alla passione per le cose leggerissime e la faceva soffrire. Nancy vide subito negli occhi neri dell'uomo quello che aveva capito e cominciò da quel momento a muoversi e a parlare (Nancy era francese e parlava italiano come le francesi molto bene educate) in modo da non deluderlo mai.

Mario si avvicinò a lei, la baciò con timidezza e fretta sulla tempia, poi solo con timidezza (perché voleva apparire disinvolto) le baciò le dita di una mano e disse:

«Nancy è il grande amore della mia vita, sai» e all'uomo parve di vedere sulle labbra di Nancy un piccolissimo sorriso di dolore. «Nancy scrive, sai, non te l'avevo mai detto che scrive?» disse ancora Mario e accese subito la televisione, il volume fu alzato, l'uomo ebbe un lieve gesto di disturbo, la voce fu abbassata e restarono le immagini mute: Buster Keaton in cilindro seduto su una bicicletta, avanzava camminando anziché coi pedali, arrivò un domestico con tre calici d'argento con del vino rosso.

«Belli questi» pensò l'uomo guardando i calici, «ma troppa moquette»; e a questo punto cessò di guardare ogni cosa salvo loro due che erano intoccabili nella loro naturale eleganza. Che importava il resto?

Ci fu una lunga pausa durante la quale Nancy parlò un momento con voce molto bassa, poi l'uomo domandò con tranquilla curiosità: «Come vi siete conosciuti?».

I due si guardarono (Mario la baciò ancora, in fretta, su un angolo delle labbra, lei sorrise senza dolore) e lui disse:

«A una festa, il trentuno dicembre del millenovecentosettanta, per pochi minuti: ci vedemmo appena. Poi feci un pranzo per rivedere lei, che andò malissimo».

«Malissimo perché?».

«Perché tutto andò male, la gente era sbagliata, ogni cosa era fuori posto e non c'era nessuna armonia. Un disastro».

«E poi?».

Mario sorrise e tutti e due dissero: «Lei ha telefonato». «Io ho telefonato».

L'uomo rise: «Il *coup de foudre*, come si dice». Nancy abbassò lo sguardo e disse: «Sì».

«Partimmo per l'America pochi giorni dopo. Vedi quella fotografia? Nancy si era tagliati i capelli

131

cortissimi e portava una camicia da uomo per diventare un'altra persona, una cosa nuova».

Nancy parlò a voce molto bassa della sua vita di prima, del suo bambino e tra le altre cose, in italiano ma con voce francese, disse: «Avrei fatto molte ore di aereo per vederlo solo un momento, perché c'era la passione».

Cenarono: insalata russa con uova, un'insalata di frutta. L'uomo volante per i suoi molti voli non soltanto aerei aveva fame, fu un po' seccato di quel poco e chiese altro cibo. Un po' di formaggio e del riso freddo fu portato dal domestico vagante. Non era una buona cena e solo la presenza di loro due riuscì a far dimenticare all'uomo la voglia di un vero pranzo completo, sanguinolento e abbondante (sperava, chissà perché, in una bistecca di roast-beef, con l'osso, o in buone cose francesi: non vennero, pazienza).

Tornarono in salotto, non parlarono con facilità e scioltezza, c'era tra di loro la distanza tra chi guarda e chi è guardato, un po' come nei musei, eppure un sentimento molto languido ma appassionato di famiglia li univa tutti e tre, insieme a una grande bottiglia di acqua di colonia giallina sul tavolo di marmo bianco.

Parlando, ma anche tacendo, l'uomo ricordò altri momenti del suo amico pittore. Lo ricordò più giovane, con capelli corti e scarpe da tennis; spostare danzando grandi quadri: rideva e dietro la sua figura e la sua risata di Aladino, si vedeva Campo de' Fiori con le bancarelle, i fiori, le grasse donne romane. Ricordò le sue donne, un'altra scimmia bionda con denti come quelli di lui, ricordò i quadri e la pittura di quei quadri che saltellava e volava sulla tela in grandi e piccolissime volute del braccio e delle dita, ricordò le civetterie di quegli «a solo» di smalto gocciolante, i «duetti» tra smalto e carboncino, l'aria e il vento di tutti i quadri che avevano sempre

132

il cielo anche quando non c'era. Ricordò Mario in cappottino nero dentro una vecchissima Morris nera, lo vide dentro l'acqua del mare, magro, beduino, i capelli da scimmia, lo vide vanitoso, felice, imbroglione, triste come certi *matadores* in fotografie del 1930, perfido e furbissimo come tutti i grandi artisti ingenui, e naturalmente si commosse.

«Devi tagliarti i capelli, sono troppo lunghi» disse alzandosi dal divano. Mario fece una smorfietta di scontento.

Nancy disse: «Glieli taglio sempre io».

«Li tagli di più» disse l'uomo. Dopo la smorfietta, Mario sorrise con un'altra smorfietta come dire: «Ti piaccio eh?, piaccio a tutti» e nel capire questo l'amico cascò ancora una volta in trappola e sorrise di quella furbizia ingenua.

Parlarono (con Nancy, Mario telefonava o tentava di telefonare) della Francia, della Camargue.

«Mario non dorme mai» disse Nancy quando l'uomo nominò l'insonnia, poi cessarono di parlare, si guardarono di quando in quando con piccoli sorrisi o cenni, tutti e tre: poi entrarono due tipi, un uomo e una donna e l'eleganza svanì velocissima nel cielo romano.

f

FAMIGLIA

Un giorno, anni fa, un uomo che non aveva mai nessuno che girava per casa conobbe una famiglia di nome Tommaseo piena di genitori, figli, zii e nipoti che stavano attenti uno all'altro in una villa in campagna. Anche l'uomo aveva una casa da quelle parti e d'estate montava a cavallo in compagnia di un giovane della famiglia di nome Marino (la moglie di Marino si chiamava Eta, così l'uomo pensava Eta-Beta e ricordava il greco) e di un ragazzino Ludovico Tommaseo che diventò il suo «alfiere». Perché Ludovico diventò suo «alfiere»? Perché un giorno l'uomo gli chiese l'ora (erano a cavallo dentro un bosco di acacie), Ludovico guardò il suo orologio poi disse: «È fermo», lasciò le redini, allargò le braccia e batté gli occhi, come dire: ahimè!

Attraversavano un largo fiume ed entravano nei boschi di pioppi tra il verde quasi buio, sbucavano in piccole praterie al sole piene di margherite gialle, insieme senza parlare partivano al galoppo e guardavano branchi di fagiani grandi e piccoli che si alzavano in volo col loro grido strozzato. Poi sguazzavano nell'acqua limpida del fiume nei punti in cui era torrente prima di diventare fiume, scendevano da cavallo, si spogliavano e si immergevano nell'acqua gelida. Nei giorni molto caldi anche i cavalli si buttavano in acqua, rotolavano tra i ciottoli e si grattavano la schiena. Poi i tre cavalieri risalivano, costeggiavano piccoli corsi d'acqua sorgiva lambiti da salici, guardavano tra le alghe le anguille e i gamberi e quasi sempre senza parlare (il solo a parlare molto, in fretta e incespicando era l'«alfiere» Ludovico, ma era un alfiere troppo giovane e non conosceva le regole), verso il tramonto tornavano a casa. Dopo quelle gite a cavallo l'uomo si sentiva stanco nel modo giusto: le cosce e le braccia stanche (il sauro aveva sangue) e il cuore stanco perché era stato in compagnia. Così cenava bene e dormiva bene.

Al mattino si svegliava all'alba, anche prima dell'alba e il cuore ritornato solo durante la notte gli diceva: «Non hai nessuno che cammina per casa, gli anni passano, diventerai un vecchio e di te non resterà nulla». Il cuore si voltava dall'altra parte «col muso», dopo un po' dormiva ma l'uomo rimaneva sveglio e soffriva perché sapeva che quei pensieri all'alba erano intatti, limpidi e senza le illusioni che dà il giorno con tutte le sue cose. Allora pensava alla donna che amava, che era anche una figlia, come lui era un po' figlio di lei e si consolava fino ai primi raggi del sole. Se si svegliava prima, non era il cuore dormiglione a parlargli ma due usignoli che duettavano, uno di qua, uno di là del torrente. I trilli degli usignoli, uno vicinissimo alla finestra, l'altro lontano nell'umidità ancora notturna dei boschi erano anche quelli un rimprovero, anzi peggio, erano la più completa ignoranza e la disattenzione dei più forti e dei più felici. Così l'uomo, che invece essendo solo sapeva sempre tutto, si sentiva peggio di quando gli parlava il suo proprio cuore. Con l'alba

gli usignoli cessavano di trillare le loro triple e qua-
druple note con ricciolo, scomparivano nei boschi e
l'uomo rimaneva un'altra volta con la sua intelligenza, il suo coraggio e la sua inutilità.

Una sera l'uomo fu invitato da uno della grande
famiglia che si chiamava Giorgio ed era sempre allegro perché aveva quattro figli e una moglie (Grazia). Nella casa c'erano molti fiori spediti da amici e
parenti per la nascita dell'ultimo figlio che quella
sera stava in incubatrice. Il pensiero del figlio in incubatrice (era nato di sette mesi) turbava molto
l'ospite ma non turbava affatto i genitori che sorridevano sempre, né le sorelle, né il fratellino, tutti
con gli occhi a mandorla come Grazia che lo guardavano fissi e stupiti stando molto vicini a lui come a
uno straniero.

Uscirono a cena in un ristorante sul mare, quasi
vuoto, da cui si vedeva il mare molto calmo, la luna
riflessa e alcune lampade lontane di pescatori di
seppie. Guardando quelle lampade l'uomo pensò:
«Chissà quanti figli hanno quei pescatori». Durante
il pranzo l'uomo che stava seduto alla destra di Grazia parlò molto con lei dell'allattamento del nuovo
nato. Grazia spiegò:

«In certe ore del giorno spremo il mio latte, lo
metto in frigidaire, poi lo porto in clinica per il pa-
sto al bambino».

L'uomo chiese a Grazia molte cose sui seni, Grazia rispose: «Si gonfiano nell'ultimo mese e poi,
una volta nato il bambino, si sente la necessità di allattare, altrimenti fa male».

«Che cosa sente?» domandò l'uomo.

«Si sente tirare tutto dentro».

«E che sensazione prova dopo aver allattato?».

Grazia rise, con leggero imbarazzo: «Ci si sente
meglio, più libere, più leggere».

«E le piace allattare?».

«Molto» disse Grazia.

L'uomo giudicò indiscreto quell'eccesso di domande, chiese mille volte scusa ma non seppe trattenersi e domandò: «E lei Grazia, ha mai assaggiato il suo latte?».

«No, no» disse Grazia ridendo, e anche Giorgio, che non aveva mai assaggiato il latte di sua moglie, rise.

«A me piacerebbe molto assaggiare il latte umano» disse l'uomo e il candore di questa frase stabilì tra le persone a tavola ma soprattutto tra Giorgio, Grazia e lui, una intesa, tanto che Giorgio disse subito:

«Vuole assaggiarlo?».

«Mi piacerebbe» disse l'uomo che osava e non osava e Giorgio disse:

«Ora, quando saremo a casa lo assaggerà».

L'uomo guardò bene i due sposi amici che ridevano, si rese conto di quanto fosse bella quella risposta e pensò: «Sono tutti e due calmi, allegri e con la forza di coloro che vivono in armonia con tutte le cose senza saperlo. Come i due usignoli che mi svegliano al mattino».

Il pranzo finì, tutti si trasferirono a casa di Grazia e Giorgio (l'uomo era ansioso), Grazia andò in camera a spremere il suo latte per il bambino e Giorgio arrivò con un cucchiaino d'argento che porse all'uomo. L'uomo lo sorbì con molta attenzione e con il cuore che batteva, sentì prima il tepore e la densità del latte e poi stando attentissimo sentì il sapore che era di latte, di miele, di margherite piccole o erba e di persona umana. Poi il latte si sciolse in bocca e tutto scomparve ma gli bastò per capire fino a che punto l'uomo era privilegiato fra tutti gli animali e quale è la sua fortuna di nascere, di allattare e di vivere.

Passarono gli anni durante i quali l'uomo rimase solo e senza che nessuno girasse per casa: sempre più sentiva questo silenzio nei parquets (i parquets non sono fatti per essere silenziosi), nelle stanze la notte (le stanze sono fatte per contenere respiri e sospiri notturni e anche rumori di roba che si rompe durante il giorno), a tavola non udiva quasi più il suono delle sue proprie posate e nessuno doveva essere «educato» a non battere il cucchiaio nel piatto, a non versare vino sulla tovaglia bianca, a non fare briciole e a non mangiare «maleducato». L'uomo non si abituò mai a questo silenzio, all'alba pensava a quella sera di aprile o maggio (non era certo) e al latte di Grazia. Ricordava: latte, miele, fiori o erba e linfa umana. Aveva smesso da parecchi anni di farsi domande, ricordava soltanto le cose della vita connesse a quel latte, ai due genitori allora giovani che non conoscevano la fine delle cose.

Montò a cavallo altri anni, l'«alfiere» Ludovico e lo zio Marino qualche volta l'accompagnavano, galoppavano, sguazzavano nel torrente e spaventavano i fagiani: ridevano, era estate. Poi la neve cadeva sui monti, l'uomo andava a sciare in compagnia di un amico montanaro di nome Micia (mezzo camoscio e mezzo cespuglio), a quei silenzi scianti e freddi tra lampi del sole dimenticava altri silenzi; godette per un po' le «gioie della vita», incontrò, vide e amò molti occhi, pelli, le calme e le intelligenze pratiche di altre famiglie, poi cessò di godere le «gioie della vita» e di lui non si ebbero più notizie se non per sentito dire.

FELICITÀ

Un giorno di grande caldo del 1944 un gruppo di ragazzi sguazzava in un canale di campagna vicino a Padova. La campagna era piatta e gialla di paglia per il frumento appena tagliato, non c'erano alberi ma il canto delle cicale era fortissimo, l'acqua del canale era poco profonda e scorreva tra le alghe e un fondo giallo di fanghiglia con qualche rana. C'era un ponte lì vicino, e i ragazzi videro passare a mezzogiorno due giovani vestiti di bianco con la giacca e la cravatta, la pistola in pugno e circondati da altri in divisa con dei mitra. Parevano cercare qualcosa tra i covoni di paglia, due o tre volte spararono e presero a calci delle galline che volavano e cantando sollevarono molta polvere.

Quel giorno si era unito alla compagnia dei ragazzi un soldato tedesco molto giovane con un busto di gesso che gli sosteneva il collo, di nome Fritz, con una fisarmonica. Aveva una pistola P. 38 dal fodero di cuoio lungo e nero che montò e smontò davanti ai ragazzi molto attratti. Uno della compagnia di nome Roberto aveva portato con sé una cuginetta bionda e abbronzata che veniva da Milano e si chiamava Coralla: aveva le orecchie bucate e due minuscoli orecchini in forma di anello con una perlina, quando usciva dall'acqua mandavano piccolissimi lampi. Coralla era «sfollata» da Milano perché c'erano troppi bombardamenti e ne parlò con Giannetto, che era figlio di un federale fascista ma era molto simpatico e disse a Coralla di conoscere i nomi di certe strade di Milano, come via Donizetti e via Mozart. Giannetto non si poteva veramente chiamare fascista solo perché aveva il padre federale, e poi si comportava in modo molto dubitativo perché a lui interessava soltanto il calcio e una sua zia giovane che andava a trovare certi pomeriggi. Uno dei ragazzi si chiamava Mario Foscarini e aveva sedici anni (era il più vecchio), quasi non guardò Coralla al momento della presentazione, anzi si tuffò nel canale emergendo parecchio tempo dopo, forse due o tre minuti. Mario era anche il più bello dei ragazzi perché gli altri erano quasi bambini, aveva capelli lunghi e neri, «ondulati», che sapevano odore di pane fresco quando usciva dall'acqua.

Un altro dei ragazzi, Massimiliano detto Max, guardava Mario, Fritz e Coralla con molta invidia, ma era una invidia particolare perché era più ammirazione che invidia ed egli si sentiva debole. Egli sentiva nel loro odore il profumo e la bellezza dei vincitori, cioè qualche cosa di apparentemente eroico e di puro nei loro corpi molto simile a quei giovani fascisti vestiti di bianco con la pistola in pugno, che passavano dalla pistola al pettine per pettinarsi, e camminavano nella polvere della campagna tra i coccodè delle galline. «Perché l'eleganza deve essere così stupida?» si chiedeva Max e immaginava che quei giovani vestiti di bianco con un distintivo all'occhiello della giacca prima o poi sarebbero stati fucilati.

Coralla conosceva il tedesco e stando in acqua, dopo aver nuotato «a farfalla» parlava con Fritz che stava seduto impettito nel suo busto, con calzoncini di grossa tela cachi, stivaletti chiodati e la fisarmonica a tracolla. C'erano altri tre ragazzi ma di colore stinto, uno era nato con sei dita di un piede ma non avevano altro di interessante. Fu la presenza di Fritz, l'arrivo di Coralla da Milano con la sua abbronzatura coperta di una piccolissima peluria chiara, l'odore dei capelli di Mario Foscarini che crearono quel giorno tra i ragazzi un'aria fluttuante di attesa come non era mai accaduto gli altri giorni e come accade molto di rado, alla vigilia di qualche grande avvenimento della vita. Quest'aria toccò il suo punto massimo in due momenti. Il primo quando tutti sentirono l'odore di pane fresco che emanava dai capelli di Mario Foscarini e il secondo quando Fritz disse a Coralla:

«*Du scheinzt ein deutsches Mädchen zu sein*» (sembri una ragazza tedesca). E lei rispose:

«*Ich bin Italienerin*» (sono italiana).

Tre cose c'erano, oltre a tutte le altre «storiche», come la campagna, il caldo, la guerra e la fine di qualcosa che portarono molto in alto quelle due frasi: la purezza della lingua tedesca, il timbro delle due voci (femminile quella di Fritz, maschile quella di Coralla), e il tono orgoglioso di quel «sono italiana» che fece un po' abbassare gli occhi a Fritz.

Mangiarono: pane e salame, uova, pesche e acqua di Vichy. Fritz si era portato del pane nero che spalmò di strutto e mangiò solo quello senza accettare nulla dai ragazzi ma ringraziando sempre. Dopo mangiato Fritz suonò la fisarmonica, suonò e cantò *Lilì Marlene* insieme a Coralla, poi *Fiorellin del prato* e *Con te era bello restar* in duplice versione, italiana e tedesca, e lì Mario Foscarini insegnò a ballare a Coralla. Poi ci fu un momento di noia per tutti in cui si udirono soltanto le cicale, qualche gallina lontana e il parlottare di Giannetto e di Max, amici intimi nonostante la politica. Max sapeva che Giannetto gli voleva molto bene, ma la differenza era che tra i due Max emanava amicizia e Giannetto la riceveva con tutto il bene possibile. Giannetto, mentre Max parlava, lo guardava allo stesso modo di Coralla che guardava Fritz senza mai guardarlo, cioè guardandolo in trasparenza e pensandolo allo stesso tempo per non far vedere la direzione dello sguardo. Coralla a un certo punto chiese a Fritz di vedere la P. 38 e la prese anche in mano con un batticuore molto evidente. I loro ginocchi si toccavano. Ancora una volta Fritz disse:

«*Deutsches Mädchen*», ma Coralla non rispose.

Fu in quel momento che si udì un rombo molto lontano.

«*Flügzeuge*» disse Fritz e tutti guardarono in aria nel cielo bianco di caldo. Il rombo si distese nel cielo e aumentò ma non si vedevano aerei, veniva da sud accompagnato via via da un grande silenzio: anche le cicale smisero di cantare. Poi cominciarono i primi bagliori lontani e infine si videro avanzare gli aerei altissimi e lucenti in tre grandi formazioni a forma di triangolo.

«Contiamoli» disse Giannetto «non ne ho mai visti tanti».

Quando furono sulle loro teste Max disse con una strana gioia nella voce: «Sono trentasei».

Ma il rombo non si spense e se ne udì un altro e poi un altro ancora. Max contava sempre e per quasi mezz'ora passarono sul loro capo a grande altezza gli aerei. Bestie dentro stalle lontane cominciarono a muggire. Un solo aereo restò indietro, con la coda fumante e perdendo quota, quando passò su di loro videro chiaramente la stella americana, la prima della loro vita, quattro piccole palle uscirono dalla fusoliera, uno dopo l'altro si aprirono i paracadute.

I ragazzi seguivano con gli occhi i paracadute verdi scendere oscillando e cercavano di distinguere gli uomini, gli americani che non avevano mai visto, col cuore in gola.

Di là dalle colline avvolte nel vapore salirono i boati, gli schianti e nubi di fumo.

Max vide chiaramente le pupille di Fritz dilatarsi e i suoi occhi diventare quasi neri.

«È Verona,» disse «la guerra finirà presto».

FASCINO

Un pomeriggio di agosto in montagna tra nubi nere e brontolanti una donna con grandi occhi limpidi pieni di curiosità e un bambino biondo e un po' grasso per mano vide in una stradina deserta un uomo alto che somigliava a Clark Gable. Gli occhi si spalancarono, pensò «Oh, Dio, è proprio lui» e si fermò con una mano al petto. In quel momento cominciarono a cadere grosse gocce, si alzò il vento e la donna che non voleva mostrare all'uomo il rossore nel volto si mise a correre verso il paese tirando dietro di sé il bambino. Il bambino con le sue gambe grassocce e i piedi un po' piatti cadde subito con la faccia avanti e strillò ma fu raccolto dall'uomo che arrivava: lo alzò da terra con molta semplicità e forza nelle braccia mostrando denti bianchissimi e occhi neri ridenti che lo calmarono di colpo. «L'accompagno» disse l'uomo col bambino in braccio, la donna fece sì col capo senza smettere di guardarlo fisso. Le nubi nere scesero fino alle loro teste, la pioggia cadde più fitta (l'uomo teneva una mano sulla testa del bambino), ci fu qualche lampo, schianti lontani tra gole e valli e l'uomo prese la mano della donna durante quei lampi. Arrivarono all'albergo completamente bagnati, l'uomo la salutò con un sorriso uguale a quello che aveva calmato il bambino e disse un nome: Vargas.

La donna salì in camera, spogliò il bambino e si spogliò, avvolse il bambino in un piccolo accappatoio azzurro e lasciò correre l'acqua del bagno tra i fumi del vapore, poi si immerse col bambino in braccio. Il bambino giocava con l'acqua e la spruzzava e faceva domande imprecise ma insistenti che la madre non sentiva. A un certo punto il bambino la colpì con una mano su un seno, la madre parve svegliarsi, disse «Stai fermo, petulante», con una voce secca, e il bambino cominciò subito a piangere. La donna si alzò e uscì dal bagno, diede due scapaccioni al bambino nudo e bagnato che strillò. Senza badare ai suoi strilli lo asciugò, lo infilò nell'accappatoio con mosse ruvide e frettolose e pensò: «Ha le gambe a X e i piedi piatti». Questo pensiero la intenerì e coccolò il bambino che si calmò subito e riprese a fare domande. Non era un bambino molto intelligente e la donna lo sapeva ma lo amava lo stesso, anzi lo amava molto di più proprio quando sentiva quelle domande senza nesso e prive di vera curiosità e vivacità che il bambino faceva sempre per attirare l'attenzione svagata della madre. Gli sorrise e gli fece il solletico: «Icchio, picchio, ticchio» disse senza convinzione, ma il bambino rise felice lo stesso e chiese altro solletico.

La donna vestì il bambino, parlò al telefono con un'amica in albergo e le disse di mandare la sua *nurse* a prenderlo per la cena con gli altri bambini. La *nurse* arrivò quasi subito, il piccolo fece qualche storia e non voleva lasciare la madre ma sentì dietro la porta le voci dei suoi amichetti e uscì. La donna rimase sola in vestaglia. Cominciò a truccarsi ma non a lungo, e si vestì, pensando sempre a quel Vargas. Disse anche due o tre volte il nome, prima nel pensiero, poi a voce alta e sempre sentiva una specie di tuffo al cuore. Chiunque avrebbe potuto scambiarlo per Clark Gable, era vestito in modo un po' antiquato, con pantaloni quasi bianchi di grossa lana greggia, un maglione bianco e scarpe bianche e nere. Era un uomo bellissimo, il più bello che lei avesse mai visto, ma chi era? Andò al telefono, chiamò il portiere e disse:

«Senta Renato, lei conosce un signore che si chiama Vargas?».

«Certo, signora, è un boliviano che ha un negozio qui».

«Un negozio?».

«Sì, un negozio di oggetti boliviani».

«Dove?».

Il portiere le spiegò dove e la donna finì di vestirsi in fretta. Aveva già infilato i pantaloni ma li sfilò e indossò una minigonna scozzese e dei mocassini sui piedi nudi. Infilò anche un impermeabile, accese una sigaretta, uscì; il cielo era tornato limpido e color viola pallido con qualche stella. Andò correndo fino al luogo indicato dal portiere ma non vide nessun negozio di oggetti boliviani e si sentì molto debole alle gambe guardando in giro con occhi impauriti. Poi lo vide, dentro il negozio che era una specie di minuscolo bazar pieno di costumi boliviani ammonticchiati, cappelli a tuba, pipe e giocattoli fatti a mano. Era vestito con un paio di pantaloni scuri, sempre di lana greggia e un maglione blu da marinaio. Le scarpe erano bianche, con una grossa suola di caucciù. Quando l'uomo la vide sulla porta con gli occhi spalancati e i piedi stretti uno all'altro come quando si ha freddo, sorrise per un bel po', senza alzarsi da una sgangherata poltrona di vimini disse: «Prego» e allungò una lunga mano da negro. La donna entrò timidamente. «Buongiorno,» disse, nel modo più «educato» possibile «lei è stato molto gentile, sono venuta a ringraziarla». L'uomo la guardava sempre sorridendo e rispose: «Di niente, si accomodi».

«Vuole bere qualcosa? Whisky o anice?».

«Anice?» disse la donna. «Sì, anice».

L'uomo scese una scaletta che portava nel seminterrato e tornò con due bicchieri e una bottiglia.

«Lo ricevo dalla Bolivia» disse l'uomo e la donna udì il suo accento un po' sibilante.

«Lei è boliviano?» domandò la donna, e cominciarono a parlare. Parlarono molto, l'uomo disse di essere uno psicanalista fuggito dalla Bolivia per ragioni politiche. La donna disse che si interessava molto alla psicoanalisi e su questo argomento, bevendo molto anice (la donna allungava il bicchiere quasi scusandosi), ebbero modo di fare una «discussione molto interessante». L'uomo spesso diceva la parola «*Claro?*» nel finire una frase e allargava le braccia con un sorriso, la donna non capiva perché ma quando lui diceva «*Claro?*» accennava di sì molto seriamente col capo.

La donna gli chiese dove viveva e l'uomo, con molta tranquillità, disse che dormiva giù, nel seminterrato. «Io sono un uomo povero, poverissimo...» disse con una risata forte e quel suo accento. «Vuole vedere dove sto?».

«Sì» disse la donna e scesero la scaletta a chiocciola che portava nel seminterrato. C'era qualche manifesto, una grande fotografia di donna appesa al muro, molte casse e un fornello elettrico con una caffettiera su una cassa, un attaccapanni con dei vestiti appesi e un letto con una coperta boliviana stesa sopra. La donna non aveva mai vista tanta povertà e ne era attratta perché era certa che quella povertà come i vestiti dell'uomo nascondevano un mistero che lei non era degna di conoscere. Aveva la testa caldissima che girava e sentì la sua voce che diceva: «Io vorrei dormire un po' qui, vicino a lei» e nel dir questo si spogliò in fretta chiudendo gli occhi.

Quando fu vicino (lei si rannicchiò subito contro di lui), l'uomo disse qualche parola in spagnolo che lei non capì perché stava bene attenta a essere degna di lui, se poteva, nel migliore modo possibile e se possibile senza errori. Pensava soprattutto a questo, di non fare errori con un uomo come il signor Vargas, e gli chiese il nome perché voleva chiamarlo per nome. «Marino» disse l'uomo.

FAME

Un giorno di agosto del 1968 nuvole nere e basse correvano nel cielo di una piccola città della Nigeria orientale e ogni tanto pioveva. La pioggia cadeva in fasci di gocce enormi che scioglievano la terra rossa delle strade e diventavano torrenti diretti chissà dove. Poi tornava il sole tra il verde della foresta, l'acqua raccolta nell'incavo delle grandi foglie dei banani cessava di zampillare e le ultime gocce si bilanciavano sulla punta di quelle foglie, poi cadevano. In quel momento ricominciava il caldo, la terra rossa si asciugava fumando e negri ridenti vestiti di pezzi di nylon rosa e azzurri sorgevano da sotto i banani e parevano rincorrersi con i piedi con la voce e con le mani.

Quella piccola città era la capitale di un minuscolo Stato che si chiamava Biafra e che ora non esiste più. Un certo colonnello Ojukwu, un negro pazzo che aveva studiato in Inghilterra aveva fondato quello Stato e un numero immenso di bambini e di vecchi fuggiti dalla foresta a causa della guerra stavano chiusi dentro recinti e vecchie scuole e morivano di fame anche se in città c'erano dei banchetti che vendevano scatolette di cibo a borsa nera. Ma i bambini e i vecchi fuggiti dalla foresta non lo sapevano e se lo sapevano non avrebbero mai avuto i soldi per comperare anche una sola di quelle scatolette. La propaganda del colonnello pazzo voleva che morissero per commuovere il mondo e convincerlo a riconoscere il proprio Stato e ci riuscì, a farli morire, a commuovere il mondo e a farsi riconoscere da qualcuno. Lo Stato durò pochi mesi, la guerra finì e i milioni di morti scomparvero.

In uno di quei recinti sotto il sole e sotto l'ombra delle nubi nere e le docce improvvise, un uomo, un europeo, guardava un bambino nudo. Il bambino non era più completamente nero di pelle, né scuro di capelli perché era diventato quasi roseo e rossiccio di capelli per mancanza di proteine e pareva come spellato. Inoltre era così magro che la pelle sul suo cranio era come seccata al sole, c'erano molte grinze secche intorno agli occhi e non aveva né collo, né guance, né labbra. Le dita delle mani e dei piedi erano le piccole ossa delle falangi che si muovevano stranamente insieme alle altre ossa dello scheletro. Nell'incavo del bacino aveva una piccola borsa di pelle grinzosa e tutti i suoi movimenti erano molto lenti, ondulanti e traballanti. Sorrideva, guardando l'uomo che lo guardava e sorrideva anche ai fotografi che lo fotografavano in massa come sorpreso e lusingato di tanta attenzione. Il suo sorriso era quello di un centenario, che però in quel momento aveva qualcosa da fare, cioè sorrideva con cortesia, ma senza abbandonare il lavoro che lo occupava.

L'uomo che lo guardava da molto tempo aveva visto il bambino raccogliere degli stecchi intorno alla baracca e osservò che per fare questo aveva impiegato più di due ore, prima con piccolissimi mucchi di stecchi intorno a dove si trovava e in seguito riunendoli in un solo mucchio. Poi aveva guardato l'uomo, l'uomo capì lo sguardo, cavò di tasca l'accendino e accese gli stecchi che cominciarono subito a bruciare con un po' di fumo. A questo punto il bambino smise di guardare l'uomo, frugò con le dita dentro una fessura della baracca, tirò fuori un topo infilato in un grosso stecco e cominciò a farlo girare sul fuoco con molta lentezza e con tutte due le mani. Di tanto in tanto alimentava il fuoco con altri stecchi infilandoli con abilità uno sotto l'altro senza far cadere quelli che già bruciavano e diventavano brace. Questo lavoro però lo stancava, allora abbandonava il topo sul fuoco e il topo dopo un po' friggeva e si gonfiava. Al friggere del topo il bambino pareva svegliarsi e riprendeva in mano lo stecco che faceva girare tra le falangi che parevano molto lunghe, con unghie lunghe. Ma nel fare questo respirava sempre più affannosamente, la cassa toracica si muoveva come un soffietto e dopo pochi minuti il bambino lasciava cadere il topo sulla brace. Quello che pareva richiedere al suo corpo una fatica minore era infilare altri stecchi nel fuoco.

Il bambino andò avanti immerso in questi esercizi per circa venti minuti, poi, come definitivamente stanco, ritirò il topo dal fuoco e lo lasciò cadere in disparte, si sdraiò e parve addormentarsi. Ma non dormiva, di tanto in tanto apriva i grossi occhi bianchi e neri molto lucenti e sorrideva all'uomo.

Fu in quei momenti di riposo che sorrise ai fotografi; i fotografi fecero il loro lavoro e se ne andarono. Uno si chiamava André, era un giovanotto grassoccio, sudato, coi capelli rossi dall'odore acre. Strizzò l'occhio a una specie di suo capo senza macchina fotografica, uno magro con un orecchio bucato da una pallottola e disse: «Vachement bon», evidentemente soddisfatto delle fotografie fatte al bambino.

Il bambino pareva veramente dormire, due o tre volte si scosse come per brutti sogni o per una contrazione dei nervi e mostrò i denti bianchissimi e sporgenti. Ma nemmeno allora dormiva perché l'uomo vide il sacchetto del ventre muoversi come se contenesse un piccolo animale e un po' di liquido giallastro scorrere sotto l'osso del bacino. Il bambino aprì gli occhi, si accorse di quello che aveva fatto, si alzò traballando e si avviò piano piano fino a un ciuffetto di fogliame con cui si pulì. Poi si lavò prendendo acqua piovana da un secchio di plastica e si asciugò con delle garze che sfilò da un gran pacco sulla porta della baracca. In quei momenti l'uomo distolse gli occhi perché, da uno sguardo del bambino, capì che non voleva essere guardato. Lo guardò ancora quando il bambino finì del tutto di pulirsi e infatti il bambino sorrise e riprese attentamente il lavoro.

Dalla fessura dove aveva nascosto il topo cavò un vecchio coltello e cominciò a raschiare dal topo tutta la parte carbonizzata. Questo gli portò via molto tempo, sia per la lentezza dei movimenti, sia per la minuzia da vecchio con cui il bambino puliva il topo. Quando fu ben pulito cominciò a mangiarlo dalle natiche verso la schiena. Mangiava a piccoli morsi né abbondanti né voraci come uno che ha poca fame, di tanto in tanto guardava l'uomo con occhi abbastanza indifferenti, faceva piccole pause durante le quali staccava la carne del topo con le unghie e la mangiava con calma osservandola prima di metterla in bocca.

Ricominciò a piovere, l'uomo stette un poco sotto la pioggia, ma poiché la pioggia gli impediva di vedere si rifugiò dentro la baracca dove anche il bambino era entrato dopo aver lasciato cadere a terra ciò che restava del topo. Per entrare nella baracca il bambino aveva dovuto alzarsi e fare due gradini: impiegò molto tempo a salire quei gradini, appoggiandosi allo stipite, una volta traballò e stava per cadere quando sopraggiunse l'uomo che lo afferrò per un braccio. Restò in piedi, in equilibrio molto precario sulle ossa delle gambe e tuttavia ne accavallò una come fanno i bambini vivaci e allegri, aggrappandosi però con le falangi della mano allo stipite della porta. L'uomo vide che nell'interno della baracca erano distesi due cadaveri di bambini accanto ai quali stava accosciata una vecchia che piangeva. La pioggia era diventata torrente e portò subito via i resti del topo, anche l'uomo stava appoggiato allo stipite della porta e non guardava più il bambino, guardava il torrente formato dalla pioggia.

g

GIOVENTÙ

Un giorno di luglio ormai lontano un uomo di venticinque anni ricevette una cartolina da una ragazza di diciotto. La cartolina, che raffigurava una spiaggia con ombrelloni e un albergo bianco dalle tende bianche e gialle al vento era stata spedita da Riccione (Italia) e diceva: «Qui ci si diverte moltissimo. Ciao, Maria». Maria lo amava e anche lui amava Maria ma si erano «lasciati» da alcuni mesi per questioni banali che a loro erano parse «di fondamentale importanza».

All'uomo parve di non sentire nessun vuoto, anzi fu molto contento di questo abbandono perché pensava di avere un'intera vita davanti a sé. «Lei si diverte a Riccione» pensò con piacere, perché nulla di drammatico era accaduto e ognuno era andato per conto suo con il cuore in pace. «Benissimo. Io vado a Forte dei Marmi». Salì sulla sua Topolino con una gran valigia e partì. Arrivò (non era mai stato a Forte dei Marmi), trovò gli amici che lo festeggiarono e lo portarono alla Capannina a cena e a ballare. Naturalmente guardò le donne, ma era timido, emotivo, e in realtà non gli piacevano. Erano donne ricche, o donne che giravano intorno ai ricchi, in calma attesa, e parevano avvolte da un involucro di calcolo e di aria fredda che rendeva fredda, al tatto, anche la loro bella e bronzea pelle. Non c'era nessuna corposità in quelle donne, nessun desiderio fisico, nessun sentimento verso gli altri uomini e le altre donne: il loro modo di muoversi, di parlare e di guardare era come la superficie di un mare bello e limpido, di colore blu con trasparenze e schiume, attraverso cui si vedeva perfettamente il fondo: in quel fondo di mare blu, nel momento in cui le schiume si ritiravano, l'uomo vedeva sempre il denaro. Però era bella Forte dei Marmi e ventilata e in certe ore ventosa. L'uomo passò due giorni così, tra quelle donne che pensavano sempre al denaro senza mai parlarne e giravano intorno ai ricchi come certi polipi intorno alle cozze e i ricchi, sorridendo, pagando (modestamente, come tutti i ricchi), abbronzandosi e giocando a carte, chiudevano le loro valve.

Ma i polipi sorridevano e aspettavano. All'uomo non parve una bella vita, né felice. Si stufò presto e se ne andò, con stupore degli amici e indifferenza delle donne che giravano intorno ai ricchi. «Oh,» disse una «perché?».

«Voglio fare un giro in Riviera. Forse vado in Francia».

«Oh, peccato» disse la donna, e sorrise lentamente, come nuotando intorno alle cozze.

L'uomo non aveva nulla in mente, contrariamente al solito si svegliò all'alba, pensava di girare lungo la Riviera ligure, Portovenere, Rapallo, Portofino e magari anche Cannes, Montecarlo e forse anche Biarritz. Chi gli aveva parlato delle onde dell'Atlantico a Biarritz? Non ricordava. Partì, andò a Portovenere, Rapallo, Portofino ma si sentiva inquieto, irrequieto e sempre più solo. A Rapallo non trovò da dormire in nessun albergo, finì in una stanzuccia in una casa del porto, accanto a una cucina con piastrelle arabe e un fornello a carbone, che conteneva tutto l'odore grigio, chiuso e ostico della Liguria che gli era totalmente estraneo e quasi lo spingeva fuori di casa per inospitalità.

Questo aumentò l'irrequietezza, rinunciò alla Francia e, chissà perché, decise di andare a Milano: guidava veloce, troppo veloce per una Topolino e l'irrequietezza aumentava ad ogni momento: sentiva qualcosa nell'aria ma non sapeva cosa. In uno di questi momenti telefonò a Maria, che forse era tornata da Riccione dove aveva avuto molti amanti. Perché ne fosse così certo anche questo non sapeva, ma lo era: gli dissero che era partita per Cannero, ospite di amici che aveva incontrato a Riccione. Cannero... dov'era Cannero? Comprò una carta stradale e guardò. Cannero era sul Lago Maggiore. Da quel momento decise di andare a Cannero, guidò senza interruzione e in modo irrequietissimo fino al Lago Maggiore, attraversò paesi che si chiamavano Arona, Cannobbio, Stresa, e sempre fu accompagnato da un'acqua piatta colore dell'acciaio alla sua destra, finché arrivò a Cannero. Qui l'irrequietudine scomparve di colpo e diventò vergogna e paura. Doveva cercare la villa dove era ospite Maria, si vergognava, e aveva paura di quel lago con lame di luce così affilate e immobili. Lo stesso cercò la villa dove era ospite Maria e passò di villa in villa su quel plumbeo lago suonando campanelli, salendo prode sepolte nel verde, e diventando sempre più pallido ad ogni campanello: trovò la villa, enorme, bianca tra i cipressi, con una barca nera e una vela bianca. La villa era deserta, il custode disse che Maria era partita.

L'uomo tornò dentro la sua Topolino e guidò senza mai fermarsi fino alla città dove abitava Maria.

Qui tirò un sospiro di sollievo e gli parve, soltanto gli parve, di essere meno irrequieto, ma telefonò in casa di lei e gli dissero che era uscita. Forse non era vero. Allora cominciò a girovagare per la città guardando tutte le auto per riconoscere quella di lei, o se lei c'era dentro, per caso, in qualche auto, poi si fermò con un conoscente che gli disse subito: «Proprio in questo momento è passata Maria, non l'hai incontrata?».

«No» disse l'uomo, e sentì la sua voce accartocciata come quella di un malato. Si domandò: «Di che cosa sono malato, che malattia ho?».

In quel momento apparve la macchina di Maria, con lei dentro. L'uomo non la vide ma il conoscente disse: «Ecco Maria», l'uomo, con la debolezza e l'accartocciamento della malattia girò appena il capo e la vide, dentro la macchina bianca e scoperta. Era più che abbronzata, era nera, con occhi molto bianchi, denti bianchi e i capelli, schiariti dal sole, acciambellati sul capo e qualche ciocca sul collo. Senza rallentare la ragazza sorrise con il biancore dei denti, alzò una mano per salutare e riprese la corsa. Pallidissimo, sempre chiedendosi che malattia aveva, l'uomo saltò sulla Topolino e la inseguì. Lei si vide inseguita (aveva a bordo una signora), vide anche, di lontano, il pallore malato dell'uomo e cominciò a correre. L'uomo le fece dei gesti, di fermarsi, suonò anche il clacson, dapprima a colpetti, poi a lunghi tratti, poi senza interruzione ma lei correva sempre di più superando semafori rossi.

«Cosa fai, sei matta?» le disse la signora vicina, una amica saggia, una delle solite amiche sagge. «Non lo vuoi vedere?».

«No» disse la ragazza e spinse l'acceleratore. In quel momento l'uomo le arrivò accanto con la Topolino, suonava sempre il clacson ed era completamente in preda alla malattia. Aveva anche la febbre.

«Non lo vuoi vedere proprio?» domandò ancora la signora saggia e un poco divertita.

«No» disse la ragazza e strinse le labbra.

«Poverino» disse la signora saggia e cominciò a ridere come ridono le signore sagge.

Proprio in quel momento l'uomo girò di colpo il volante e investì la macchina della ragazza, di fianco. Le due auto si fermarono al bordo di un fossato, la bella *spider* inglese di lei era rovinata (senza però danni alle persone) la signora saggia «protestò vivacemente» ma l'uomo giovane e forte (così si sentiva in quel momento, a differenza di prima) la prese per un braccio e la allontanò dicendo «Se ne vada, devo parlare a Maria».

«Che modi» disse la signora saggia e se ne andò sbattendo i suoi tacchetti.

L'uomo toccò la pelle della ragazza: era soda, scura e infuocata e il suo alito era profumato di sangue. Lei parlava, ma a voce bassissima e quasi senza fiato, l'uomo si avvicinò con le labbra a una guancia di lei, lei si schermì, ma lui la prese da dietro il collo, con la mano intera, tra collo e una ciocca di capelli, l'avvicinò a sé con forza (la gente si era fermata a guardare l'incidente) e vi appoggiò le labbra. Anche la guancia era nera, infuocata e vi scorreva dentro molto sangue: altro che le donne di Forte dei Marmi, altro che mare blu e trasparente di denaro, altro che le ragazze dei ricchi.

«Domani ci sposiamo. Ora torna con me e lascia qui la macchina» disse l'uomo, e se ne andarono in campagna tra i boschi fino a notte alta.

Si sposarono, lei aveva un vestito da mare di *piqué* bianco e rosa, la «buona borghesia» invitata era come sonnambula nei saloni del municipio, un amico poeta li portò a Venezia nella sua Mercedes Benz del '34 e lì li lasciò sorridendo in modo pazzoide e lunare: come sorridono i poeti di fronte ai raggi roventi della vita. Abitarono tre giorni al Lido, in un vecchio albergo che ora non esiste più e si chiamava: Regina. Le grandi finestre delle immense stanze erano ombreggiate di glicine e di altri rampicanti, campanule parevano colorare le bianche tende ottocentesche e le lenzuola. Lei era nera, con la pelle scottante e si muoveva sulle lenzuola e nei capelli come sulla neve. L'uomo (a cui la febbre era scesa) la guardava: nera sulle lenzuola, oppure nella vasca da bagno, oppure la seguiva con lo sguardo e con il cannocchiale, nuotare lontano nella calma e fidata acqua lagunare tra minuscoli guizzi, ogni tanto. Lei parlava poco e possedeva una autonomia animale, lenta e armonica, che la poneva in contatto diretto con le cose essenziali ed elementari della vita. Così il suo modo di camminare, di nuotare, di mangiare, di dormire e di amare e così il suo fiato profumato di sangue. Egli si sentiva escluso da questo contatto, perché era un uomo indiretto ma gli piaceva molto vederlo in lei e per questo l'amava.

Passarono gli anni, il giovane uomo e la ragazza di nome Maria scomparvero uno dall'altra, insieme al tempo. Ma un altro giorno l'uomo (che era diventato vecchio) si svegliò, come sempre e come tutti i vecchi molto presto, e aprì la finestra: c'era un grande prato di erba appena falciata nell'ombra, con dei covoni, in fondo al prato un bosco quasi nero con dentro un fagiano, sopra il bosco un cielo limpido e ventoso di settembre, con aria di mare. In mezzo al cielo viola una stella, che scintillava in modo arabo. L'uomo pensò ai giorni qui descritti, soprattutto alla pelle scottante e all'alito profumato di sangue, e nella sua mente di vecchio formulò la parola gioventù.

GRAZIA

Un giorno un uomo aveva un appuntamento con una donna al caffè Florian, a Venezia, alle sette e mezzo di sera. Era l'inizio dell'estate, entrambi avevano un'età particolare, lui quaranta, lei trentacinque, in cui possono succedere molte cose nell'animo umano ma è meglio non succedano perché è tardi ed è inutile illudersi di tornare ragazzi. Tuttavia i due, forse senza saperlo, avevano molta voglia di tornare ragazzi e accettarono quel loro piccolo *flirt* appena incominciato come un gioco ma, sotto sotto, con una certa speranza.

L'uomo veniva da Milano e arrivò dietro la piazza con un po' di ritardo, non entrò subito nella piazza ma girò dalla parte del Bacino Orseolo e spuntò sotto i portici in vista del caffè Florian, per non farsi vedere e per accertarsi se lei era là ad aspettarlo. Il sole era sceso e i tavoli del Florian erano in ombra, deserti, nonostante l'orchestrina. Stando nascosto sotto i portici l'uomo la vide seduta a un tavolo, sola cliente: era piccola, bionda e «ben pettinata», vestita di una camicetta di raso nero abbottonata alla russa, con dei pantaloni neri. Fumava, con un bicchiere sul tavolo e l'uomo vide anche da lontano gli occhi gialli e grandi, un po' a globo, con le lunghe ciglia nere, guardare in giro veloci se lui arrivava: all'ombra sembrava abbronzata. L'uomo restò dietro la colonna a guardarla poi andò al ristorante Quadri e chiese del *maître*. Mario lo salutò con un gran sorriso e allargando le braccia: «Quanto tempo...» cominciò a dire ma si interruppe subito come per cancellare tutti quegli anni passati e disse: «C'è l'astice...».

«Che bravo Mario, si ricorda ancora,» disse l'uomo «vengo tra mezz'ora, anche prima. Di sopra, per favore. Addio Mario» e si avviò attraverso la piazza.

Lei non lo vide subito perché guardava sempre in giro, cercando con gli occhi che erano molto lucenti, lo vide solo quando era a un passo e arrossì. Gli porse la mano ma, nel farlo, stava quasi per alzarsi dal tavolo. L'uomo sedette accanto a lei e disse: «Come sei elegante».

La donna sorrise, con un piccolo strido ridente come di rondine e sentì il dovere di rispondere «grazie», in modo molto bene educato. In realtà la donna, vestita tutta di nero, un po' abbronzata, con l'ombretta verde alle palpebre e due brillanti alle orecchie era elegante ma di una eleganza molto particolare in quanto portava quegli abiti costosi di donna come una signorina non ricca per una visita «importante». Anche lo sguardo era ingenuo ed eccitato come quello di una signorina e questo commosse un po' l'uomo. Ora, vedendola così vestita e con quell'atteggiamento (si erano incontrati, in tutto, tre volte) capì che era proprio vero quanto lei aveva detto quel giorno: «Non ho mai cenato al Quadri, è sempre stato un bel sogno» e lui aveva promesso che l'avrebbe condotta a cena al Quadri.

Arrivò il cameriere ma l'uomo non aveva nessuna

166

voglia di bere, però osservò che la donna aveva ordinato addirittura un Negroni, che aveva già finito.
Ne ordinò un altro, guardando l'uomo con un piccolo strido.

L'uomo vide sul tavolo la borsetta di velluto nero
e, vicino alla borsetta, un minuscolo pacchetto di
carta bianca. La donna lo prese e disse: «Da parecchio tempo volevo farti un regalo, ma non era facile
sceglierlo. Spero ti piaccia» e glielo porse. L'uomo
disse «grazie mille» in modo un po' affettato perché non sapeva cosa dire. Svolse il pacchetto e venne fuori una minuscola saliera d'argento in forma
di pesce. «In ogni modo ha il suo significato» disse
la donna. L'uomo non capì assolutamente il significato di quel regalo, disse ancora «grazie mille,
è molto grazioso» ma non seppe andare avanti e
non ebbe il coraggio di chiedere il significato. Lo rigirò tra le dita, vide che dietro era stampigliato il
nome di un gioielliere importante e anche questo
lo commosse perché era stato lui a dire che quel
gioielliere era importante, ma lo stesso era imbarazzato perché forse avrebbe dovuto capire il senso della saliera: niente, non ricordava nulla tra loro due
che avesse in qualche modo a che fare con il sale, la
saliera e il pesce. Finì per metterlo in tasca, forse
troppo in fretta, gli parve.

Entrambi sapevano benissimo che quell'appuntamento si riferiva alla cena al Quadri, da lei «sogna-
ta» e da lui promessa alcuni mesi prima. Ma, come
accade per le cose portate avanti troppo a lungo o
promesse troppo tempo prima, forse tutti e due
avrebbero desiderato non andare al ristorante ma
passare una sera completamente diversa, forse addirittura partire. La donna non lo sapeva con esattez-
za e anzi, quell'appuntamento preciso e con uno
scopo preciso, secondo lei di grande eleganza, la
emozionava. Tutto aveva, per lei, un'aria *flou*. Ma

l'uomo, che era stato al Quadri tante volte, sapeva invece che a quel ristorante è bene andarci per decisione improvvisa, passando davanti ai tavoli e gli specchi illuminati e già occupati da inglesi in luglio o agosto, quando Venezia è zeppa; e temeva una sala superiore vuota con damaschi rossi e tavoli immacolati, e sui tavoli i calici di cristallo verde, vuoti fino alla chiusura del locale. Questa immagine lo indebolì un po' ma guardò la donna che beveva il suo Negroni, con i pomelli già rossi e gli occhi ancora più lucidi, e gli mancò il coraggio di cambiare programma.

Soffiava un po' di vento fresco, le cupole di San Marco scintillavano al tramonto, pochi giapponesi passeggiavano sulla piazza con impermeabili trasparenti e sventolanti, tra poco sarebbe stato ancora più fresco e l'uomo vide che la donna aveva indossato la camicetta di seta nera direttamente sulla pelle senza nessuna biancheria: tra poco avrebbe incominciato a rabbrividire nonostante i Negroni. Infatti rabbrividì. «Hai freddo?» domandò l'uomo sperando che la donna dicesse di no. Non avrebbe saputo cosa fare, l'idea di spostarsi all'interno del Florian non gli pareva molto brillante per una sera così ben preparata. Ma la donna disse, con un sorriso bello e sano dei suoi denti bianchi: «Un poco, ma si sta bene anche così».

Passò un po' di tempo, durante il quale la donna canticchiò con voce un po' rauca e dimenando leggermente il capo alla musica dell'orchestrina: che però faceva lunghe e pigrissime pause tra una canzone e l'altra e proprio in quel momento, in un batter d'occhio, avvolse gli strumenti nei panni e, senza fare il minimo rumore, sparì lasciando la pedana vuota con i leggii. Parve all'uomo che quello fosse un segno ma la donna non si era accorta della fuga dei musicanti e continuava a canterellare con la sua voce rauca e dondolava il capo. L'uomo allora la guardò, un po' di sottecchi, e ancora una volta osservando bene le belle labbra, i denti, la pelle ambrata e un po' rossa per i Negroni agli zigomi e soprattutto i grandi occhi pieni di una inestinguibile vivacità, provò una stretta al cuore. Era un sentimento che non aveva mai provato con nessuna donna. Cos'era? Non sapeva. Sapeva però che un uguale sentimento l'aveva provato da bambino, quando aveva rincorso un mendicante ubriacone, tutto rosso in faccia, che era stato cacciato di casa, per dargli un paio di scarpe di suo padre. Gliele aveva date con molto fervore e con insistenza e l'altro aveva capito tutto: lo aveva guardato con occhi seri e gentili, gentilmente aveva preso le scarpe dalle sue mani e aveva detto: «Grazie».

L'uomo, con il cuore stretto, raccolse tutte le sue forze e la sua disinvoltura e disse: «Io ho un po' di fame, e tu?». «Sì, sì» disse la donna con disinvoltura, ma aggiunse, alzandosi e raccogliendo la borsa: «Andiamo proprio al Quadri?» e sorrise. L'uomo si chiese cos'era quel sorriso. Voleva dire che non era necessario andare *proprio* al Quadri o, al contrario, voleva sottolineare la promessa e l'intesa di tanto tempo prima? Guardandola l'uomo sospirò: voleva dire proprio questo, nel sorriso della donna c'era quel particolare piacere delle cose da lungo tempo programmate che si avverano.

Si avviarono lentamente, il vento faceva tremare la camicetta nera sulla pelle e lei si attaccò con leggerezza, ma stringendolo, al braccio di lui. Mario, il *maître*, li accolse con un inchino (era lì ad aspettarli e ad occhieggiarli da un po'), li accompagnò di sopra (la sala superiore era completamente vuota) e li fece sedere a un tavolo accanto alla finestra. Rovesciò in un attimo i calici di cristallo verde e l'uomo e la donna si trovarono seduti uno accanto all'altra nel grande angolo rosso, con una candela in mezzo al tavolo. Di là dai vetri la piazza si oscurava, si accesero i lampioni color lilla.

L'astice era buonissimo, il Pomino bianco di Frescobaldi quasi colore dell'acqua, freddo, secchissimo, e Mario portò per lei un blocco di gelato (specialità) con pezzettini di nocciola, che l'uomo non avrebbe mangiato nemmeno per tutto l'oro del mondo. Ma lei lo desiderava con vivacità e lo mangiò leccandosi gli angoli delle labbra come un gattino. A questo punto la donna, che aveva appoggiato la piccola borsa di velluto nero prima sul tavolo, poi sulla sedia dietro di sé, poi in grembo, si curvò e, non sapendo dove metterla ancora perché niente le pareva abbastanza educato, guardandosi velocemente in giro, ai camerieri nullafacenti in frac, la appoggiò per terra. Questo suo gesto, e anche i precedenti che riguardavano la piccola borsa nera, non era timido, né vergognoso, né imbarazzato, ma furtivo e quasi furbo: come se, nel compierlo, lei l'avesse fatta ai camerieri che erano lì per sorvegliare la buona educazione dei clienti e che, secondo lei, pure tacendo per la presenza dell'uomo, non avevano gradito che lei mettesse la piccola borsa sul tavolo (che era molto grande), né sulla sedia, né in grembo.

L'uomo osservò lentamente e con il cuore stretto tutto quel piccolo e graziosissimo traffico di gatto, poi riprese a parlare. Lei gli diceva che conosceva Roma, era stata molti anni prima quando era fidanzata a un romano. «Le trattorie di Roma, all'aperto, il ponentino...» disse con gli occhi lucidi come commossa dal ricordo. E cantò, tutta intera, con le parole in romanesco, una canzone romana di quegli anni sempre dondolando il capo. Cantava a bassa voce un po' rauca ma siccome erano loro due soli in mezzo a quei damaschi rossi, anche i camerieri stavano a sentire. Non sapendo che altro fare l'uomo le prese una mano, che era piccola, e gliela strinse leggermente.

«E perché non vi siete sposati?» le chiese.

«Mah, il destino, una mia cara amica, la mia più cara amica mi ha fatto lo scherzetto di portarmelo via...» disse e gli occhi le si inumidirono. «Mia madre me l'aveva sempre detto di non fidarmi. Però, meglio così...» aggiunse con un bel sorriso tra le lacrime «era solo un ingegnere».

GUERRA

Un pomeriggio di luglio del 1944 nel nord dell'Italia le cicale cantavano e due uomini e tre ragazzi camminavano nella polvere di una strada di campagna con lunghe pistole in pugno, tese in avanti, come per inginocchiarsi e sparare. Il canto delle cicale smetteva al loro passaggio, calava un grande silenzio e si udivano i vestiti, le scarpe e le armi. I due uomini erano militi della Guardia Nazionale Repubblicana, due dei ragazzi erano in divisa delle Brigate Nere e un terzo in borghese, si chiamava Ico (Federico) ed era di statura piccola, con una testa rotonda, occhi rotondi e quasi bianchi e un nasino all'insù. Era vestito in borghese «da gagà», con pantaloni di gabardine verde oliva, scarpe di camoscio marron con la suola ortopedica di sughero, una camicia crema di seta pura e un foulard blu a pallini bianchi sotto il collo aperto della camicia. Si vedeva luccicare dell'oro tra pelle e camicia. Era profumato e i capelli ondulati ed esangui erano lunghi alla nuca, lucidi di brillantina e pettinati in modo da formare due ali che dalle tempie si congiungevano dietro la testa. Allora era di moda. Ico aveva braccia corte, mani piccole e piedi piccolissimi: aveva qualcosa di impercettibilmente deforme, un po' donna e un po' nano, ma non si vedeva se non osservando attentamente in seguito a un'impressione di disagio. Si vedeva invece la sua sicurezza e decisione rispetto agli altri che pareva comandare. La sua apparizione, troppo elegante per la sua età (16 anni), con la pistola nel piccolo pugno, era diversa da quella degli altri e strana in quella polvere, che si snodava senza fine e senza alberi nel tremolìo dell'aria arroventata.

Ico era figlio unico di una bustaia di quelle zone. Non si sa come, non si è mai saputo chi fosse il padre di Ico: viveva con la madre, frequentava la scuola dei salesiani (era uno scolaro intermittente, a volte primo a volte ultimo della classe) ma aveva quella deformità che quasi nessuno vedeva, ma che lui sospettava vedessero. Quando sospettava gli occhi tondi e bianchi si rimpicciolivano e la pelle bianca di donna diventava rossa. La madre, senza sapere il perché, temeva sempre per lui, forse perché era figlio unico e senza padre, ma in realtà anche lei sapeva di avere un figlio leggermente deforme e con aspetti di donna: la pelle, le mani e i piedi così piccoli e le mammelle rotonde e un po' ballonzolanti nel piccolo corpo magro e ben fatto, non erano normali. Fin da bambino Ico era vestito con molta eleganza e ricercatezza dalla madre che gli metteva spesso una forcina nei capelli.

Alla fine del 1943 Ico si arruolò volontario nelle Brigate Nere, e diventò subito una specie di capo. Organizzava rastrellamenti insieme ai tedeschi e comandava le azioni peggiori in quella zona. Ico era noto. Andava, veniva, scompariva. Durante l'inverno portò un cappotto corto e molto aderente, una sciarpa di lana di angora giallo canarino e un cappello Borsalino, molto schiacciato e a larghe tese, un po' obliquo sull'orecchio destro. Non portò mai la divisa, era il solo a non portarla e i suoi capi glielo permettevano perché Ico era un poliziotto molto bravo nonostante l'età. Aveva molto denaro, non si sa come, e quando non scompariva per azioni in campagna o in montagna stava quasi sempre dal sarto a fumare e a provare vestiti. A un certo punto al suo polso sottile apparvero un Pathek-Philippe d'oro, un braccialetto d'oro e al dito un anello d'oro con uno zaffiro. Aveva d'oro anche il portasigarette. Nessuno sapeva di dove venissero, era sempre solo e mangiava solo al ristorante come un uomo, un impiegato.

Quel giorno di luglio del 1944, sotto il sole e la paglia disseminata in grande quantità lungo tutta la sconfinata pianura, Ico aveva occhi molto lucidi, rotondi e allucinati. Altre volte aveva quegli occhi, dicevano che si drogasse ma non era vero. Quel giorno Ico cercava un paracadutista inglese, sceso durante la notte e nascosto in chissà quale di quelle casupole con i letamai. La campagna deserta nell'aria tremolante, le cicale lontane e insistenti e il luccicare degli occhi di Ico dicevano che doveva essere lì vicino. Ico camminava sorridendo. Sempre camminando nella polvere bianca anche le scarpe di camoscio marron erano diventate bianche (ma egli, nel suo rapimento, pareva non essersene accorto), arrivarono a una casupola senza alberi, con un porcile, un pozzo e due galline sul pozzo. C'era un cespuglio e nel cespuglio il canto fortissimo di un grillo. Ico aprì la porta della casupola ed entrò per primo con la pistola spianata. Dentro la casa c'era un vecchio con una gamba di legno, seduto, che fumava la pipa e una donna sui trent'anni, in piedi, alta, bella di forme, con capelli lunghi rossi e ricci, in lutto stretto e calze nere, che fumava. Era la figlia del vecchio ma non pareva una contadina e parlava molto male in italiano. Ico controllò i documenti e vide che era nata in Svizzera. Non era bella di faccia, aveva un volto lungo e rettangolare, di uomo, ma sotto il vestito si vedeva che era nuda. I militi perquisirono la casa ma non trovarono niente. Ico parlò con la donna e a un certo punto vide, in mezzo a tutto quel lutto e a quelle calze nere, un piccolo distintivo con un fascio. Ico le chiese come mai era lì.

«Per la guerra» disse la donna con un forte accento tedesco.

«Le piace star qui?».

«No. Vorrei andarmene. Vorrei fare l'interprete in un comando tedesco».

«Perché non le piace star qui?» chiese Ico.

«Fa tanto caldo, e tante mosche» disse la donna.

Ico non seppe nulla del paracadutista inglese, promise alla donna che si sarebbe interessato presso un comando tedesco che stava in una villa vicina. Uscì dalla casupola e riprese a camminare in testa agli altri in mezzo alla bianca strada polverosa. Il suo sguardo era sempre più rapito e il cuore gli batteva forte nel petto.

In quel momento Ico vide una grande nube di polvere, lontano, a una curva della strada. Le cicale non cantavano in quel momento e tra la polvere vide e non vide l'automobile che veniva avanti veloce ma slittando. In un gran polverone si fermò accanto a loro. Dall'automobile scesero due tedeschi e due della Brigata Nera, tra cui un ufficiale. Tutti erano armati e puntavano le armi contro Ico che sorrise per salutare.

L'ufficiale disse: «Dammi la pistola, è meglio» e con un gesto veloce e leggero tolse la pistola dalla mano di Ico. «Sei stato fesso, Ico» aggiunse.

«Perché?» disse Ico sorridendo; aveva il cuore in gola. I due della Brigata Nera lo ammanettarono e lo spinsero dentro l'automobile. Ico fu portato a Costozza, dove c'era un comando della Brigata Nera, processato per rapina e condannato a morte. Non credeva né al processo (era durato poche ore) né alla condanna.

«Scherzano» pensava «hanno fatto tutta questa messa in scena per darmi una lezione e spaventarmi, figuriamoci se mi fucilano. Proprio me fucilano. E gli altri allora?». Con questo pensiero ben fisso nella mente mangiava, dormiva, fumava e si cambiò d'abito anche due volte al giorno. Una donna che lavava le sue camicie di seta le portava al comando dicendo: «Per il signor Ico».

La madre andò a trovarlo e lui la rassicurò con il suo pensiero. La madre se ne andò dal comando completamente rassicurata e per strada (era in bicicletta) si fermò in una casa di contadini per bere dell'acqua che venne tirata su dal pozzo perché fosse più fresca: bevette direttamente dal secchio, fece quattro chiacchiere e convinse i contadini a venderle una gallina.

Il giorno dopo, alle undici, portarono Ico fuori dal comando, sulla piazza. Ico si vestì con un paio di pantaloni di lino bianco, camicia bianca e foulard marron con delle piccole teste di volpe, marca «Linx». Nella tasca dietro infilò il portasigarette d'oro. Sorrideva e scherzava. Pensava: «Vogliono farmi paura, darmi una lezione perché non lo faccia ancora». Se fosse stata una cosa seria avrebbe visto almeno una volta il suo superiore, il maggiore Volga, e poi non ci sarebbero stati proprio i ragazzi della squadra che lui comandava. Così pensava.

«Mi raccomando ragazzi, mirare al cuore, tirare dritto. March!» disse ridendo. Distribuiva qua e là manate sulle spalle con le due mani legate, ai ragazzi in divisa con il mitra. Uno era in borghese come lui ma non era elegante, anzi, sembrava un povero. «Hai capito Luciano?» disse Ico rivolgendosi a lui. «Chiaro?» e fece l'occhiolino. Luciano sorrise e abbassò gli occhi, poi rise. Davanti alla chiesa non c'era nessuno, nemmeno il prete. Ico non lo aveva voluto vedere. «Finché si scherza si scherza, ma non con la religione» aveva detto.

Lo misero con la faccia rivolta verso il muro della chiesa già rovente, con lucertole vaganti; Ico sentì borbottare dietro di sé, poi la parola «puntate» mezzo sussurrata e pensò ridacchiando: «Se credono di farmi paura...», si girò a guardare, in quel momento udì un ordine, vide i mitra e il fuoco e vide che lo fucilavano.

Fu sepolto nel cimitero di quel paese, per venticinque anni era possibile vedere una piccola lapide con una fotoceramica incorniciata di ottone sempre lucido, dopo venticinque anni il comune trasferì i resti in una fossa comune e ora di lui non c'è più nulla.

h

HOTEL

Un giorno d'inverno del 1943 un ragazzo di tredici anni arrivò in un paese di montagna di nome
Asiago. In Italia c'era la guerra, un piccolo treno fu-
moso impiegò molte ore per arrampicarsi nell'oscurità tra i monti e arrivare alla vetta, la stazione era
buia e un solo lampione dipinto di scuro oscillava
tra la nebbia. Il ragazzo era vestito con pantaloni alla zuava e un paltò nuovo di lana vegetale, pesante e
fredda, che pungeva come una matassa di aghi. Aveva in mano una valigia cubica di fibra che la poca luce del lampione illuminava: l'ombra della valigia
oscillava sulla neve molle e nerastra davanti alla stazione. Un uomo molto alto (un metro e novanta-
due) con una lunga pelliccia nera, ghette, e un largo papillon blu a pallini bianchi aspettava il ragazzo. Il ragazzo vide per prima cosa il papillon contro
il bianco della camicia. L'uomo era un gerarca fascista, padre di un suo amico.
  Gli sorrise dall'alto, poggiò un bastone di malacca sul braccio piegato e fece un rapido saluto romano, una specie di elegante *ciao* politico, poi gli diede

un colpetto dietro la testa. Il ragazzo non vedeva il paese, non vedeva la strada, non vedeva nulla: c'era l'oscuramento, pareva che in montagna fosse ancora più rigido e profondo che in città. Si mantenne perciò, camminando, a contatto con la lunga pelliccia del suo accompagnatore che falcava tra la neve sciolta con sicurezza nonostante le lucidissime e sottili scarpe di vernice. Di tanto in tanto tirava fuori di tasca una piccola lampada, con il vetro dipinto di bianco, rosso e verde e dirigeva quel fascio di luce, minuscolo e a tre colori, immediatamente davanti ai loro piedi, tra la neve sporca.

Improvvisamente l'uomo si fermò e le sue scarpe scricchiolarono. Erano accanto a un muro e il ragazzo vide l'uomo sollevare dal muro una pesante coperta di lana, irrigidita dal gelo, dietro cui vide una porta a vetri sabbiati con una scritta: HOTEL. Entrarono, c'era una donna biondastra che li accolse con inchini e sorrisi e la valigia fu deposta subito accanto a un banco. Una stufetta panciuta con piccole zampe mandava un filo di fumo. L'uomo spiegò al ragazzo che per quella settimana in cui era ospite in montagna avrebbe dormito in albergo, in casa non c'era posto, erano arrivati un «camerata» con la moglie.

«Questa sera mangerai e dormirai qui, è troppo tardi per venire a casa e poi tornare. C'è il coprifuoco. Franco ti aspetta, è molto ansioso di rivederti. Verrà a prenderti domattina», gli diede un colpetto dietro la nuca, e uscì. Le sue scarpe di vernice scricchiolarono ancora.

La donna portò la valigia del ragazzo in una camera dal pavimento di legno bianchissimo, due letti bianchi e un servizio di porcellana per lavarsi: catino, brocca, e un secchio per l'acqua sporca. Anche lì c'era una piccola stufa accesa, che emanava un profumo di legna di montagna. La donna gli disse

182

che tra poco avrebbe potuto scendere a pranzo. Fece un inchino e chiuse la porta dietro di sé.

Il ragazzo si guardò intorno: era la prima volta che dormiva in un hotel. Si chiese subito qual era il nome di quell'hotel, ma ricordò che sui vetri non c'era nessun nome. L'avrebbe chiesto più tardi, intanto aprì la valigia (era chiusa a chiave e con uno spago) e provò a disporre la roba nei cassetti. Sul marmo del comò appoggiò i libri, i quaderni, le penne, i pennini e un calamaio portatile di bachelite.

«Sono in un hotel» pensò con grandissima soddisfazione.

«Sono solo e in un hotel» e camminò in su e in giù per la stanza, sulle punte dei piedi per non far udire il rumore dei propri passi al piano inferiore. Aprì la porta e guardò il numero della stanza, blu su un medaglione di metallo smaltato di bianco. Era il numero 3. Esaminò attentamente la stanza (in un cassetto trovò un vecchissimo libro da messa, con una copertina di madreperla, dentro c'era una stella alpina), e solo dopo un poco si accorse di una cosa misteriosa. I due letti non avevano il lenzuolo superiore, c'era soltanto un grande piumino bianco piegato a metà e posto di traverso il letto. Come avrebbe fatto a dormire? Per non disfare il letto provò a pensarci. «Mi avvolgerò dentro il piumino, però è corto e i piedi usciranno». Questa novità assoluta dell'hotel lo preoccupò: lo preoccupò soprattutto il fatto che avrebbe dovuto chiedere spiegazioni, mostrando così di non essere mai stato in un hotel. Non avrebbe chiesto nessuna spiegazione e si sarebbe in qualche modo arrangiato. Così pensando scese le scale di legno bianco e profumato di sapone. Nell'entrata vide una grande porta vetrata che non aveva visto prima. Dava in una piccola sala da pranzo con alcuni tavoli, due dei quali preparati. Gli altri erano coperti da una tovaglia di panno ver-

183

de. A uno dei due tavoli apparecchiati sedeva un uomo. La signora biondastra apparve da una porta che doveva portare in una cucina, e lo fece accomodare con molti inchini. Parlava male l'italiano, o forse parlava un dialetto che lui non conosceva. Gli chiese se voleva vino e il ragazzo, per la prima volta nella sua vita disse: «Un quarto di vino rosso». C'era del pane tedesco, nero e duro, sul tavolo, che piaceva molto al ragazzo. Ma ce n'erano due fette molto sottili e questo gli dispiacque perché voleva portarsene a letto un po', per rosicchiare durante la notte. La signora apparve con un vassoio su cui stavano due scodelle che posò prima davanti a lui e poi davanti all'uomo: era polenta e latte. In un piattino a parte c'era della marmellata: pochissima.

Mangiando (il latte era fresco, di mucca, il ragazzo non l'aveva più visto da molti mesi e gli ricordò l'infanzia) guardò l'uomo, che pareva non mangiare. Anche l'uomo lo guardò e sorrise. Aveva occhi molto lunghi, all'insù, di un colore chiaro e profondo. Anche le sopracciglia nerissime erano lunghe, sottili e andavano in su come dipinte verso le orecchie a punta. I capelli erano rossicci, ondulati, e il ragazzo, chissà perché, provò un po' di paura. Era quello che si dice un bell'uomo elegante, doveva essere alto, era vestito da città ma sembrava un attore del cinema, il ragazzo pensò al film: *L'amaro tè del generale Yen* che aveva visto tre volte.

Dopo il latte e la polenta la signora portò il formaggio fresco e una specie di pappa di cavoli. Poi mele cotte. Il ragazzo non bevette il vino perché ricordava di essere stato male per aver bevuto del vino insieme al latte. Nella saletta illuminata pochissimo da una lampadina giallastra c'era un grande silenzio, si udiva battere il grande orologio rotondo appeso al muro, da cui, a un certo punto, uscì fuori un cuculo che gridò otto volte cucù. Il ragazzo, che non aveva mai visto un orologio a cucù, si spaventò e saltò dalla sedia, in piedi, mentre il cuculo continuava con i suoi cucù nella stanza bianca e vuota. Il ragazzo aveva il cuore che batteva fortissimo nel petto, si sedette un'altra volta, pallido, e l'uomo gli sorrise: «Un orologio a cucù» disse, sempre sorridendo, e il ragazzo capì che anche quello era straniero.

L'uomo parve leggere il suo pensiero, si alzò lievemente dal tavolo, fece un inchino e «Mi chiamo signor Krona» disse, si alzò dal tavolo e si avvicinò con una tavoletta di cioccolato svizzero che offrì al ragazzo. Il ragazzo guardò il cioccolato (Lindt), era al latte, e gli venne l'acquolina in bocca. Ne prese un cubetto. «Puoi tenere tutta» disse l'uomo sempre sorridendo: era un bellissimo sorriso da attore. Il ragazzo ringraziò e disse: «È straniero?». L'uomo ebbe un momento (pochi secondi) di pausa, durante il quale il sorriso sparì e subito ricomparve come capita con certe piccole nubi sulla luna. «Sono baltico» disse. Il ragazzo non capì assolutamente quale fosse quel paese, né dove; la parola «baltico», e la vocale a, accentuata come se fosse una o (bòltico) da una voce profonda lo portarono fuori strada. Credette di capire e pensò: è barone.

In quel momento apparve la padrona dell'hotel, che scambiò alcune frasi in tedesco con l'uomo e poi, in atteggiamento di inchino, con una mano chiusa dentro l'altra disse al ragazzo:

«Il signor Krona è in viaggio. È arrivato con il suo treno e non abbiamo stanze per la notte. Se a lei non dispiace dormirà nel letto accanto al suo. Almeno per questa notte. Per piacere».

Il ragazzo fu subito molto contrariato e impaurito. La stanza era sua. Balbettò qualcosa, il nome del gerarca, guardò il signor Krona che gli sorrideva fumando a grandi boccate una sigaretta infilata in un bocchino. Finì col dire: «Va bene». La signora si inchinò e disse: «Grazie, grazie». Durante la notte il ragazzo dormì poco, si svegliava in continuazione, in quei risvegli vedeva la brace della sigaretta del signor Krona che ardeva e sfrigolava nel buio. Quando capiva che il ragazzo era sveglio il signor Krona parlava nell'oscurità con la sua voce profonda e bella. Il ragazzo sognò, due o tre volte si svegliò perché il signor Krona (che gli aveva insegnato come usare il piumino bianco), lo copriva e lo rimboccava: un'altra volta si svegliò e vide, nei riflessi della stufa, gli occhi lunghi, chiari e luminosi dell'uomo, come quelli di un gatto nel buio. Altre volte, nel sonno, udì il signor Krona riempire la stufa, ma quasi in silenzio: soprattutto udiva lo sfrigolio incessante della sigaretta, sentiva l'odore profumato del fumo, uno strano fumo che sapeva di erbe, udiva il colpetto del bocchino sul posacenere quando la sigaretta era finita, il fruscio del fiammifero per accenderne un'altra.

Forse aveva parlato: si trovò con la luce accesa proprio nel momento in cui aveva sete e il signor Krona, in pigiama di seta, con un bicchiere d'acqua in mano, sorridente accanto a lui, con il bocchino tra i denti bianchissimi. «Ho la febbre» disse il ragazzo. Il signor Krona appoggiò una bella e lunga mano fresca e profumata di sapone sulla sua fronte, poi cavò un termometro da una piccola sacca del ragazzo (c'erano anche dei soldi, molto pochi) e gli fece provare la febbre. Guardò il termometro, lo rassicurò, aprì un poco la finestra, lo coprì bene e rimase seduto accanto a lui, sul letto. Forse il ragazzo gli aveva chiesto cosa vuol dire baltico. Udì il signor Krona che diceva: ... il grande mare baltico... dentro una nube di fumo, e ripiombò nel sonno.

Il giorno dopo c'era un po' di sole. Il ragazzo non vide il signor Krona, si era già alzato, vestito e portata via la sua valigia di cinghiale. Aveva anche rifatto il letto, era come non fosse mai entrato nella stanza. Il ragazzo incontrò il suo compagno di scuola, tutto preso in una crisi religiosa (*dies irae, dies illa, solvet seclum cum favilla...* ripeteva e il ragazzo si annoiò) e vide anche il padre, a cui raccontò del signor Krona. L'uomo altissimo si infuriò, disse anche una bestemmia, e andò a fare una scenata alla padrona dell'albergo. I due amici andarono a passeggiare sulla neve, sotto un cielo grigiastro, e udirono dei colpi d'arma da fuoco. Tornarono che era già buio. Il ragazzo non si figurava così la montagna d'inverno, aveva già voglia di partire. Cenarono presto, il padre lo accompagnò all'albergo per sincerarsi che la stanza fosse solo per lui e la padrona lo guardò molto male. Il gerarca uscì nella notte ed egli sedette in sala da pranzo guardando l'orologio e aspettando il signor Krona. Egli non era al corrente di nulla, si stupì di non vederlo e delle brutte occhiate della padrona. Tornò in entrata e le chiese notizie.

La donna lo guardò a lungo con odio: «Signor Krona andato via» disse.

Il ragazzo non capiva: «Dove?» domandò debolmente.

«Andato via, non sapere dove, lontano, lontano...» disse in fretta, facendo un gesto con la mano come per allontanare il fumo, e disse, quasi sputando: «Spia!».

Il ragazzo si sentì debolissimo e coperto di vergogna. Ora aveva capito. In quel momento si udirono tre colpi d'arma da fuoco, a brevissima distanza uno dall'altro, uno dopo l'altro, limpidi nella notte, lì, fuori dell'hotel. Subito dopo uno scalpiccio leggero, di gatto, nella neve. Nessuno dei due si mosse. La donna, sempre guardando il ragazzo, accese una sigaretta con le dita che tremavano, con dei fiammiferi da cucina. A bassissima voce ripeté: «Spia». Rimasero così alcuni minuti, fino a quando un uomo anziano in divisa aprì di colpo la porta a vetri (il ragazzo vide la scritta HOTEL) e disse con voce asmatica: «Hanno sparato al questore, apra, tenga aperta la porta...» e uscì. Il ragazzo lo seguì. Vide, nel buio della piazza, delle luci vaganti, torce elettriche e ombre che si muovevano. La luna andava e veniva correndo tra le nubi. Sotto i piccoli fari delle lampade tascabili, disteso nella neve con le braccia e le mani spalancate, il ragazzo vide l'uomo alto, il padre del suo amico. Lo riconobbe subito dal papillon.

i

INGENUITÀ

Il primo agosto una donna di quarant'anni dal volto molto ovale e bello di suora buddista ricevette un espresso. Viveva sola da parecchio tempo insieme a vecchie lettere e fotografie e non riceveva quasi mai posta: era del marito, che non vedeva mai, ma che si preoccupava di lei ogni tanto.

Nella lettera c'era un assegno e alcune raccomandazioni: di usare quel denaro come meglio credeva e secondo necessità (la donna lavorava con molto scrupolo e attenzione in un ufficio ma guadagnava pochissimo e si vergognava a chiedere aumenti) se possibile di usarli per fare una vacanza, al mare o in montagna, dove aveva voglia. Suggeriva però, data l'estate piena, di non prendere troppi treni e aerei, perché la conosceva bene e sapeva che si sarebbe un poco spaurita e immalinconita a prendere treni e aerei come fanno invece allegramente tutti coloro che hanno voglia di villeggiature e di viaggi. Suggeriva di non stancarsi troppo e che, tutto sommato, l'idea migliore era forse quella di frequentare ogni giorno la piscina dell'Hotel Hilton che era a pochi passi da casa sua. La incitava inoltre a comprarsi dei vestiti «carini», a pettinarsi bene, a scegliere costumi a due pezzi fatti ad uncinetto. Le raccomandava infine di non badare a spese, di far colazione al buffet della piscina, di mangiare, di nuotare, di prendere il sole e di giocare a tennis verso sera, quando non era più tanto caldo e il piacere e lo sforzo del tennis che lei tanto amava da ragazza avrebbero fatto dimenticare l'ora calma e triste del crepuscolo che porta sempre, d'estate, in città e per chi è solo, non buoni pensieri.

Questo non era naturalmente scritto nella lettera ma, leggendo, la donna fu quasi sul punto di afferrarlo. Ma non accadde e un poco di buon umore alleviò la sua solitudine: fu contenta che il marito si ricordasse di lei e nell'aria infuocata di quel giorno, nel silenzio della città quasi deserta sorrise, mostrando per un momento i suoi bei denti sani, convessi e della grandezza giusta.

Le sue ferie erano cominciate proprio quel giorno, rifletté su quanto c'era scritto nella lettera del marito, sulle raccomandazioni di spendere quei soldi «secondo necessità». Le sue necessità erano molte perché, nonostante il lavoro, era povera. Non il volto, né l'atteggiamento, né il modo di muoversi e di parlare (era timida, di «ottima educazione» e di grande cuore ma inespresso) poteva far capire che era povera, ma lo stesso lo era.

«Vedi, non è cattivo» disse fra sé e ancora una volta sorrise all'idea che l'uomo lontano, che aveva tanto amato e rivedeva simile nel corpo più a un bambino che a un uomo, la ricordava e anche lui la pensava e si occupava di lei. Con questo pensiero gradevole e in quel suo modo di camminare, con la testa bassa e distratto da nebbie e piccole nubi mentali che offuscavano ogni cosa, andò in camera da letto e guardò nell'armadio i vestiti che le rimanevano. Pensò che avrebbe dovuto acquistare un paio di scarpe per l'autunno e l'inverno, i costumi da bagno da lui raccomandati (non capiva quali: a uncinetto, ma come?), altre scarpe con la suola di corda (ma erano proprio necessarie? Non aveva ancora i sandali indiani per l'estate?). Così riflettendo cominciò a fare un poco di confusione ma ad organizzare mentalmente la sua villeggiatura per tutto il mese di agosto alla piscina dell'Hotel.

Il giorno dopo, due agosto, andò a comprare il costume da bagno ma non trovò quello a uncinetto. Poi andò a comprare una scatola di palle da tennis e vestita da tennis andò alla piscina dell'Hilton. Era come la ricordava, elegante e un po' esotica, molto cara: mangiò subito un gelato, poi si distese al sole su un materassino soffice e candido a piccole righe gialle, profumato di lavanda. Si addormentò. Fu svegliata dal calore del sole sulla pelle e siccome aveva molto sudato prima andò a fare una doccia, poi si gettò in piscina. Nuotava bene, con molta attenzione ed energia come faceva tutte le altre cose della sua vita. L'aria era scottante, si asciugò al sole guardando piccole palme e altre sconosciute piante tropicali, di là dai bordi della piscina, tra minuscoli prati verdi a collina che confinavano con il cielo color arancio e su cui giravano degli spruzzatori. Si sentiva bene e, in modo vago ma familiare, sentiva intorno a sé come una protezione pulita e profumata di sapone che pareva scendere dalle vetrate del grattacielo sovrastante, dai baffuti bagnini vestiti di bianco, dal ragazzo in livrea che girava intorno alla piscina sollevando un cartello con un nome (Mr. Loeb), dall'odore dell'olio da sole che una donna con capelli quasi bianchi, ciglia e sopracciglia bianche andava spalmando sulla pelle: parlava in inglese con un giovanotto dal pelo ricciutissimo, forse uno spagnolo, che stava disteso sul bordo della piscina e lei seguì la conversazione. Parlavano di linee aeree.

Tuffandosi e stando al sole rimase così circa tre ore poi andò al buffet: si sedette a un piccolo tavolo ma fu subito sopraffatta dalla timidezza appena il cameriere si avvicinò. Non riuscì a parlare per alcuni secondi, timidamente ma in modo che poteva sembrare quasi seccato o selvatico chiese la lista e così facendo, appena ebbe la lista, si trovò sprofondata in un mare di confusione: il cameriere aspettava.

Solo dopo un po' il cameriere disse quello che poteva far arrivare dalla cucina e quello che lei stessa avrebbe potuto scegliere direttamente al buffet. La donna pensò che il cameriere fosse seccato della sua timidezza e selvatichezza ma il cameriere era soltanto impaziente. Finalmente decise di andare lei stessa al buffet e si scusò molto. Il cameriere pensò che fosse povera o avara e non timida e irresoluta ma improvvisamente parve intuirlo e con un sorriso simpatico che ridiede fiducia alla donna le indicò il buffet: «Forse preferisce scegliere da lei al buffet?» chiese.

«Come, scusi?» disse la donna nel pieno della confusione.

Fu in quel momento che il cameriere la capì e sorrise ancora. Ripeté l'invito e quando lei si alzò l'aiutò a togliere la sedia di sotto. Di nuovo sola e rinfrancata la donna girò a lungo intorno al buffet, senza sapersi decidere e senza distinguere bene i cibi a causa della fretta che dà sempre la timidezza e l'ingenuità troppo a lungo protratta. Scelse prosciutto e melone e stava per affondare la paletta nelle melanzane quando il cameriere le fece un cenno silenzioso verso il roast-beef in gelatina. La donna prese due fette di roast-beef, insalata russa, e andò al tavolo. Al cameriere chiese una birra. Mangiò con attenzione ed energia il piatto freddo, poi si alzò ed entrò nella hall in direzione del ricevimento. Poiché era ancora una bella e strana donna, con movimenti molto originali e segreti del corpo, due uomini, e una donna, una americana colorata e immobile, la guardarono. Al ricevimento chiese se c'era qualcuno, preferibilmente una signora tra i clienti, disposta a giocare a tennis con lei nel tardo pomeriggio.

L'impiegato chiese il suo nome, lo annotò e disse che l'avrebbe fatta avvertire entro le cinque, c'era forse una francese.

La donna tornò al suo materassino sentendosi bene, e un poco anestetizzata dalla birra si addormentò. Sognò una spiaggia dell'Adriatico, con molti ombrelloni e patini vuoti sulla battima, un cielo non più di agosto ma quasi di ottobre e un piccolo aereo che volteggiava su quella solitudine sventolando dietro di sé la scritta: THANK YOU. Ancora una volta la svegliò il calore del sole. Ma non era più calore, era bruciore su tutto il corpo. Si accorse di essere un po' gonfia e quando si alzò per buttarsi in acqua sentì come scricchiolare la pelle. Tutto questo lo sentì, ma come spesso, quasi sempre accadeva, lo dimenticò nell'istante in cui lo sentì. Si tuffò e si sentì subito meglio, però il gonfiore rimaneva e la donna ogni tanto e con distrazione lo guardava. Verso le cinque il ragazzo in livrea le portò un biglietto del ricevimento. Madame Rose la aspettava nella hall alle 7 per una partita a tennis.

Il bruciore aumentava ma sempre avvertendolo in modo distratto la donna si tuffò ancora e le parve di stare molto meglio. Quando usciva, ricominciava a bruciare. Avvicinandosi agli spruzzatori sul prato sentì che da quell'acqua veniva come un'aria umida e fredda e si lasciò bagnare dagli spruzzi.

Alle 7 si presentò nella hall, vestita da tennis, con racchetta e palle nuove e conobbe la signora Rose. Era una francese della sua stessa età, dai capelli tinti di rosso e accuratamente truccata, che abitava tra Nuova York e Nizza. Il marito, assente, si occupava di importazione di datteri e di conserve alimentari. Anche la donna avrebbe voluto parlare del marito ma non lo fece, le sembrava di dire una bugia. Giocarono a tennis, la donna fu molto contenta di fare una conoscenza e si diedero appuntamento per il giorno dopo. Poi la donna uscì dall'albergo e andò a casa a piedi, stanca e bruciante. Mangiò un po' di formaggio con del pane, una pesca, fece due o tre docce e si mise a letto. Durante la notte si svegliò a causa del bruciore. Addormentata, vide appena la luna piena sbirciandola dai muri caldi della casa, inzuppò un asciugamano e se lo appoggiò sul corpo. Per il resto della notte ebbe incubi dove c'entrava sempre la luna, però a Cortina, che illuminava prati lucenti di neve, ondulati e ghiacciati.

Al risveglio (era tardi, già le 9 e mezzo e lei pensava di essere in piscina fin dalle 8) vide che il gonfiore era esteso in tutto il corpo e anche in faccia, con vesciche e bolle già aperte. Borbottò contro la sua distrazione, si vestì con grande fatica e dolore, andò in farmacia dove il medico, impressionato, le diede un tubetto di Foille che è per le scottature serie.

La donna tornò a casa con fiammate di mal di testa, si mise sul letto e da lì telefonò alla signora Rose scusandosi per il pomeriggio. La signora Rose si mostrò molto stupita che non avesse usato crema per il sole, e spiacente, e disse che sarebbe rimasta in Italia ancora quindici giorni, l'avrebbe rivista al tennis con molto piacere. Anche questa cordialità alleviò la sempre diffusa solitudine della donna e perfino il bruciore. Le piaceva tanto quella piscina; il buffet, il materassino, gli annaffiatoi automatici e iridati, l'odore dell'albergo e dell'olio da sole che non aveva usato (ma non associò il profumo dell'olio da sole alla sua utilità).

Passarono così alcuni giorni durante i quali la donna si trascinò a un caffè vicino con i suoi libri e grammatiche inglesi (pensava di non sapere l'inglese in modo perfetto e studiava, studiava sempre qualcosa che pensava di non sapere in modo perfetto) ma era stanca e aveva mal di testa. In realtà aveva la febbre e non lo sapeva, né aveva mai pensato di provarla. Qualche volta andò nel centro della città ma non si sentiva bene, i negozi erano quasi tutti chiusi per ferie, non vide i costumi da bagno fatti ad uncinetto, né le scarpe di corda, né altro. Vide un vestito di *piqué* bianco a piccole righe celesti e un collo di maglietta di cotone blu. Accanto al vestito erano esposti due braccialetti di finto avorio bianchi e celesti. Pensò e ripensò, passò e ripassò davanti al negozio che era una boutique dall'aria lussuosa, pensò e ripensò a quale avrebbe potuto essere il prezzo e alla fine, stanchissima, se ne andò a passi rapidi ma zoppicando e col capo basso come faceva sempre, una volta accettata l'incertezza definitiva.

Tornò all'Hilton quasi guarita, non in piscina ma per il tennis e fece alcune partite con la signora Rose. Diventarono amiche e una sera la signora Rose la invitò a cena al roof-garden. La cena fu piacevole, stando lassù la donna poteva vedere l'amata piscina blu dove sarebbe tornata tra qualche giorno, con il sole sfolgorante di mezzo agosto. Tornò, completamente spellata, rimangiò il gelato, si sdraiò sul materassino, fece molti tuffi, pranzò con più disinvoltura al buffet e salutò la signora Rose che, partendo, la invitò a Nizza. Si addormentò al sole e si bruciò un'altra volta. Sotto il sole e senza quasi poter camminare andava al mattino al mercato. Poi stava tutto il giorno avvolta in asciugamani inzuppati d'acqua, dopo essersi spalmata di Fargan (il Foille era finito, la farmacia chiusa per ferie). Stava in mezzo a grammatiche inglesi, ricevette tre telefonate di cui una fu uno sbaglio, sempre aveva sete, allora beveva bicchieri d'acqua. La sera guardava un po' la luna e non ricordava quel sogno ma si domandava perché mai rivedeva (forse per averlo visto da bambina) quell'aereo con la scritta: THANK YOU.

Il giorno 25 agosto venne un grande temporale che innaffiò abbondantemente i suoi vasi di fiori e rinfrescò anche la sua pelle bruciante. Il 27 di agosto la donna si sentì molto meglio e una mattina si svegliò di buon umore e una gran voglia di un gelato in piscina dove ora avrebbe potuto ritornare con tutte le prudenze del caso. Indossò un pigiama indiano di cotone leggero, i sandali, in una borsa mise le palle da tennis già diventate rosa, il completino da tennis con le scarpe e il tubetto di Fargan. Era molto contenta di andare in piscina. Si spogliò, si distese sul materassino all'ombra e vide che gli spruzzatori non c'erano più sul prato. Sentì che l'aria era cambiata, non aveva più tanta voglia di tuffarsi e fu certa che non avrebbe trovato nessuno con cui giocare a tennis. Infatti chiese e non trovò partner per il pomeriggio, né per il giorno dopo. Del resto le sue ferie erano finite e da lunedì sarebbe tornata in ufficio.

ITALIA

Un giorno di settembre sotto un'aria che sapeva di mucche e di vino due italiani di nome Maria e Giovanni si sposarono in una chiesa romanica già piena di aria fredda con pezzi di affreschi alti sui muri di mattoni: raffiguravano il poeta Dante Alighieri, piccolissimo, inginocchiato davanti a un papa enorme e molto scrostato, seduto sul trono. C'era anche un cagnolino nero. La chiesa appariva in quegli anni lontani solitaria nel mezzo di una pianura di granoturco e aveva accanto uno stagno con anatre e oche grandi e piccole.

Entrambi erano giovani, Maria aveva 18 anni, Giovanni 25, si conoscevano fin da ragazzi, anche le famiglie si conoscevano e avevano una discreta fiducia fra loro. Il padre di Giovanni disse al figlio, subito dopo le nozze: «Non fidarti di nessuno. Tutti dicono che l'onore non conta niente e invece conta più della vita. Senza onore nessuno ti rispetta». Strano discorso il giorno delle nozze ma Giovanni capì benissimo anche senza capirlo il discorso del padre, che tutti credevano un bonaccione.

Giovanni e Maria erano visibilmente italiani, bruni, con bei denti bianchi, Maria aveva seni molto belli e capelli castano scuri che da ragazza teneva pettinati in due lunghe e grosse trecce. Poi li tagliò corti. Giovanni era di statura piccolo e tutto muscoli e nervi; Maria, pure non essendo affatto grassa era un poco rotonda, nel volto, nei seni, nel sedere: ma aveva la vita stretta e il punto esatto della vita formava come una piega di carne da cui partivano le anche, il ventre convesso ed elastico e il sedere alto sulla curva della schiena. La sua carne era solida e i peli, le sopracciglia, le ciglia erano nerissimi, ricciuti, duri e lucenti. Aveva però mani piccole e magre.

Non ricordavano più quando avevano cominciato a «fare peccato» ma certo erano giovanissimi, Maria avrà avuto 13 anni. Si baciavano molto nelle sere di primavera, accanto a piccole sorgenti in una cava di tufo, nascoste tra ciuffi di capelvenere che sgocciolavano e sapevano odore di umidità e di terra. Certe volte, di giorno, durante l'estate, andavano a fare il bagno in un torrente molto vasto con ciottoli arroventati e pozze gelide, tra sole e cespugli coperti di polvere bianca. Deve essere stato tra quei cespugli e forse vicino alla sorgente, ma tutto è molto confuso dato il tempo passato. Maria pianse un paio di volte, non si sa bene il perché dal momento che lo stringeva molto, abbracciata con le braccia e anche con le gambe tra le stelle e lo sgocciolio del capelvenere.

Cominciarono ad amare molto i loro odori e sapori. Spesso, d'estate, Maria aveva la pelle che sapeva di sale e Giovanni, dopo il bagno nel torrente aveva i capelli profumati di cioccolato. Molti erano gli odori e i sapori che piacevano uno all'altro come l'odore delle barene nella laguna di Venezia, il sapore del cocomero, più di tutto il sapore del pane e quello delle patate fritte. Erano troppo giovani: non avevano ancora imparato ad amare l'odore delle erbe, la mentuccia, il rosmarino, la salvia, l'aglio, avrebbero cominciato ad amarli più tardi. Anche l'olio di oliva lo amarono più tardi, in età matura. In quell'età cominciarono a mangiare più spesso pesce e a provare piacere nelle acque profonde dei mari del sud dell'Italia.

Avevano molto il senso dell'onore di cui aveva parlato il padre di Giovanni il giorno del matrimonio: l'onore significava la fedeltà uno all'altro, il non dire mai nulla di sé che non fosse stato uno dei due e non ad altri. Per antica abitudine sapevano che l'onore non avrebbe permesso a nessuno di non rispettarli, ad entrambi per questo piaceva molto dormire insieme la notte nello stesso letto. Affondavano in un sonno profondo protetti dalla forza dell'onore fra i loro odori e sapori perché in quegli anni, e per educazione, non si lavavano enormemente come oggi, ma moderatamente, il «necessario». Oggi si direbbe di loro che erano «sporchi».

Passarono gli anni, erano sempre anni di gioventù e dunque era come se non passassero perché nulla cambiava in loro essendo profondamente radicati alla loro regione anche se avevano cominciato a viaggiare. Le altre regioni d'Italia erano un po' come stati esteri, ma piano piano capirono che i cittadini di quegli stati esteri erano anche essi italiani e che tutti, ognuno in un modo diverso, erano come avvolti in un loro onore regionale. Spesso avevano momenti di silenzio entrambi, non sapevano cosa dirsi e Giovanni come un ragazzino con un amico prendeva la mano di Maria e con l'altra mano le batteva colpetti sul dorso. Questa era la «confidenza» così vicina e simile all'onore: capirono come era vero che la sola persona di cui potevano fidarsi era l'uno e l'altra. Non che avessero un'idea precisa dell'istituto della famiglia o del matrimonio così come si intende, avevano semplicemente la pratica della vita insieme e la sempre più grande coscienza che degli altri, italiani come loro, ci si poteva fidare sì, abbastanza, ma non molto, meglio poco. Cosa significava «fidarsi»?

Non lo sapevano bene perché erano ancora giovani, e qualche volta erano tentati di «fidarsi» ma era una cosa vaga, l'opposto di un'altra cosa vaga che era il tradimento, per cui il rapporto con le altre persone, anche con i loro amici d'infanzia, era molto sincero ma nessuno dei due diceva tutto: bisognava tacere per vivere.

Ebbero un bambino che chiamarono Francesco. Erano «dotati» per vivere, avevano quel genio italiano, ma non di tutti gli italiani, di muoversi, di camminare e di sorridere che è come bagnato dal mare Mediterraneo. Il sole dell'Adriatico fa molto ma non è come il mare Mediterraneo nei corpi e nelle movenze delle persone veramente italiane. Questo dava loro un forte senso di familiarità, anche come fratello e sorella, e di sempre maggiore complicità. La complicità era dovuta a una grande naturalezza forse nata da matrimoni fra bisnonni ed avi ed è legata ai movimenti comuni che si fanno in gioventù nella stessa terra quando si mangia e si dorme vicini in casa e ad un'aria di famiglia che in quegli anni moltissimi italiani avevano.

Giovanni conservava nel corpo, come del resto Maria, i muscoli, i nervi, i sonni e la fame di un ragazzo, Francesco era come lui. Certe volte gli amici prendevano in giro Giovanni perché durante il lavoro si stringeva nel suo camice, seduto accanto ad uno al microscopio, gli appoggiava il capo su una spalla e dormiva. Aveva una testa piccola con molti capelli arruffati e così dormendo teneva le mani intrecciate in grembo. Era molto distratto, nuotava e sciava bene, ma di colpo si stancava, certe volte quando era distratto e mangiava alla mensa in distrazione, masticava come uno che non sente nessun sapore e teneva gli occhi fissi al pensiero, non dentro di sé, guardando e parlando col pensiero, ma come se il pensiero fosse una persona, seduto o lontano da lui, sola.

Non litigavano mai. Maria non ebbe mai un altro uomo e Giovanni non ebbe mai un'altra donna. Non ebbero mai questioni di gelosia in quanto si amavano in modo sempre diverso col passare del tempo e sempre pensando ognuno all'onore dell'altro. Giovanni ogni tanto si arrabbiava, allora diventava pallido, perdeva la voce e si picchiava la testa per non dare i pugni in testa a Maria. Si arrabbiava perché Maria era permalosa di carattere, si incupiva, piangeva disperatamente con il moccio come i bambini.

Ebbero una bambina che chiamarono Silvia come la nonna di Giovanni, era nata con un leggero difetto all'anca per cui diventando grande zoppicava un po', pochissimo. I genitori se ne crucciarono molto ma quando Silvia ebbe tredici anni e cominciò a mostrare tutta la sua bellezza tra russa e tartara, non ebbero più crucci. Quel lieve zoppicare quasi non si vedeva e dava a Silvia quello che moltissime altre donne non avevano.

Ormai non erano più giovani ma la loro pelle, la carne, la saliva e i capelli erano ancora abbastanza giovani. Giovanni era invecchiato nel volto, aveva dei capelli grigi, le borse sotto gli occhi e due pieghe dure ai lati del piccolo naso infantile. Maria non era ingrassata, ma aveva anche lei qualche capello grigio e i seni e la carne non erano più veramente quelli: non c'era più la durezza. Giovanni che li toccava sempre fin da ragazzo per scherzo e sul serio smise di farlo per discrezione. Maria capì questa discrezione ma il capirlo fu una cosa oscura e ogni tanto, guardandosi allo specchio e nel bagno, nuda, diceva tra sé a voce alta: «Sono vecchia». E si copriva anche a se stessa, perché la gioventù se n'era andata.

Ogni estate andavano al mare e qualche volta facevano dei viaggi in Italia. Nella loro mente Capua veniva immediatamente prima di Porta Capuana perché videro entrambi i luoghi uno dopo l'altro: ricordavano Cuma e le zolfare. Quei viaggi in Italia rimasero ben netti nella loro mente anche se ogni anno che passava i loro sensi avevano sempre minor forza: gli odori dell'aria, il sapore dei cibi e le profondità dei mari erano ogni anno meno sorprendenti anche se più dolci alla vista e ancora più dolci al pensiero e al ricordo. Essi non lo sapevano ma una leggerissima stanchezza nei sensi, cioè nella vita, si era infiltrata nei loro corpi e nei loro pensieri. Passarono altri anni, rapidamente quanto lentamente passava un giorno della loro gioventù lontana, Silvia era molto amata, una delle donne più amate d'Italia e Francesco diventò dirigente sindacale di un partito politico da giovanissimo: era un idealista.

Un giorno Giovanni a un collega francese che si preoccupava delle sorti dell'Italia disse: «*Tout se tient en Italie*».

«Sì, ma per quanto tempo?».

«Per sempre».

Così dicendo Giovanni (era sera in un ristorante di piazza Santa Maria in Trastevere a Roma, tra luci, lampi e scintillii di oro) vide come illuminarsi davanti a sé l'intero territorio italiano e gli parve che chiese, torri, cupole, ruderi e forre, campagne e oliveti ventosi cucinassero al sole, circondati dal mare. L'omertà era un concetto difficile da spiegare a uno straniero e Giovanni lasciò perdere.

Giovanni e Maria invecchiarono di colpo ma, come sempre, per quella misericordiosa stanchezza che avevano entrambi ereditato dalle illusioni infinite della Chiesa cattolica senza saperlo, nessuno dei due se ne accorse veramente. Nessuno dei due si accorse di avere già vissuto tutta la vita da qualche tempo ormai e non parve a loro di vedere i cieli di Roma al mattino, il pomeriggio al Lido di Venezia quando i bagnini cominciano ad avvolgere le tende per la notte, o le palme di agosto a piazza di Spagna, per le ultime volte. Maria andava a San Pietro. Non era mai stata in chiesa se non da ragazza ma ora le piaceva andare a San Pietro, senza pregare ma per guardare gli altari, l'arco della piazza, sentire l'odore dell'incenso e vedere il Papa dire Messa: il figlio la prendeva in giro e Maria rideva con gli occhi con gli stessi denti bianchi da negretta di quando era ragazza.

Maria si accorse un giorno di giugno che parlando perdeva le frasi che rimanevano nel pensiero e si esprimeva in modo confuso e spesso incomprensibile. Quando la udì dire quelle frasi senza senso Giovanni si fece molto serio e lo prese un dolore infinito perché capì che sarebbe morta. Infatti Maria morì e di lei non rimase nulla in casa.

Giovanni visse ancora undici anni: camminava molto e lavorò sempre, ma la cosa si era rotta e la vita continuò a passare anche dopo, anche dopo che morì Giovanni e nessuno vedeva più i due sposi da tanto tempo. Rimanevano però Silvia e Francesco che a loro volta avevano figli grandi. La figlia di Francesco si chiamava Maria, come la nonna, e come lei aveva piccole labbra color corallo e denti molto bianchi.

l

LAVORO

Alle due di un pomeriggio di agosto del 1970 un uomo con un cappotto polveroso e un cappello camminava spingendo una bicicletta su una strada asfaltata in mezzo alla campagna piatta e verde di vigneti. Appesi al manubrio della bicicletta c'erano dei barattoli e, in bilico tra il manubrio e la sella qualcosa di bianco, leggero ma ingombrante, che a distanza sembrava uno scheletro. Fu questa impressione ad attrarre gli sguardi di un uomo in automobile che passava di lì (la strada era deserta da ore) e vide lo scheletro fin da lontano nei tremolii dell'aria calda. Frenò e si fermò accanto all'uomo, le cicale cantavano ininterrottamente e si udivano anche certe urla acutissime di maiali molto lontane: l'uomo con la bicicletta non si fermò né guardò l'altro ma continuò a piccoli passi e ad ogni passo il cappottone pareva emanare sbuffi e tonfi.

L'uomo della macchina guardò meglio lo «scheletro» e solo in quel momento si accorse che si trattava invece di un mobile, un'angoliera, costruita e intrecciata con rami sottili e flessibili di salice e di midollo di giunco. Era una costruzione molto complicata, liberty come si dice oggi, con foglie di palma e fiorellini ricavati dal salice spellato, il tutto a forma di cornucopia. La cornucopia sorreggeva un'assicella bianca che doveva servire d'appoggio, chissà, per vasi di fiori o piante. I rami di salice con cui era costruito l'oggetto erano bianchissimi, come quando un ramo è appena sbucciato e forse a causa dell'ora e della luce del sole erano ancora più bianchi.

L'angoliera era qua e là colorata, con tocchi d'oro e d'argento, ma tocchi rapidi e distratti e pennellatine di colore all'anilina, blu, giallo e rosso. I barattoli appesi al manubrio della bicicletta erano per metà pieni di quei colori e si capiva che l'oggetto era stato costruito poche ore prima con grande abilità e rapidità. Forse all'alba. L'automobilista fu incuriosito da quel lavoro, si avvicinò all'uomo in paltò, lo salutò e gli chiese se l'oggetto era in vendita. L'altro rispose di sì, con una voce da avvinazzato.

«Quanto costa?» chiese l'automobilista.

Il vecchio (si trattava di un vecchio, ma forse non era così vecchio, tale sembrava per la barba lunga di vari giorni, il cappotto, il cappello e una certa aria vecchia emanata anche dalla angoliera) lo guardò a lungo con occhi neri, forti e aggressivi e solo dopo un po' rispose:

«Dipende».

La risposta lasciò interdetto l'automobilista, quegli occhi non erano vecchi e si sentì debole senza sapere in quale senso: forse la strada deserta, le cicale, le urla dei maiali e l'aggressività del vecchio? «Quello avrebbe potuto tirar fuori un coltello» si trovò a pensare l'automobilista con immensa sorpresa. Ma si fece forza e disse: «Dipende da che?».

Il vecchio ebbe un lampo quasi divertito negli occhi aggressivi e rispose:

«Dalla simpatia».

«E cioè, cosa vuol dire?».

«Può essere cinquecento, mille, duemila. Dipende».

L'automobilista si sentì di colpo offeso (non sapeva né come, né perché) si asciugò il sudore con il fazzoletto ben piegato, ma si sentì anche forte per l'idea di essere stato offeso e disse, in modo sbrigativo:

«A me, per esempio, che prezzo fa?».

«Mille» disse il vecchio senza esitazione.

«Allora vuol dire che un po' di simpatia ce l'ha anche per me» pensò l'automobilista e come sollevato, aggiunse: «Va bene. Ma perché mille e non duemila?». E in quell'istante ebbe la sgradevole sensazione di una stonatura, che tutta l'impostazione commerciale dell'acquisto era sbagliata.

Capì anzi che non c'era nessuna impostazione commerciale. Il vecchio lo guardò questa volta con uno sguardo semplice, come modesto e al tempo stesso sicuro di sé. Poi abbassò lo sguardo sull'angoliera e rispose: «Così».

Ci fu una pausa, durante la quale il vecchio tentò di appoggiarsi al telaio della bicicletta, ma lo fece traballando, si guardò addosso e cominciò a spazzolarsi il cappotto con una mano.

«L'ha fatto lei?» domandò l'automobilista per stabilire una certa cordialità commerciale. Il vecchio accennò di sì, l'automobilista chiese alcuni particolari che però andavano per le lunghe e parevano annoiare il vecchio: finito di spazzolarsi riprese nelle mani il manubrio, disse «buongiorno» e già stava per andarsene.

L'automobilista lo fermò con una mano: «Cosa fa, se ne va, non ha detto che me lo vende?».

«Va bene» disse il vecchio, fermò la bicicletta, allungò minuziosamente una specie di treppiede così da farla stare in piedi, poi cominciò a sciogliere certi piccoli legacci che fissavano l'angoliera: anche quelli li mise nella tasca del cappotto minuziosamente.

L'automobilista cavò di tasca il portafoglio, sfilò mille lire e le tenne in mano fino a quando il vecchio non ebbe posato a terra l'angoliera, quasi in mezzo alla strada. Proprio in quel momento un piccolo branco di anatre bianche salì da un fossato, girò intorno agli uomini e all'angoliera e starnazzando attraversò la strada.

«Con che cosa li fa questi lavori?» continuò l'automobilista. Il vecchio aveva già intascato le mille lire e spiegò: «Con i rami di salice, qualche volta di giunco, quando lo trovo e quando non mi bastonano» aggiunse ridendo.

«Chi lo bastona?».

«I contadini, i padroni dei salici, dei rami, del giunco. Questi servono per legare le viti d'inverno, certi si arrabbiano o non danno il permesso di tagliarli. Una volta mi hanno mandato all'ospedale. Altri invece mi danno da dormire nei fienili, da mangiare e anche vino in cambio del mio lavoro. Sono lavori per nozze» aggiunse.

«Ma fa soltanto questo lavoro?».

«Faccio anche seggioline per bambini, portavasi, qualche volta tavoli piccoli, qualche volta sedie, dipende dal materiale che ho. Lavoro con quello che ho».

L'automobilista sembrò accorgersi solo in quel momento che il vecchio era supervestito: non aveva soltanto il cappotto, ma anche due giacche, un maglione e un fagotto di indumenti legato dietro la bicicletta. Notò anche che le scarpe del vecchio erano a forma di palla, come un involto di cuoio. Tuttavia non sudava, pareva non avere caldo.

«Non ha caldo?» domandò l'automobilista.

«Sono abituato» disse il vecchio. «Di notte fa più

freddo e di solito dormo in giro nei campi. Quando c'è la luna lavoro con la luna perché fa più fresco».

«Ma ha sempre fatto questo lavoro?» continuò l'automobilista.

«Così e così».

«Come così e così?».

«Ho lavorato in una officina meccanica quando ero più giovane ma quello non era un lavoro, come si dice, un lavoro-lavoro, e c'era anche un padrone. L'ho fatto perché mi ero sposato. Ma poi ho ripreso il mio, di lavoro».

«È anche sposato?» domandò l'automobilista. «E ha figli?». Il vecchio aiutò l'automobilista a far entrare l'angoliera nella macchina. «Sì, tre» rispose.

«E non li vede mai?».

«Humm». Il vecchio fece un gesto ridacchiando, come dire che i figli non volevano vederlo o lui non voleva vedere i figli.

«E abita da queste parti?» domandò ancora l'automobilista.

«No, non sono di queste parti ma vengo qui d'estate, qualche volta, perché qui c'è molto salice e anche midollino». Si dilungò in una descrizione di luoghi e di famiglie che frequentava e per le quali faceva dei lavori ma l'automobilista, che pure era di quella zona, non riconobbe né i luoghi né le famiglie. Se lo fece spiegare meglio.

«Alla chiesa di San Nicolò, sa dov'è?».

«Sì» disse l'automobilista.

«Be', davanti alla chiesa di San Nicolò c'è una stradina che entra in campagna, in fondo, non alla prima alla seconda casa vado io. Lì può domandare di me». E così dicendo sollevò il treppiede della bicicletta e si mise in marcia. Anche l'automobilista salì in macchina e se ne andò ma come un po' addormentato, data l'ora. Percorse tutta la lunga strada d'asfalto, sei chilometri, fino all'incrocio. Poi tornò indietro per vedere dove era andato il vecchio. Ripercorse tutta la strada, due o tre volte spense il motore e al canto delle cicale guardò dentro i vigneti ma non lo vide. Tornando una terza volta vide la bicicletta appoggiata contro il muro di una piccola osteria tra i vigneti.

Andò direttamente a casa: era vuota perché la moglie e le due figlie piccole erano in villeggiatura al mare, lì vicino. Trasportò all'interno l'angoliera e trovò un posto accanto al letto matrimoniale che però era molto moderno come tutto il resto della casa. Una volta, di Pasqua, il prete che venne a benedire la casa guardò l'angoliera e disse: «Bisogna essere degli artisti per fare un lavoro così».

Passarono due anni e spesso, infilando quella strada di asfalto l'automobilista si chiedeva dove era andato a finire il vecchio. Una volta si fermò nei pressi della chiesa di San Nicolò e chiese, ma ebbe notizie molto vaghe. Una sera d'autunno, passando proprio di lì, lo rivide, anzi, per meglio dire, vide la scena seguente: un trattore che trascinava un rimorchio carico di uva nera era fermo poco lontano dalla chiesa.

Dal trattore saltò giù un contadino che cominciò a gridare contro qualcuno tra le viti: era il vecchio, con la bicicletta, i pentolini di colore e il cappotto, che pedalava velocemente. L'automobilista non capì bene cosa succedeva ma vide il vecchio cadere dalla bicicletta e poi riprendere la fuga inseguito dall'altro che però a un certo punto si fermò sempre gridando. Anche un piccolo cane che stava con il contadino del trattore si fermò e smise di abbaiare. Poi il contadino risalì sul trattore e sparì.

L'automobilista fermò la sua macchina accanto alle viti e si inoltrò a piedi alla ricerca del vecchio in direzione del fiume. Cosa poteva aver fatto? Rubato altri giunchi? Ma per così poco fuggiva? Era già buio ma c'era la luna e tuttavia non gli riuscì di scovarlo. Trovò soltanto, appena sbucciati, un fascio di rametti di salice che il vecchio doveva aver perduto nella sua fuga. Più avanti incontrò alcune pecore.

Negli anni successivi, di tanto in tanto lo cercava, perché la curiosità gli era rimasta. Domandò informazioni e quasi tutti si sbagliavano, forse c'erano altri che facevano il suo stesso lavoro che però non era ricercato né aveva molta fortuna. Un giorno al mercato di un paese non lontano, vide esposti al limite del mercato, accanto a un'osteria, due o tre di quelle stesse angoliere-scheletro come la sua (la sua era stata distrutta dalla moglie, diceva che assomigliava a una corona da morto), due piccole sedie e un tavolino. I lavori erano allineati contro un muro scrostato e, nella loro bianchezza scheletrica e fantastica, con quei baffi di colore acceso, gli parvero bellissimi.

Affannosamente cercò il vecchio all'osteria ma non lo trovò: allora chiese ai padroni delle altre bancarelle e dissero che il vecchio non lo vedevano da molto tempo ma che c'era una zingara che vendeva i suoi lavori. Non gli riuscì di trovare nemmeno la zingara e al tramonto (aveva perduto quasi tutta la giornata) quando ripassò per andare a casa, i lavori erano ancora allineati contro il muro. Ne mancava uno, un'angoliera come la sua, che forse era stata venduta.

Un giorno di primavera un giovane pittore americano di nome Tom Corey pedalava «veloce come il vento» su una bicicletta da corsa giallo canarino sotto gli alti pini di Villa Borghese a Roma. Il cielo era (naturalmente) azzurro, però più celeste che azzurro con nubi e al centro delle nubi una sfumatura grigia e dentro la sfumatura grigia un piumino rosa come di cipria. Tom (naturalmente, anche lui) portava scarpe da tennis, *blue-jeans* e una ventosa camicia rossa amaranto di seta lucida, con larghi e grassi fiori blu dipinti a mano, comprata per un dollaro in un magazzino di stracci cinesi alla quarantaduesima strada di New York. Era biondo, aveva occhi celesti, era magro e non troppo alto e simile a un ballerino. Pedalava come un ragazzo, con foga ed era già tutto rosso in faccia, un po' sudato, così emanava un odore di pane crudo lievitato e pronto per essere messo al forno.

Correndo attraversava zone d'ombra un po' cupe, coperte di vegetazione nerastra e umida da cui occhieggiava il tufo e anche il muschio, e in quelle zone si rinfrescava del sole ventosino ma scottante che gli batteva in piena faccia in altre zone aperte. Rideva o sorrideva, mostrando i bei denti bianchi di cane con qualche guizzo di saliva e di luce e qualche volta socchiudeva gli occhi, frenava l'andatura «a razzo» o addirittura si fermava e, sempre con gli occhi socchiusi, guardava: una statua, una fontana, un prato sotto gli ombrelli dei pini, la luce che filtrava e i differenti toni di verde, dal verde pisello al grigio, del prato sottostante.

Si fermò a lungo sotto la casa di Raffaello, indeciso, con la punta di un piede per terra, immobile e teso con gli occhi sempre più socchiusi e mordendosi i baffetti: poi riprese la corsa ma soprappensiero, in discesa, costeggiando piazza di Siena. Lo sguardo volò dentro quel catino in ombra, si fermò, appoggiò la bicicletta gialla contro una siepe (la bicicletta affondò dentro l'oscurità verdastra), levò da dietro il sellino una cartella e una scatoletta di legno e con questi oggetti di scolaro sotto il braccio e in mano fece pochi passi fino a sovrastare l'ampia conca del maneggio. Qui si sedette sul muro, appoggiò la cartella, ne levò un foglio di carta gialla da macellaio che distese sulla cartella: la fissò con due mollette di lato e aprì la scatola dei pastelli, piccoli e ridotti a tanti pezzi.

Inutile dire che anche Tom, come tutti coloro che sono belli, giovani, e appartenenti a una grande e ricca famiglia o a un grande e ricco paese, era povero ma felice. Egli, come tutte le persone felici, sapeva a malapena di essere povero e non sapeva affatto di essere felice. Mangiava sì e no una volta al giorno, dormiva in un buco della suburra circondato da vecchi muri romani grondanti sangue e morte (ma egli, giustamente, scambiava sangue e morte per storia) e spesso, alla sera, ballava dei *boogie* e dei *rock* con certe ragazze negre di New York (indossatrici) emanando quell'odore di pane, trattandole come puro materiale ritmico ed esse erano ben felici di farsi trattare così.

Parlava qualche parola di italiano, ma pochissime e con una stupita grazia miagolante che completava il lessico. Era pittore di paesaggi e di interni e ogni giorno con la sua bicicletta giallo canarino usciva per Roma o entrava nei palazzi con i suoi piccolissimi gessi: stava lì un'ora, anche due se non cambiava troppo la luce, ma se la luce mutava e non era più così felice o così infelice come la sua felicità voleva che fosse se ne andava dopo un quarto d'ora; tornava il giorno dopo quando il sole era alto oppure radente.

Gli piaceva trovare il colore delle cose che passano, soprattutto in quei momenti di luce infelice al mattino, quando il sole è alle spalle, non ha ancora scaldato i muri, gli alberi e i prati e tutto è ancora avvolto da qualche cosa di diurno che però appartiene più alla notte che al giorno. Quella totale mancanza di luce diretta, o quella lampeggiante o radente durava poco, ecco la ragione per cui andava e veniva. Allora non soltanto la carta gialla da macellaio su cui sfregava i gessi assorbiva quell'umidità e quel freddo ma anche la sua pelle e i suoi muscoli, e tutto ciò veniva reciprocamente trasmesso dalla carta ai muscoli e dai muscoli alla carta.

Quel giorno di primavera e il luogo scelto erano uno di questi. Tom lavorava svelto e un po' corrucciato e miope, alzando gli occhi aspettava che una di quelle nubi bianche grigie e rosa passasse sul sole. Siccome le nubi correvano questo accadeva spesso e Tom lavorava più svelto con i suoi gessetti abbassando gli occhi fino al foglio.

Poco distante da lui stava seduta su un seggiolino pieghevole una donna non vecchia ma quasi vecchia, con le gambe tutte fasciate da grosse calze elastiche grigio rosate che le stringevano, vicino alla donna due giovanotti stavano appoggiati ad una macchina blu senza parlare e fumando. Uno di loro aveva una rivoltella infilata nella cintura.

La donna osservava Tom che dipingeva, lo sbirciava ogni tanto e sempre più spesso con moltissima curiosità e con quella sorta di indiscrezione innocente che hanno sia i vecchi che i bambini. Nel frattempo pensava a certe vicende politiche italiane di cui era stata non soltanto protagonista (si trattava di un senatore) ma anche testimone. Il corpo della donna era forte e grosso come le gambe fasciate ma non grasso, come quello di una contadina, e come una contadina molto pulita e a posto era vestita e anche pettinata. Anche il volto era di una contadina ma, a differenza di una contadina quale doveva essere stata, il volto era offuscato da qualche cosa, qualche cosa che doveva esserci stato un tempo non lontano, qualche cosa di rettilineo e di crudele che si vede nei volti delle suore anziane che comandano.

Tuttavia la donna guardava Tom come se egli avesse o mostrasse nel modo di muoversi e di essere e di sfregare i gessetti sulla carta una cosa che lei non conosceva, non aveva visto mai nella sua vita. Si alzò molto lentamente dalla seggiolina pieghevole, aveva un bastoncino nero e sottile con il manico curvo, a cui si appoggiò. I suoi piedi erano grossi, bitorzoluti e incerti dentro scarpe nere che parevano fatte apposta, si avvicinò a Tom e guardò attentamente prima lui da vicino, poi quello che stava facendo. Per un istante Tom fu distratto da un passero che si appoggiò a un angolo della cartella allargando e chiudendo le ali come un ombrellino e la donna approfittò di questo momento per dire: «Non la disturbo?».

Tom ebbe un piccolo soprassalto, guardò dietro di sé la signora e in quel suo modo un po' miagolante e ridendo, allargando le braccia, le mani e le dita in un gesto di benvenuto, nervoso e timido, come volesse abbracciarla, e anche arrossendo, disse:

«Oh, no, prego». Fece una pausa e disse ancora «prego».

«Lei è un artista, un pittore» disse la donna e rivelò una voce bella, un po' maschile.

«Sì» disse Tom e arrossì un'altra volta.

«Un pittore straniero?».

«Americano» disse Tom.

«Ah, americano» aggiunse la donna e piegò lievemente il capo in modo gentile e come rispettoso. Ci fu una pausa durante la quale Tom non sapeva che cosa dire essendo sempre la donna in piedi e non trovava in quel momento le parole in italiano per aggiungere qualche cosa alla conversazione appena iniziata. Ma la donna, forzando la sua voce lenta e autoritaria ad essere il più gentile possibile disse «buongiorno» e si allontanò verso l'automobile blu. I due giovanotti l'aiutarono a salire e l'automobile partì lentamente.

Passarono i mesi, Tom non rivide più la donna con le gambe fasciate e la dimenticò completamente, non così la donna che di tanto in tanto passando con la macchina e le due guardie del corpo per le sue passeggiate a Villa Borghese lo intravedeva dal finestrino. Dava ordine di rallentare, guardava un momento, poi l'auto ripartiva silenziosa verso il Senato. Nonostante la malattia e l'età la donna era considerata sempre battagliera: non più come una volta ma rappresentava, come spesso succede in Italia, una figura di definitivo prestigio politico. Tom questo non lo sapeva e probabilmente non lo avrebbe saputo mai, tanto lontana era la sua vita, da quella politica italiana.

Ma la donna ricordava Tom e il suo ricordo era sempre legato a qualche cosa che l'aveva attratta in modo quasi scandaloso, così pensava tra sé, ma purtroppo impossibile da capire tanto che spesso se lo chiedeva senza ottenere nessuna risposta. Le venne in aiuto alcuni anni dopo una intervistatrice, giornalista di un mensile femminile che, tra le altre, le pose la seguente domanda: «Senatrice, come definirebbe la libertà? Rosa Luxemburg...».

«Lo so, lo so...» interruppe la donna, sorrise «politicamente» e alzò leggermente la mano. Il sorriso scomparve, la sua voce tornò un po' maschile.

«La libertà è il sociali...» e qui si interruppe un istante. «La libertà è un pittore americano a Villa Borghese» avrebbe voluto dire. Finì la frase: «... il socialismo, il nostro socialismo».

m

MADRE

Un primissimo pomeriggio d'estate del 1940 con aria fresca e radio accese nelle case un bambino di undici anni «ultrapromosso», con un orecchio difettoso, figlio unico e sempre tenuto d'occhio dalla madre fu tentato da un amico più libero di lui e scappò di casa per qualche ora con i pattini a rotelle che amava più di ogni altra cosa al mondo. Egli non si avventurava mai oltre un quadrilatero stabilito dalla madre e segnato da alcuni edifici intorno a casa perché la madre lo voleva a portata di voce: per cui girava e girava e girava in quelle quattro strade sui pattini a rotelle, a grandissima velocità (ma rallentava davanti alle finestre di casa con tendine spione) e con una gioia infinita; conosceva ogni possibile modo di affrontare una curva anche strettissima alla velocità che lui voleva ma purtroppo non gli era permesso di partecipare a gare, se non di nascosto e con il terrore di sbucciarsi un ginocchio, con gli altri ragazzi che avevano i pattini.

L'amico che lo tentò, altro pattinatore provetto, era bello, biondo, nervoso e scattante e sudava e diventava tutto rosso nei lunghi percorsi ed era più vecchio di due anni, inoltre pareva non aver genitori tanta era la sua libertà nei movimenti del corpo. Visto l'amico più piccolo, quel maledetto giorno, gli disse poche parole tentatrici. Queste: «Oggi andiamo al campo d'aviazione, sono arrivati i cacciabombardieri e gli Stukas».

Il piccolo che si chiamava Giannetto restò come fulminato perché tutte quelle parole insieme, campo d'aviazione, cacciabombardieri e soprattutto Stukas raffiguravano cose dell'altro mondo: il campo d'aviazione un luogo lontanissimo mai nemmeno immaginato da raggiungere in pattini, i cacciabombardieri aeroplani che egli non aveva mai visto se non in fotografia e nei cinegiornali, gli Stukas addirittura tutta la Germania compresa la sua vecchissima signorina Ingelein che gli dava lezioni di tedesco e gli inchini con battuta di tacchi alle signore: di cui si vergognava. Disse con immediata balbuzie: «Se... se... se lo sa mia madre» ma nel così dire seguì inebetito l'amico Beppino su tutt'altre strade che il quadrilatero d'ufficio. Gridò inutilmente: «Però torniamo subito immediatamente». L'amico biondo e tutto scatti non rispose.

Seguendo l'amico a strettissima distanza ma a lunga falcata di gambe e di braccia Giannetto infilò una strada solitaria, dal fondo meraviglioso come di marmo che lo portò ad attraversare un arco medioevale: poi imboccarono un viale a dolci curve su cui i pattini aderivano e correvano velocissimi, poi costeggiò una immensa fabbrica nerastra e affumicata dentro cui intravide i lampi di un altoforno, poi una strada alberata, poi un'altra fabbrica con un fumaiolo da cui usciva una nuvola marrone profumata di caffè tostato, poi una strada di campagna però asfaltata e in quegli anni non c'erano né camion, né automobili, soltanto qualche bicicletta e donne vecchie vestite di nero che andavano e venivano dalla campagna lungo muri di mattoni con vetri aguzzi e filo spinato sul ciglio. Sui muri era scritto a calce: W IL DUCE.

Erano ormai in campagna aperta, qualche piccola nube nerastra era giunta improvvisamente nel cielo riflettendosi minacciosa nella mente di Giannetto, l'aria profumò di ozono, apparve una vasta area di campi da tennis rossi, su cui si muovevano in assoluto silenzio (salvo i colpi ritmici delle racchette contro le palle) bianchi giovanotti e signorine. Dietro i campi da tennis, immediatamente dopo, i prati verdi del campo d'aviazione su cui stavano due alianti bianchi, un pallone aerostatico mimetizzato e, veri e verdi ai bagliori del sole, i cacciabombardieri e gli Stukas.

Beppino e Giannetto si fermarono, aggrappati alla rete metallica che recintava il campo, e guardarono. Ma fu solo un attimo, perché Giannetto cominciò a pensare, con una paura che ingigantiva come le nubi temporalesche nel cielo, alla madre. Che faceva in quel momento? Certamente lo stava cercando, girando in bicicletta a sempre maggiore velocità e chiamando e fermando gente nelle solite strade del quadrilatero.

«Torniamo» disse a Beppino. Ma quello fece un segno come di pazzia, intento già a parlare con un soldato tedesco di guardia. Parlamentava sulla possibilità di avvicinarsi agli aerei, forse di toccarli. «Dài, torniamo» disse ancora Giannetto ma Beppino aveva convinto il soldato di guardia e perfino un ufficiale che si era avvicinato. Per qualche istante Giannetto fu abbandonato dal terrore. Poiché entrambi parlavano tedesco, il soldato e l'ufficiale, lusingati, li scortarono fin sulle piste, fino agli aerei. Giannetto e Beppino furono fatti salire su uno Stukas (era l'apparecchio personale di quell'ufficiale, si chiamava Toni Hohestein) e Giannetto perdette la testa (veramente) al forte odore di benzina e di feltro dentro l'abitacolo della carlinga. Ma guardava anche la strada, se mai appariva la madre bionda e vestita di celeste, in bicicletta. Ai ragazzi l'ufficiale regalò un piccolo distintivo della Luftwaffe. Il sole era però scomparso.

«Andiamo, dài, andiamo» continuava Giannetto e finalmente Beppino si allacciò i pattini direttamente sulla pista e ripartirono salutati dall'ufficiale Toni Hohestein che aveva qualche bagliore dorato sulle ciglia. I tennisti erano spariti dai campi rossi, le nubi brontolavano in cielo. Presero la strada del ritorno direttamente dalla fine della pista (dovettero scavalcare la rete di cinta) quella che Beppino giudicò la più breve, lungo un fiume. Senonché, nonostante la velocità, due «fattori ambientali» che vuol dire il fato, arrestarono il ritorno: la strada, improvvisamente, per mano del diavolo da asfaltata diventò di ghiaia e dal cielo caddero le prime grosse gocce di pioggia. Giannetto pensò, ma non ebbe il coraggio di dirlo all'amico: «Sono perduto, che sarà di me? Domani mia madre mi porta al collegio degli orfani e allora addio tutto: addio casa, addio Beppino, addio scuola, addio signorina Ingelein, addio pattini» e se li guardò nelle mani.

Gli venne da piangere ma cominciò la pioggia a scrosciare e il fiume lungo il quale camminavano pareva un mare in tempesta, con grossi buchi nell'acqua fatti dalle gocce. Annodarono in testa i fazzoletti. Correvano, verso dove non si sa, Giannetto senza scarpe perché le scarpe erano avvitate ai pattini, intravidero un piccolo ponte di legno tra le raffiche, si ficcarono sotto al riparo. Il temporale tuonava, il cielo era verde scuro con lampi a forma di lingua biforcuta ma Giannetto non aveva nessuna paura, la grande paura, quella che si faceva sempre più grande era sua madre di cui gli pareva di intravedere la sagoma celeste ingigantita, dai capelli biondi appiccicati alla fronte rosea e bombata, gli occhi celesti, in bicicletta all'inizio del ponte. Gli parve di sentir chiamare: «Giannettooooooo».

Proprio durante quella paura Beppino tormentava Giannetto di domande sul suo orecchio: «Ma cos'hai all'orecchio che è fatto così?» e glielo toccava con la punta del dito, molto incuriosito e completamente senza pensieri e preoccupazioni. «Perché è fatto così, senza nulla, con questo buchetto? Te lo hanno tagliato da bambino? Hai avuto un incidente?». «È difettoso, sono nato così» rispondeva Giannetto. «Ma è rimasto dentro? Come?» chiedeva sempre Beppino toccando col dito e accartocciando quel pochissimo che trovava da accartocciare, e doveva in quel momento parlare ad alta voce perché tra i tuoni e i lampi avanzava un rombo vicinissimo come di motore con degli scoppi.

Era un aereo, un bombardiere, fecero appena in tempo a intravederne la sagoma tra le nubi bassissime e la pioggia, a poche decine di metri, un traballare d'ali a pelo dei campi e dei gelsi, poi si schiantò contro l'argine del fiume ed esplose. I frammenti riempirono il cielo e i campi, alcuni caddero con dei colpi sul ponte, uno stivaletto arrivò ai loro piedi portando odore di benzina bruciata.

La pioggia durò forse mezz'ora senza però spegnere il rogo, poi il cielo cominciò a schiarirsi, qualcosa di azzurro e le prime lame di sole che illuminavano soldati che andavano e venivano intorno ai rottami dell'aereo senza avvicinarsi, parlando in tedesco. I due pattinatori scapparono verso la strada asfaltata, infilarono i pattini e scivolando, tra spruzzi di acqua nelle pozze, tornarono in direzione della città: dove effettivamente Giannetto incontrò la madre in bicicletta, vestita di celeste, che lo cercava con gli occhi celesti sbarrati e scintillanti. Beppino se la svignò dicendo «come dovevasi dimostrare», lui si buttò per terra piangendo e chiedendo perdono, poi seguì la madre, muta, sui pattini, appeso al sellino della bicicletta.

A casa fu portato a letto (lui gambe non ne aveva più), spogliato, sculacciato a tutta forza, e diceva soltanto ritmicamente e con un filo di voce: «pace, chiedo pace».

Arrivò la sera e poi la notte. Nascosto sotto il lenzuolo Giannetto stringeva in pugno una lampada a pila e solo a notte inoltrata, nella più completa oscurità (i grilli cantavano, suonavano e ballavano in giardino, dopo la pioggia) la accese, con essa spiò le pareti della camera dipinte di azzurro cielo con stelle d'argento e, in un angolo sopra il tubo della stufa, una luna a falce. Si rasserenò un poco a quel cielo dipinto, la paura un poco gli passò e solo per qualche istante ebbe davanti a sé gli occhi celesti e scintillanti della madre al momento dell'incontro. Però non li dimenticò mai più, né il vestito celeste, né la bicicletta, né le gote rosse e sudate, né la paura di tutto ciò: nemmeno il giorno in cui morì, febbraio 1957, di una malattia simile alla nefrite, in presenza appunto della madre. Quanto all'amico Beppino egli visse «come dovevasi dimostrare», in tutt'altri «fattori ambientali».

MALINCONIA

Ogni giorno di quella lontana e fresca estate i bambini della Colonia Bedin-Alighieri, una colonia per poveri mandata avanti da suore altrettanto povere, le Dorotee, venivano fatti alzare di buon'ora per poi uscire subito nei prati o nel boschetto di pini alla sommità della collina. Li sorvegliavano due suore giovani vestite tutte di bianco, per l'occasione estiva, anziché del saio nero e la cuffia nera, infantili anche loro e piccole quasi quanto i ragazzi. C'erano maschi e femmine e tra le femmine un'«ospite» di nome Silvia, chiamata «ospite» perché nipote di uno dei fondatori, socialista, che povero non era.

Ecco perché Silvia, a differenza di tutti gli altri, anziché indossare il grembiule d'obbligo della colonia, di colore grigio senza colletto e di tela molto povera, poteva scegliere ogni giorno nel suo piccolo guardaroba i suoi soliti abiti, le sue scarpe di sempre (e non sandali di gomma rossa che facevano parte dell'uniforme) e perfino bambole o giocattoli di sua proprietà che si era portati da casa. Dormiva però in camerone con tutte le bambine e per il resto la giornata di Silvia era uguale a quella degli altri: stessa piccola colazione, stesso pranzo, stessa merenda al pomeriggio e stessa cena. Anche il lettino smaltato di bianco, e le lenzuola ruvide con una grossa cucitura nel mezzo, erano uguali a quelli delle altre.

Era la prima volta che Silvia stava in compagnia di bambini, in una colonia e non come al solito, sola col nonno e con la cameriera insieme ai quali viveva tutto l'anno. L'aveva accompagnata il nonno sulla canna della bicicletta, che aveva un sellino apposta per lei, lui vestito come al solito di nero, alpagas nera, la cravatta a farfallone svolazzante, il grande cappello nero e gli stivaletti anche quelli neri di capretto, alti con l'abbottonatura di lato: l'aveva raccomandata alle suore che del resto si erano mostrate felicissime di riceverla trattandosi di un'ospite di particolare riguardo.

La grande novità di quel soggiorno in colonia furono per Silvia gli odori: nei prati distingueva nettamente i diversi odori delle erbe e delle piante, senza conoscere il nome né delle une né delle altre, ma erano mentuccia, salvia, rosmarino oppure semplici piante d'erba o di radicchio o felci o erba gramigna o altre erbe che invece puzzavano e che i maschi le mettevano apposta sotto il naso. Altri odori completamente diversi erano quelli nel boschetto di abeti e larici alla sommità della collina dove andavano al pomeriggio: pigne, pinoli, aghi di pino e certe bacche a forma di campanello che Silvia definiva «i morti» con gran successo tra i bambini.

Anche gli insetti avevano un odore particolare: le cavallette che Silvia era abilissima a catturare sapevano di verbena, e così certi coleotteri o cervi volanti sapevano odore di celluloide o lo emanavano una volta rinchiusi in certe gabbiette di fili d'erba che una delle suore le aveva insegnato a costruire. Uno degli odori preferiti di Silvia era quello del letto e delle lenzuola che impregnava l'intera camerata: era un odore come di temporale e frammisto a questo c'era qualche volta un lieve odore di sudore infantile e di orina che le piaceva molto.

Silvia ogni tanto pensava al nonno ma in modo molto labile e le pareva di non sentirne la mancanza. Lo pensava al tardo pomeriggio, subito dopo cena, dopo il rosario nella piccola cappella, quando stando seduti sull'erba, fuori, guardava e soprattutto udiva le rondini che con le loro strida volavano bassissime su di loro e sulla colonia mentre il più grande dei bambini suonava la campana. Al crepuscolo le rondini si stagliavano nette contro il cielo colore lilla e giallo all'orizzonte, dalla porta della cappella usciva un po' di odore d'incenso e questo, insieme all'odore di umidità che saliva dai prati di erba alta immediatamente sotto la cappella, provocava in Silvia un sentimento che non aveva mai provato e che non avrebbe saputo definire: era certo che tale sentimento, provocato da quegli odori resi un po' freddi dal crepuscolo, le chiudeva la gola e le veniva da piangere.

Silvia domandò alla suora di poter vestire come tutti gli altri, cioè con il camiciotto grigio di tela e i sandali di gomma rossa ma, inspiegabilmente per Silvia, la suora rifiutò.

«Qualcuno ti ha detto qualcosa per i tuoi vestiti e per i tuoi giocattoli?» le domandò la superiora. «Ti hanno preso in giro, rimproverata?». Silvia rispose di no. Nessuno aveva mai detto nulla ma, senza saperlo spiegare alla suora (aveva soltanto sette anni) Silvia si sentiva estranea agli altri e sotto certi aspetti si vergognava sia delle bambole e dei giocattoli, sia dei suoi vestiti: infatti lasciava i giocattoli in mano agli altri senza curarsene. Silvia si sentiva estranea: ma questo non significava che gli altri bambini si comportassero con lei da estranei o la lasciassero fuori dei loro giochi, anzi, al contrario, sempre veniva invitata e pressata e sospinta a fare qualche cosa, a sostenere qualche ruolo anche principale nei giochi e nelle costruzioni di piccole capanne. Silvia si sentiva estranea, come dire, per nascita e non per famiglia, forse proprio per il fatto che, ad eccezione del nonno, non aveva famiglia. Gli altri bambini ascoltavano ciò con grande stupore e, al contrario di sentirla estranea come lei pensava che la sentissero, era motivo di curiosità e di domande a cui Silvia non sapeva rispondere.

No, il padre non l'aveva mai conosciuto, la madre, forse, ricordava una signorina che doveva essere sua madre da certi piccoli particolari, certi regali, una collanina d'oro con un pendaglio di corallo, una signorina bionda che aveva visto due o tre volte e fratelli e sorelle niente. A quel punto degli interrogatori parlava però con grande entusiasmo e dovizia di particolari del nonno che anche tutti gli altri bambini del resto avevano visto perché era passato in rivista all'intera colonia il giorno del loro arrivo. Sapevano che era uno dei fondatori.

«Ma tuo nonno è ricco?» chiedeva un tipo, il maggiore di tutta la colonia, un veterano che veniva da alcuni anni e aveva una pelle squamata che sapeva odore di pesce e di uovo.

«Non lo so» rispondeva Silvia.

«Ma cosa fa?».

«Ha una fabbrica di biciclette».

«Allora è ricco» dicevano in coro maschi e femmine. «Ecco perché sei vestita meglio di noi».

Di avere il nonno ricco, di essere vestita meglio di loro, a Silvia non andava. Non tanto perché gli altri bambini fossero poveri, molto più poveri di lei, né perché la presunta ricchezza del nonno e la diversità degli abiti la facevano oggetto di curiosità e di domande ma perché si sentiva estranea. E si sentiva estranea prima di tutto a causa della sua grande sensibilità per gli odori, che del resto riscuoteva un grande successo tra gli altri bambini che le mettevano sotto il naso un'erba, una foglia di alloro, una farfalla e lei, con gli occhi bendati, sapeva sempre riconoscere tutto senza errori: ma si sentiva estranea anche per un'altra cosa e quest'altra cosa, del resto strettamente legata alla sensibilità per gli odori, era quel sentimento del crepuscolo che ora provava però ad ore alterne, anche durante il giorno e la notte, quel sentimento che lei non sapeva definire in altro modo se non dicendosi «mi viene da piangere».

Si era in agosto e questo sentimento del «mi viene da piangere» aumentava per alcune ragioni ben precise e per altre che si andavano aggiungendo col passare dei giorni: infatti gli odori si erano fatti leggermente più freddi di prima e diversi e in un certo senso cambiavano: forse il sole scaldava meno le cose e inoltre le cicale e i grilli le pareva che non cantassero più tanto. Questo passaggio di qualità e di sostanza negli odori e nel timbro dei suoni e dei rumori, si faceva più forte e avvertibile al crepuscolo, sempre alla solita ora, dopo la piccola funzione nella cappella e anche i colori del cielo a quell'ora non erano più gli stessi. Silvia ottenne per qualche giorno di indossare abiti e sandali come gli altri ma, e questo non se lo sarebbe mai aspettato, la estraneità aumentò. Vestita come gli altri si sentiva ancora più diversa e il sentimento «del piangere» aumentò. Tornò ai suoi vestiti. Venne un temporale che per un giorno portò freddo in colonia, poi tornò il sole ma andava e veniva sotto nubi grigie, rosa e caffelatte che passavano veloci. In quei giorni di tempo instabile Silvia ebbe molta voglia di piangere e qualche volta andò nei gabinetti a piangere.

Furono fatte delle fotografie in gruppo, Silvia vestita con i suoi abiti, i capelli rossi e cespugliosi le nascondevano gli occhi, in mezzo a tutti gli altri vestiti uguali. Le suore spiegarono che ogni anno si facevano delle fotografie-ricordo e Silvia chiese di vedere quelle degli altri anni. La superiora la portò nel suo ufficio dove stavano appese al muro altre fotografie uguali a quella che avevano fatto in quei giorni: si vedeva un gruppo di bambini e bambine, vestiti con l'uniforme della colonia, con le stesse suore e sullo stesso sfondo. Alcuni di quei bambini erano in colonia anche quell'anno.

«E gli altri?» chiese Silvia alla superiora.

«Gli altri sono diventati grandi,» disse la superiora «non vengono più in colonia».

Anche questa risposta e quelle fotografie uguali una all'altra e a quella che avevano fatto giorni prima nello stesso angolo del piazzale sotto l'asta della bandiera precipitarono Silvia in quello stato d'animo «di pianto», che peggiorò di giorno in giorno tanto che Silvia doveva andare a piangere nei gabinetti. Era un momento, poi passava.

Venne la fine di agosto e il nonno arrivò a prenderla. I bambini lo vollero vedere e si attaccarono ai suoi pantaloni mentre distribuiva a tutti caramelle. Fu fatta la valigia di Silvia e i saluti avvennero nell'ufficio della superiora insieme a tutte le suore. Naturalmente il nonno chiese alle suore come si era trovata e come si era comportata Silvia.

«Bene, mi pare, vero?» disse la superiora accennando a Silvia.

«Sì, sì benissimo» rispose Silvia.

«Ti dispiace tornare a casa?» domandò il nonno.

Silvia disse di no. Ascoltò cosa dicevano il nonno e le suore, la superiora parlando del carattere di Silvia disse una parola che Silvia non capì: disse che era intelligente, molto brava e buona e molti complimenti tra cui la parola malinconia, malinconica.

Silvia non disse niente ma poco più tardi quando

il nonno spingeva la bicicletta verso il grande cancello d'uscita, accanto alla pineta, tra due alte mura coperte di muschio, gli domandò cosa voleva dire malinconia.

Il nonno si fermò per respirare (aveva un po' di fiatone) e aspettò prima di rispondere. Poi guardò un po' in giro nel cielo.

«Malinconia? Mah!» e fece una lunga pausa. «Il tempo che passa fa malinconia» disse. «Perché? Tu avevi malinconia?».

Silvia salì sul sellino della canna, ora cominciava la discesa.

«Qualche volta» rispose.

MARE

Un giorno d'estate un operaio di provenienza contadina con labbra e denti belli e forti, essendo molto caldo e il ferragosto vicino, approfittò delle ferie al mobilificio dove lavorava per andare al mare a Iesolo. Aveva quasi quarant'anni, era vedovo e non era mai stato in villeggiatura al mare. Chissà perché aveva scelto Iesolo, forse perché aveva sentito parlare in fabbrica, che ci sono molti camping (uno in particolare, dal nome Metropolis) e che si possono fare molte conoscenze.

L'uomo si chiamava Bruno, aveva una tenda canadese abbastanza grande, tutta l'attrezzatura e un'automobile: partì il mattino presto del giorno 7 e arrivò verso mezzogiorno. Era eccitato, allegro e perfino un po' sbruffone come tutte le persone che hanno soltanto venti giorni di ferie e sono sole, semplici, ignoranti, e abbastanza buone. Arrivò a Iesolo, cercò il camping Metropolis che però era pieno: insistendo perché non ne conosceva altri ebbe lo spazio per la tenda (l'automobile dovette lasciarla lon-

tano, in mezzo ai cespugli) accanto alla rete metallica che divideva l'interno del camping dalla strada.

Di là dalla strada, sotto piccoli pioppi impolverati
c'erano altre tende e roulottes e oltre queste, il mare. Bruno si diede subito da fare per montare la tenda e all'una aveva già finito. Fuori della tenda sistemò il tavolino e la seggiolina pieghevoli, il fornello e
la bombola. Aspettando che l'acqua bollisse per gli
spaghetti fece un giro per il camping, vide i gabinetti e le docce, seppe che l'acqua calda c'era soltanto
al mattino verso le sei e che non c'era luce elettrica
per la tenda.

Il camping era affollatissimo, non c'era un metro
quadrato libero e si considerò molto fortunato della
sistemazione, tanto fortunato che si stropicciò le mani. È vero, c'era molta polvere, nemmeno un filo
d'erba ma tanta gente e bambini, della sua stessa
condizione sociale, e anche molti operai tedeschi.
Tornò alla tenda, l'acqua bolliva, versò gli spaghetti.
Aspettando che cucinassero gli spaghetti (il sugo era
già pronto in un barattolo ermetico) vide davanti a
sé, proprio all'entrata del camping, una automobile
con radiotelefono e una scritta sulle portiere.

La scritta diceva: Corvo Selvaggio. Andò dal capellone sorvegliante nella garitta d'entrata, accanto
alla sbarra, e si informò. Si avvicinò un uomo molto
robusto, alto e muscoloso, era proprio lui Corvo Selvaggio e il ragazzo fece le presentazioni dicendo a
Corvo Selvaggio che Bruno era un nuovo ospite.
Chiacchierarono un po' e poiché erano pronti gli
spaghetti Bruno invitò Corvo Selvaggio alla sua tavola per fare conoscenza. Corvo Selvaggio non accettò
il pranzo ma accettò di sedersi accanto a Bruno
mentre questi mangiava. Gli raccontò che faceva
l'orologiaio a Milano e che ogni anno, nei giorni
di ferragosto, si offriva volontariamente per la vigi-
lanza notturna del camping: badava alla morale,

che non entrassero disturbatori, donne poco serie, ubriachi e teppisti. Era campione di karatè e ogni anno era costretto a spaccare braccia, gambe e mandibole a qualcuno, prima però avvertiva, per cortesia, per gentilezza e contava fino a tre. Era anche lui vedovo e senza figli.

Dopo pranzo l'uomo fece un sonnellino ma fu svegliato dal caldo rovente, dal sole che batteva sulla tenda e dall'assenza d'aria. Alle cinque indossò il costume da bagno, consegnò il portafoglio al capellone sorvegliante e andò verso il mare attraverso le tende e le roulottes.

La spiaggia e anche il mare, piatto come la spiaggia, erano pieni di gente ma egli fece lo stesso un piccolo bagno tentando di vedere il fondo ma senza riuscirci a causa appunto delle alghe rossastre. Poi distese l'asciugamano in un posto libero e si sdraiò. Dormì a lungo perché quando si svegliò era già il tramonto. La spiaggia era quasi deserta e sul mare a piccola distanza un bragozzo veneziano, con la vela color arancione e un grande sole a lingue di fuoco dipinto sulla vela, si allontanava in quel momento con un suono di trattore.

Tornò alla tenda, andò alla doccia (che era fredda), si rasò e poi si cambiò d'abito, si spruzzò in faccia un po' di profumo. All'entrata incontrò Corvo Selvaggio che invece era in pantaloncini corti e canottiera come al mattino. Parlava con delle ragazze, anche loro già pronte per uscire, ma, si sarebbe detto, incerte sul da farsi e senza appuntamenti precisi.

«Io di qui non mi posso muovere, è il mio preciso dovere,» disse Corvo Selvaggio «da quest'ora in poi comincia la cagnara». Corvo Selvaggio presentò Bruno alle ragazze, che erano quattro, e stettero un po' lì a chiacchierare, le une non conoscendo i propri progetti per la serata, né quelli di Bruno che a sua volta non li conosceva. Bruno era un bell'uomo, dall'apparenza molto più giovane dei suoi anni ma era timido, poco pratico, si vergognava di unirsi alla compagnia delle ragazze che tra l'altro erano tutte molto giovani e carine, meno una. Si azzardò a chiedere: «Andate a ballare?».

«Mah, forse» risposero due delle ragazze.

«Avete già mangiato?».

«Sì» risposero le ragazze.

«Io no,» disse Bruno «mangerei molto volentieri una pizza».

«Qui vicino c'è una pizzeria birreria, c'è anche la pista da ballo» disse una delle ragazze che si chiamava Ines. Le altre si chiamavano Maria-Rita, Sandra, Olis. Erano tutte e quattro profumate e molto ben truccate con la porporina sulle palpebre. Bruno le invitò ad accompagnarlo e a bere una birra mentre lui mangiava la pizza. Accettarono, con l'aria di farlo malvolentieri ma tanto per muoversi.

Bruno chiacchierò molto con le ragazze che invece parlavano poco, ballò parecchio (aveva passato la gioventù a partecipare a gare di ballo), così oltre la birra le ragazze accettarono anche la pizza. Mangiavano con molta «educazione», tenendo bene le posate tra le dita e a piccoli bocconi. Erano infatti impiegate, come Bruno aveva sospettato. Maria-Rita, che era la più vecchia delle quattro, non era «malvagia», ma la più bella era Ines che era anche la più giovane e quella che rideva di più. Nonostante la timidezza, la discrezione e le ragioni d'età Bruno pensò che era quella che gli piaceva di più.

Dopo le pizze, la birra, i balli, fecero un lungo giro a piedi, tornarono indietro al Metropolis.

Le ragazze mostrarono la loro tenda, con lo specchio e molti vestiti appesi, anche lunghi, gli parve, e gli offrirono un whisky, poi Bruno andò a dormire.

Durante la notte, ma nel sonno, essendo a due metri dalla strada fu disturbato molte volte da automobilisti che partivano di colpo facendo stridere le gomme e verso il mattino fu svegliato dalla voce di Corvo Selvaggio che diceva: «Vi avverto, per il vostro bene, vi avverto in tempo: se vi avvicinate sarò costretto a distruggervi, a disintegrarvi. Attenzione, uomo avvisato mezzo salvato. Per cortesia, conterò fino a tre: uno...» ci fu una pausa rotta da un fischio e da una sghignazzata... «due...» altra pausa di assoluto silenzio e il rumore delle ciabatte giapponesi di Corvo Selvaggio che si avvicinava, poi subito dopo un brontolamento e uno scalpiccio di persone che correvano. Corvo Selvaggio disse «tre» con una specie di urlo. Subito dopo Bruno si addormentò.

Passarono i giorni, anche il ferragosto, con i fuochi artificiali visti dal bragozzo sul mare insieme alle ragazze. Bruno frequentava spesso la tenda delle ragazze e gli piaceva Ines, non c'era niente da fare, lei aveva capito senza che fosse stato lui a farglielo capire, e talvolta sbuffava, talvolta accettava di andare a mangiare la pizza con lui. Bruno vide molto poco il mare e fece soltanto un bagno perché le ragazze stavano quasi sempre in tenda, a pettinarsi, a truccarsi, a cambiarsi e a scambiarsi i vestiti. Spesso Bruno faceva da cuoco quando le ragazze invitavano amici a mangiare in tenda: prima tutti lo chiamavano signor Bruno, poi Bruno e i ragazzi gli davano del tu. Bruno era felice, aveva fatto molto bene a scegliere Iesolo e il camping Metropolis, una sera andarono tutti al Luna Park, che era immenso, e al Castello Incantato Ines che era seduta accanto a Bruno quando saltò su lo scheletro si rannicchiò contro di lui.

Il diciotto di agosto le ragazze partirono, Bruno restò ancora due giorni (il camping si era svuotato) poi partì anche lui. Prima di partire scrisse un reclamo che consegnò alla direzione per la poca pulizia delle docce e soprattutto dei gabinetti. Corvo Selvaggio rimase: Bruno andò a salutarlo nella sua piccolissima tenda dove durante il giorno Corvo Selvaggio riparava qualche orologio dei campeggiatori.

Bruno tornò in mobilificio: passò settembre, ottobre, novembre e quasi tutto dicembre. Si era tenuto in contatto con Ines, scrisse due cartoline, una dal Lago Maggiore, telefonò una volta alla Pi-Erre dove Ines lavorava: era stata gentile, l'aveva invitato ad andarla a trovare.

Il giorno 31 di dicembre Bruno pensò di andarla a trovare, in fondo erano solo cinque ore di macchina. Arrivò al paese di Ines che era vicino a Iesolo, cercò la sua casa all'indirizzo che aveva ma Ines non c'era, la madre gli disse che era andata in montagna con la compagnia. Bruno mangiò in una trattoria del paese dove alla sera si facevano grandi feste, a cui si iscrisse, per la lotteria, e dormì in un albergo verso Iesolo. Il mattino dopo andò a Iesolo per rivedere il camping. Lo trovò a stento, tutto era deserto e irriconoscibile.

Non c'erano le pagliarelle, i gabinetti e le docce erano sbarrati con delle tavole rose dal salso, non una roulotte, una tenda, niente: questo non se lo aspettava. Si disse: «Lì c'era la macchina di Corvo Selvaggio, qui la mia tenda» e cercava qualche segno, qualche cartaccia, una bottiglia vuota ma non c'era nulla di nulla.

Attraversò la strada, andò verso il mare: «Qui c'era la tenda delle ragazze e di Ines», guardò il mare che era furioso con grandi onde e spume e uscì: fece due passi e, sbarrata anche quella da tavole, vide la pizzeria. Anche lì intorno fece un piccolo inventario: «Qui c'erano i go-kart, lì i polli allo spiedo, qui la tabaccheria dove Maria-Rita ha comprato l'Ambra Solare e Ines è tornata indietro per cambiarla con un'altra crema». Le strade erano piene di sabbia portata dal vento, a piccole dune, non c'era musica, non c'era una macchina, non un profumo, nulla.

MATRIMONIO

La sera del primo maggio a Mosca, dopo le para-
te, i missili, i ginnasti e gli uomini irsuti barcollanti
di vodka nelle strade percorse da una aria come di
cemento, un giovane commerciante di bestiame italiano vide nell'enorme sala stracolma dell'Hotel Sovietskaia una donna che gli piaceva. La donna stava
a un tavolo con dei georgiani, era bruna, piccola,
con occhi accesi e rotonda. I suoi compagni di tavolo erano uomini grassi e baffuti, con grandi nasi e il
berretto in testa, due o tre ufficiali, anche quelli baffuti e somiglianti a Stalin e altre donne grasse con
vestiti a fiorami che mangiavano e bevevano.
Sembrava un tavolo di turchi e anche la donna a
dire il vero sembrava un po' turca per la pelle chiara e la carne come di gomma, ma c'era nel suo ridere a brevi gorgheggi qualcosa di più leggero e incosciente. Era anche molto truccata e da certi sguardi
obliqui che rispondevano al suo, il giovane commerciante (che si chiamava Francesco) si fece l'idea che
era una donna avvicinabile. Francesco conosceva
Mosca e la Russia, ci veniva due o tre volte l'anno

per l'acquisto di grandi quantità di bestiame e tra le poche donne russe che aveva conosciuto non ne aveva mai viste di così, sapeva però che ce n'erano e che si davano da fare nei giorni di festa.

Francesco era ricco e disponeva di molto denaro e di molto tempo: durante quel tempo, una settimana, cinque settimane, cinque mesi che la burocrazia sovietica riusciva a far diventare sempre più lungo, si annoiava e finiva per passare le giornate in albergo a leggere libri di storia (la sola passione che gli era rimasta dal liceo) e a correre su e giù dalla telescrivente attraverso cui comunicava ai familiari i prezzi del bestiame e le continue variazioni. Conosceva pochissime parole di russo ma non lo capiva, conosceva un po' il francese e l'inglese che aveva imparato con difficoltà e non aveva amici. Girava per la città con la sua grossa Mercedes o solo o insieme a un interprete, che però non era mai veramente fisso: in questo modo conosceva a memoria le strade e le chiese di Mosca e tutti i musei, tutti i mercati, tutti i bar per stranieri e molti luoghi delle battaglie napoleoniche che aveva ricostruito.

Era un uomo di campagna e nonostante gli «studi classici» era rimasto tale: gli affari di famiglia lo interessavano più di qualunque laurea ed erano, come si è detto, grossissimi affari. All'estero sentiva però la mancanza della famiglia (pure non essendo sposato), del paese, del bar, e dei mercati, più di ogni altra cosa delle stagioni italiane e nei tempi di semine o di raccolti passava le giornate alla telescrivente per sapere da casa se aveva piovuto o no, o, nel caso di temporali, se aveva grandinato. Non era molto alto, aveva capelli folti, duri e ricciuti e una grande forza fisica che non sapeva come impiegare a Mosca. Di tanto in tanto pensava di sposarsi.

Verso la fine del pranzo (lui stava con l'interprete) arrivò l'orchestra tra grandi applausi e alcune coppie

cominciarono a ballare in quel modo agricolo e antiquato che hanno i russi. Quando attaccò un valzer
Francesco si levò dal tavolo, si inchinò alla donna rotonda e si avviò con lei accanto all'orchestra: stranamente sapeva ballare molto bene, la sua carne era veramente di gomma ma, ahimè!, non sapeva parlare
nessuna lingua all'infuori del russo. Capì solo il suo
nome: Alla. Si servì così dell'interprete (un giovane
dai capelli color stoppa, che mangiava moltissimo)
per far chiedere alla donna il suo numero di telefono, che ottenne dopo lunghi parlamentari dell'interprete. I georgiani parevano seccati, la serata finì presto con discussioni e la donna sparì.

Il giorno dopo Francesco telefonò alla donna che
però parlò a lungo in russo ed egli non capì nulla.
Si lasciarono ma subito dopo fu un'altra donna a telefonare, una che parlava inglese, che si disse amica
di Alla e si offriva come interprete telefonica. Francesco disse chi era, cosa faceva e cercò di stabilire
un appuntamento con Alla. La donna rispose che
avrebbe riferito e richiamato. Squillò una seconda
volta il telefono: Alla voleva sapere, tramite l'amica
interprete, quali erano le intenzioni di Francesco
perché avrebbe potuto accettare l'appuntamento
solo a fini matrimoniali. Francesco disse che avrebbe potuto esaminare la situazione ma per farlo
avrebbe dovuto conoscere meglio Alla. Dopo quattro o cinque scambi di telefonate fu inteso che si sarebbero visti alle tre di sabato nel giardino pubblico
sul lato destro delle mura del Kremlino.

Arrivò il sabato, Alla stava ad aspettarlo su una
panchina e dava da mangiare ai passeri da un cartoccio di pane. Parlarono a lungo ma nessuno dei
due capì assolutamente nulla. Cenarono al ristorante georgiano, parlando molto ma sempre senza ca-
pirsi (Alla parlava sottovoce) di quando in quando
affiorava qualche parola, la parola Italia, la parola

samaliota (aereo, che Francesco conosceva), la parola *marriage* e anche *passport*.

Alla fine della cena Francesco disse *dom, doma* per far capire alla donna che avrebbero potuto passare qualche ora nella casa di lei, ma la donna scosse il capo e lo guardò con malizia facendo un cenno come dire: birbante. Allora disse la parola «Sovietskaia» e qui la donna scosse il capo con terrore. Usciti dal ristorante Alla non volle essere accompagnata a casa, guardò a lungo la Mercedes lodandola con parole incomprensibili, ma si fece lasciare a un imbocco di metropolitana.

Durante la settimana ci fu un fitto scambio di telefonate. Ora non era più Francesco che chiamava, ma Alla, attraverso l'amica che parlava inglese. Il tema ricorrente era sempre il matrimonio, il passaporto, l'Italia. Francesco disse chiaramente che voleva fare una visita alla casa di Alla e, dopo molte telefonate fu stabilito per il sabato successivo. Ebbe l'indirizzo, la spiegazione esatta e dettagliata: si trattava di una zona periferica, in direzione dell'aeroporto, molto dopo lo stadio Dinamo.

Alle cinque di sabato, con due bottiglie di vodka, tre scatole di collant, fiori e frutta, Francesco arrivò a quella che avrebbe dovuto essere la casa di Alla, un lungo edificio grigio, basso e piuttosto vecchio. Dietro l'entrata color cemento che sapeva di disinfettante trovò una vecchia infagottata, seduta su una specie di branda, che gli indicò la porta di Alla. Francesco suonò e subito la porta si aprì. Alla era vestita soltanto di una vestaglia di nylon trasparente, con delle ciabattine nuovissime, rosa, con un ciuffetto di struzzo, tutta roba straniera: era molto truccata e rotonda, lo guardò in modo serio e obliquo ma come recitando una parte. Francesco porse i doni che Alla guardò subito con curiosità e come valu-

247

tandoli, mutando sguardo, da quello obliquo a quello diretto della curiosità contadina.

L'appartamento di Alla consisteva di una sola piccola stanza, con una finestra che dava nel grande viale polveroso che portava all'aeroporto. La stanza era divisa a sua volta da due tende, una in un senso, una in un altro, così da formare minuscoli locali: quello dove lo condusse Alla conteneva un divano letto, un tavolino di fronte al divano, uno scaffale con dei libri e delle fotografie colorate a mano dentro una grande cornice di carta a vari colori e arricciata. A quel punto, guardando le fotografie, si avvide di ciò che gli aveva dato, fin dal momento in cui era entrato, una specie di vertigine, di forte mal di mare: era il pavimento, un pavimento strano che pendeva da un lato, ma la pendenza era così forte che tutti i mobili erano stati fissati alle pareti o al pavimento con spaghi e chiodi per non scivolare verso un solo lato della stanza.

Alla si accorse di quello che lui provava e rise, con quella sua risata di zingara, e lo fece sedere a forza, bruscamente, sul divano letto. Anche lei sedette, Francesco tentò alcuni approcci violentemente respinti tra risate e spintoni e subito cominciarono le conversazioni telefoniche con l'amica che parlava inglese.

Si svolgevano così: Alla parlava a lungo, Francesco rispondeva a lungo, tentando nel contempo sempre inutili approcci, Alla telefonava all'amica, passava il telefono a Francesco, Francesco spiegava all'amica quanto aveva detto prima. Passarono così un'ora, due ore, sette ore. Mangiarono degli antipasti e bevettero vodka. Alla aprì una piccola parte della vestaglia, del resto trasparente, Francesco si tolse la giacca. Sudavano. Alla si infilò due o tre volte dietro una tenda dove c'era un acquaio e un fornello e uno sgabuzzo di legno che doveva essere il gabinetto.

Dall'altra tenda sorse a un certo punto un respiro, poi un gemito. Francesco sollevò la tenda e guardò: su un lettuccio dormiva una ragazza sui dodici, tredici anni, dal volto lungo, cereo, madido di sudore: Alla fece capire che era molto malata ma chiuse con forza la tenda. Si discusse ancora a lungo, al telefono: tutte le modalità per un matrimonio in Russia, la richiesta di passaporto, i tempi d'attesa burocratica tra la richiesta e il passaporto ottenuto, e altre modalità burocratiche di cui Francesco non capì nulla: anche la voce dell'amica che parlava inglese si era fatta via via più burocratica e meticolosa e tutti quegli sforzi stancarono molto Francesco. Lui non aveva nessuna voglia di sposarsi, per cortesia non lo disse, e così le due donne, quella vera e rotonda e quell'altra chissà dove, arricchivano sempre di più la documentazione.

Francesco aveva ottenuto due baci ma era un po' ubriaco, più per la pendenza del pavimento che per la vodka, la ragazza di là dalla tenda si lamentava nel suo pallore (fu appurato che era la figlia), ci fu un andirivieni nel gabinetto, Alla era completamente ubriaca. Di là dalla finestra si vide scendere qualche fiocco di neve, in maggio, erano le due di notte. Francesco volle tornare in albergo, e disse due o tre volte «Sovietskaia» con un cenno come di dormire, ma Alla non lo lasciava andare ed egli dovette quasi lottare per raggiungere la porta. Lo fece barcollando e scivolò a terra, dalla parte della pendenza. Alla tentò ancora di trattenerlo con parole russe che dovevano essere molto dolci dal suono e quando lui fu sulla porta, abbracciandolo, si lasciò scivolare la vestaglia e rimase nuda. Francesco le fece una carezza sulla guancia e niente altro, Alla cominciò a piangere disperatamente barcollando e scivolando verso terra con un sospiro, sempre quello, dentro cui a Francesco parve di udire la parola *passport*.

Francesco tentava di aprire la porta e Alla disse, da terra: «No marriage?».

«Tomorrow» disse Francesco, e si curvò a farle una carezza che parve consolare Alla. Poi finalmente uscì, nell'oscurità vide brillare gli occhi della vecchia distesa sulla branda sotto un cumulo di stracci e di giornali, e quel brillare d'occhi gli fece pensare che anche lei, anche la vecchia era in qualche modo al corrente del progetto di matrimonio e, in qualche modo, se ne sentiva partecipe, cointeressata. Tanto grande è la speranza.

MISTERO

Un giorno infuocato d'estate, a Roma, nel tremolìo dell'aria calda che scioglieva l'asfalto delle strade e incollava a terra le suole delle scarpe un uomo imbambolato incontrò un amico seminudo in un'automobile, che gli faceva dei segni. L'auto si fermò accanto a lui in mezzo alla strada come per investirlo e l'amico che si chiamava Piero gli propose di andare al mare, a Ostia. Non aveva nulla da fare e il grande caldo, quasi uscisse dalla bocca di un forno, gli dava quel tipo di sopportazione mediterranea, come una cottura del cervello, che non permette nessuna anche minima decisione. Piero forse intuì questa immobilità fatale tra i palazzi umbertini roventi, aprì la portiera di lato e lo tirò dentro la macchina. Alla prima corsa l'aria, anche se calda, parve svegliare l'amico dallo stato meridionale in cui si trovava nella strada, tanto che cominciò a parlare.

«Dove andiamo?» domandò.

«Ti porto in un bellissimo posto che si chiama il buco» disse Piero.

«E perché il buco?».

«Perché si tratta di una zona di spiaggia chiusa da una rete metallica: nella rete metallica è stato fatto un buco e da lì si entra. Ho i panini,» aggiunse Piero ridendo «e lì vedrai i nudisti».

L'amico, che si chiamava Dino, conosceva poco Roma e le sue spiagge e non aveva mai visto i nudisti. Era ingenuo e disse:

«E bisogna spogliarsi nudi?».

«Se vuoi, ma se non vuoi puoi farne a meno, ti darò il mio costume se ti vergogni».

Non dissero molto durante il viaggio, l'auto attraversò l'EUR, poi si inoltrò in una stradina di campagna che Piero disse costeggiava Castelporziano, la tenuta del presidente della Repubblica. Dino intuiva un immenso parco con cinghiali e daini, come gli avevano detto, e insieme alle immagini di questa intuizione immediatamente sentì che l'aria mutava, da calda a fresca, soffiata fuori dal grande parco, dolcemente come da un condizionatore. Tuttavia era in uno stato d'animo, che spesso gli capitava nella campagna romana, di pugnalate e di sangue in mezzo alle mosche. Giunsero a una strada parallela al bosco, Piero aveva un braccialetto d'oro grosso e pieno di bagliori che Dino vide scrollare e sentì tintinnare mentre Piero manovrava per infilare la macchina ai bordi sabbiosi della strada, poi scesero con i loro sacchetti.

Trovarono subito il buco nella rete metallica e penetrarono in una zona di dune dove uno strettissimo sentiero si apriva serpeggiando in mezzo a una vasta e fitta vegetazione mediterranea. Ridendo in modo mefistofelico, con delle strida e dei brevi urli gutturali e soffocati, Piero lo guidò dentro quella stessa vegetazione che sembrava bassa e impraticabile ma non era: cavità arboree si aprivano nelle depressioni del terreno formando grandi e piccole grotte e corridoi dal tetto intricato di liane e di vegetazione, con il pavimento di sabbia finissima disseminato di fazzolettini di carta appallottolati.

Vi stagnava un forte odore umido e umano come nei bagni turchi. Si udivano anche sospiri e bisbigli, un frusciare di fronde, e Dino pensò fossero cinghiali o altra selvaggina che andava e veniva attraverso quei meandri, dal parco del presidente direttamente al mare. Senonché intravide due corpi snelli e neri con minuscoli slip colorati fuggire tra le frasche con quel lieve ma largo tonfo che fanno le piante dei piedi nella sabbia. C'era però qualche uccello perché si sentiva fischiare, e a Dino parve di vedere un fagiano attraversare un tratto di sabbia illuminato da una fascia di sole e infrattarsi a zampate velocissime di corridore, con il petto in fuori, il minuscolo capo eretto.

Piero, con le sue risate mefistofeliche e brevi emesse sulla soglia di quel labirinto, così simili ai richiami di un volatile esotico e ora, nella penombra umida e quasi fumigante, con i suoi denti di un biancore di volpe che fuoriuscivano dalle labbra raggrinzite sulle gote come dalle fauci di quell'animale, mise Dino in uno stato di inquietudine; che si tradusse nel timore che il terreno fosse coperto di schegge di vetro nascoste dalla sabbia e il luogo fosse popolato di esseri pericolosi e deformi, forse malati di mente portati là a fare il bagno e a prendere il sole in quella spiaggia abbandonata da tutti.

Percorsero ancora un sentiero serpeggiante tra bassi e fitti cespugli e si trovarono in faccia a una duna di sabbia molto alta, come un'onda. Salirono, e di là Dino vide una larga spiaggia e il mare. A Dino parve di avere conferma immediata dei suoi sospetti perché i primi bagnanti che vide accoccolati sulla spiaggia coperti di tuniche arabe o stracci avvolti intorno alla vita oppure minuscoli slip con catene dorate gli parvero appunto, per i loro occhi obliqui ma lampeggianti sotto le pelli nere, malati di mente o carcerati o deformi di una certa età.

Vide per lo più uomini, alcuni con lunghe barbe bianche o nere, chi magro e tutto pelle e ossa, chi grassissimo e avvolto dentro una specie di mutandoni di plastica rosa a fiorellini, chiusi con un elastico al petto e alle ginocchia e immersi in pozze di sudore. Vide altri, giovani e neri con capelli biondi malamente ossigenati lunghi oltre le spalle, che si sarebbero dette ragazze: ma una ombra bluastra di barba intorno al volto quadrato di braccianti del Sud mostrava che non lo erano.

Poi vide famiglie intere sotto due ombrelloni, tutti grassi, proprio nel momento in cui mescolavano della pasta al sugo dentro un'immensa terrina di plastica verde. Anche queste gli parvero famiglie di carcerati o di malati di mente e di ossa, a cui era stato dato il permesso di prendere il sole. Infine entrarono in una capannuccia di canne, dove si cambiarono (Piero restò nudo e diede il suo costume a Dino) e bevvero bibite servite da un uomo dai capelli bruciati da una tintura violacea, le gambe cortissime e potenti, cosparse da un labirinto di nodi di vene che parevano sul punto di scoppiare.

Si incamminarono sulla spiaggia e subito Dino si buttò in mare per gettare acqua fresca su quelle immagini e tornò fuori subito perché le onde alte gli impedivano di nuotare con piacere. Fu proprio in quel momento che il luogo parve improvvisamente cambiare come per un effetto che in cinema viene chiamato dissolvenza: da un tremolìo improvviso e sfocato Dino vide camminare davanti a sé, gli parve nel silenzio assoluto salvo il rumore del mare, alcuni gruppi di persone nude, e altri gruppi si accorse che stavano distesi lungo quel corridoio di sabbia bagnato dal mare.

I nudi che aveva sotto gli occhi non tutti erano belli e armonici: alcuni mostravano tra le gambe (gli uomini) come un mignolo puntato di lato, altri una grossa vena straripante, bluastra e lucida, altri ancora un semplice bottone di carne che occhieggiava dai peli del pube. Le donne non mostravano nulla salvo i seni e i peli del pube ma di esse Dino fu colpito dai diversi tipi di carne, che doveva costituire in ogni caso il novanta per cento del loro peso quasi non avessero ossa. Una ragazza dai lunghi capelli rame, uscita in quel momento dal mare aveva una carne che a Dino parve bellissima, leggera ed elastica, colore latte, e come gonfiata da una pompa di bicicletta, così apparivano i seni e le natiche sostenuti nell'aria dal gas propano dei palloncini delle fiere.

Tutta quella nudità parve a Dino scherzosa e leggera, simile a oggetti di gioco e di cibo, palloni, bottoni, manine e braccetti di bambini, trippa e campane di vitello esposti dal macellaio. Al contrario dei bagnanti che aveva visto prima, così minacciosi gli pareva, con un passato di delitti e di sangue, di droga e di deformità ereditarie, quelle nudità totali gli parvero più educate e leggere, come di corpi non pericolosi a cui l'aggressività animale e minacciosa rappresentata dal sesso coperto fosse stata sfilata via dal corpo come il costume da bagno. «Che strano» pensò «pochi minuti fa tutto mi pareva misterioso e tremendo, ora tutto mi pare chiaro e innocuo, sono bastati pochi metri di spiaggia».

Lo disse a Piero che rise nel suo modo di lince. Ma la sua risata, anche quella, non gli fece più nessun effetto e il mistero che durava dalle fiamme del sole del mattino, fu spazzato via dalla brezza marina.

n

NOIA

Un giorno un uomo che spesso si illudeva (ma non troppo) di poter scovare nei suoi simili e nella vita qualche motivo di novità, di imprevedibilità e addirittura di mistero come nei romanzi gialli, si trovò a colazione con un gruppetto di conoscenti in un bel terrazzo sul mare. La ragione delle sue speranze nasceva dal fatto che da più parti aveva sentito dire: la vita è sempre imprevedibile, talvolta romanzesca, mai noiosa. Convinzione che l'uomo sotto sotto non condivideva avendo vissuto sessant'anni di avvenimenti che, a partire dai venticinque-trenta, erano stati tutti previsti o quanto meno prevedibili.

C'erano stati, sì, dei fatti personali, apparsi esaltanti e subito dopo noiosi. Qualche volta tuttavia era stato piacevolmente smentito, ma erano avvenimenti di pochissimo conto: una volta era stato chiuso dentro un ascensore per più di dieci ore (imprevedibile), un'altra era rimasto senza benzina nel mezzo del deserto dell'Arizona (prevedibile ma sorprendente), altre volte ancora si era sentito attratto dalla sperata novità nel volto e nell'atteggiamento di alcune persone, che in realtà lo avevano sorpreso e interessato, per pochissimo ma anche per moltissimo tempo. Ma anche queste persone purtroppo erano finite per diventare prevedibili grazie a un meccanismo selettivo che finiva per individuare le ripetizioni, cioè i tratti noiosi. Un certo stile nelle persone, e il candore, quello sì lo colpiva e non lo annoiava ma era cosa rara, come un lampo, e il candore nei bambini durava poco.

Quel giorno sul mare egli non aveva particolare motivo di speranza osservando i suoi ospiti, ma nemmeno di profonda delusione: si trattava di quelle tavolate di famiglie borghesi, dando al significato della parola «borghese» quanto di meglio si può dare: cioè quel certo calore famigliare, che nasce soprattutto dalla presenza di ragazzi e bambini anche piccolissimi: dei quali ultimi si sa che strilleranno, come è prevedibile, ma non quando strilleranno. E già questo era qualche cosa. C'erano ragazzi e ragazze sui quindici-sedici anni, età curiosa e, se vogliamo, interessante per la prima apparizione (o dissimulazione) del carattere. C'erano ancora una coppia di sposi sui trentacinque anni, dall'aria al tempo stesso dignitosa e mogia, che egli non aveva mai visto ma che si sarebbe divertito un po' a guardare. I padroni di casa e altri ancora.

Cominciò a guardare i ragazzi e le ragazze, queste ultime erano due, entrambe «carine» e, come sempre per le femmine di quell'età, con qualche cosa di innocente e trepidante che dava loro un'aria aperta e gentile. Non così i ragazzi: uno dei quali (e non a causa della presenza delle femmine, rispettivamente sorella e cugina) aveva assunto un'espressione del volto schifiltosa e piena di superiorità e di presa in giro non si sa verso chi e per quale ragione: ma ce ne sono tanti di questi tipi tra i ragazzi. L'altro poi aveva un occhio (uno dei due occhi) che gli parve addirittura losco, losco nel vero senso della parola, cioè quasi acciaccato e diverso dall'altro con cui sogguardava tutti. «Ma è l'età, non l'occhio, che è losca» si disse l'uomo, colpito da quell'occhio che pareva celare verso «i grandi» e specialmente verso il padre un vero e proprio odio. «Da questa età uno comincia ad essere quello che è, e sarà per tutta la vita. Forse questo qui non sarà un conclamato delinquente ma avrà certamente nei confronti della vita un atteggiamento losco come il suo occhio».

Così riflettendo arrivò il cibo, prevedibile e buono, insomma un po' noioso, dopo il cibo la conversazione. La coppia di sposi che erano ospiti, cominciò ad accudire alle proprie faccende, cioè quello che una coppia ospite deve fare quando è in casa d'altri: la donna prese in braccio i suoi gemelli che incominciarono, tutti e due, a frignare, il marito girò intorno al tavolo rotondo a scattare fotografie all'uno e all'altro, poi a tutti insieme, scrivendo meticolosamente gli indirizzi per poi poterle spedire una volta sviluppate. L'uomo, che non li aveva mai visti prima di allora, e già questa era una novità, cominciò a fare, per passare il tempo, quel purtroppo ogni giorno più rapido lavoro di osservazione, o di setaccio, sui volti e sugli atteggiamenti dei due sconosciuti così da cavarne una impressione generale. Non ci volle molto: la donna era veramente scialba e triste, una che si era sposata perché doveva sposarsi e aveva saputo unire, per istinto e fortuna, il dovere del matrimonio con il dovere dell'amore, sia coniugale che famigliare. Aveva delle sopracciglia che guardavano in basso come piangenti e così gli angoli degli occhi. Una fessura tra i denti incisivi che probabilmente durante l'adolescenza e la giovinezza era potuta sembrare attraente così da trovare un fidanzato e perfino sposarlo.

Dopodiché, una volta assolta quella funzione, la

fessura tra i denti aveva smesso di dire qualcosa; ma tutta l'espressione fisica e verbale (parlava pochissimo, gentilmente, con molto senno e voce flebilissima) giunta alla maturità dei trentacinque, era quella di una madre e di una sposa che si poteva benissimo immaginare a cinquanta, a sessanta e a settanta. Insomma c'era nella donna, per quanto debole e mogia, una certa forza modesta e famigliare che prometteva fedeltà e continuità per tutta la vita avvenire.

Il marito invece, estremamente mogio anche quello, prometteva sì, anche lui, continuità e fedeltà famigliari (non così longevo tuttavia) ma, si sarebbe detto, quasi rassegnato e contro voglia. Come dire: «avrei potuto e potrei fare di più con le donne e con la vita». Era un dirlo senza dirlo, più agli altri che a se stesso: egli sapeva dentro di sé che oltre quella mogeria non avrebbe mai potuto andare ma sperava che gli altri, per una sua certa dignità formale, educata e per così dire «di belle speranze» coltivate dalla madre inglese, fossero così gentili e buoni da pensare così. Al tempo stesso sapeva che, per quanto buoni, non potevano, era impossibile che pensassero così: per i suoi occhi acquosi di vecchio, per la sua pappagorgia, per i seni cadenti sotto la maglietta e soprattutto per il suo sedere di grasso dimagrito, sedere di oca, che proprio come un'oca muoveva qua e là.

Fece intendere che il suo lavoro, di manager, lo obbligava ad abitare a Torino dove aveva comprato una casa: e qui si inoltrò nei dettagli dei prezzi delle case, quanto costava un metro quadrato qui e quanto là, e quante stanze e quanti servizi, concludendo che avevano una casa piccola piccolissima, ma «pratica». Quello dei prezzi delle case fu il suo pezzo forte, era chiaro che aveva ponderato con molta ansia come e dove spendere i soldi che non erano suoi ma della famiglia per una casa che avrebbe dovuto essere quella di tutta la vita. A Torino. Ogni volta che ne parlava, e nel farlo assumeva un povero tono di intenditore di materiali, di piastrelle e di porcellane da bagno, la moglie lo stava ad ascoltare con i gemelli in braccio (molto brutti a dire il vero, tutti e due) pure approvandolo in ogni sua parola, non poteva fare a meno di curvare ancora di più gli angoli degli occhi e delle sopracciglia come per scusarlo, per scusarsi. La tacita e mimica scusa le pareva per così dire richiesta, come se la buona educazione la obbligasse a farlo.

La conversazione si fece anche un po' politica, naturalmente, e il manager disse che si sentiva, era e votava liberale. Lo disse con la pochissima convinzione di tutto il resto (salvo il prezzo dei metri quadrati delle case) come per far intendere che egli era «per ragioni di famiglia» un conservatore: all'inglese (come la madre), all'americana. Così mogia anche se ammantata di dignità appunto liberale fu questa dichiarazione di voto e questa parentesi politica che tutto finì lì. I ragazzi e le ragazze si annoiavano, come sempre si annoiano con i «grandi» i ragazzi di quell'età, e se ne andarono. Si guardò il mare su cui si stagliava una vela bianca a righe blu che, con il sopraggiungere di un po' di vento, si gonfiò.

I padroni di casa, vispi e molto efficienti, si davano da fare per portare avanti e indietro dalla terrazza alla cucina i piatti con i cibi non finiti, i bicchieri e tutto il resto. Si muovevano con la disinvoltura della proprietà della casa e dell'efficienza che nonostante la buona volontà mancava ai due sposi ospiti. Era inevitabile che, a questo punto, si parlasse di personale domestico. Ma l'argomento fu spazzato via dalla padrona di casa con la seguente frase: «Bisogna arrangiarsi e basta». Tuttavia l'uomo che stava ad osservare provò ad immaginare la vita dei due coniugi e gemelli a Torino, nell'appartamento «pratico» ma

263

certamente privi di persone di servizio. Lo immaginò anche con l'aiuto di alcune fotografie a colori che furono distribuite agli ospiti e in cui, da qualche particolare, si poteva indovinare l'appartamento e la vita famigliare che vi si conduceva: i due sposi in vestaglia con i gemelli, uno a testa, un muro di fondo color crema, lo schienale di una sedia «moderna», tazze da tè di maiolica color rosso acceso, un quadro moderatamente astratto. Poi, di colpo, apparve la fotografia di una bambina, la più vecchia, che lì non c'era, di nove-dieci anni: un'oca, con un naso a becco, gli occhi piccoli e rotondi ai lati di una testa pallida, il sedere grosso e basso e perfino due mani grandi e quasi palmate da oca.

L'uomo, come costretto dalla buona educazione, dalle lavate di capo prese durante l'infanzia e per una buona e umana intenzione di giudizio pensò: «Eppure hanno un cuore anche loro» pensiero scemo e non suo, affiorato da chissà dove, ereditato certamente dalla cosiddetta convivenza civile. Pensiero mieloso e stupido, di cui sorrise ma a quel punto, sopraffatto dalla noia anche di se stesso, chiese scusa e se ne andò.

NOSTALGIA

Un giorno di un'estate lontana una donna di circa quarant'anni dall'aspetto però fanciullesco e roseo, con occhi celestini (si dice sempre azzurri) e una carnagione come gonfia, preparò il suo animo a una gita, più che altro una passeggiata di cui ebbe nostalgia. Si trovava in una specie di villeggiatura, strana villeggiatura trattandosi di un semiospizio per vecchi, sul cocuzzolo di una collina, diretto da una ex maestra elementare enorme, gialla in volto e cieca, con le orbite vuote: era, come si dice, una villeggiatura «di mezza montagna», e come tale a buon mercato. Laura, la nostra protagonista, l'aveva scelto per questo. Non c'era assolutamente nulla in quel luogo, di bello o di interessante, salvo «l'aria fina», «le arie», essendo a trecentocinquanta metri sul livello del mare: ma c'era caldo anche lì, qualche volta.

La vita di villeggiatura, se così si può dire, si svolgeva tutta in pochi metri intorno all'ospizio (i vecchi non si vedevano mai, molto raramente uscivano, essendo quasi tutti morenti) composto di una casa e di una chiesetta: il campanile era distaccato a metà strada tra la casa e la chiesa e visto da distanza pareva un piccolo torrione con due corna. Al di sotto del cocuzzolo serpeggiava una strada che scendeva in pianura tra roveti e improvvise schiarite di praticelli in declivio, sassosi, infuocati di sole e popolati di vipere. C'erano anche molte lucertole, ramarri e in una pozza di acqua piovana ai piedi del campanile milioni di girini, e qualche rana. Poco distante un grande bosco di castagni con terra arrossata dalla loro linfa dove era sconsigliabile entrare per non perdersi, tante e diverse erano le tracce di smottamenti nel suolo, che parevano sentieri ma non erano. Qui si diceva vi fossero porcospini e tassi, quasi ad arricchire di qualche cosa la nessuna fama del luogo, ma pochi però riuscirono a vederli e senza alcuna certezza, data la sonnolenza e la timidezza di quegli animali.

Dirigeva la piccola pensione-ospizio agli ordini della maestra cieca una nipote di questa, piccolissima e con un nasino corroso dal lupus. Ospiti paganti erano, oltre Laura e il figlio dodicenne che trafficava clandestinamente con zolfo e potassio per fabbricare bombe, un ingegnere navale fuggito da Bengasi l'anno stesso, il 1941, con la famiglia, anche lui parente della maestra cieca: un uomo bruno, robusto, abbronzato e senza un braccio, la manica della giacca ripiegata verso l'alto e appuntata con uno spillo di sicurezza alla spalla. Frequentatore assiduo della minima brigata era un contadino piuttosto ricco e nullafacente che si inerpicava fin lassù con un calessino per poter giocare a carte con qualcuno. Non è colpa nostra se anche il contadino, chiamato Bacco per libagioni continue, era privo di una gamba, perduta durante la prima guerra mondiale, e se al posto della gamba aveva un bastone con la punta di gomma.
Questa la compagnia che doveva fare la passeggiata fino a un paese (due case e una chiesa) che

stava più in alto e che, a differenza del luogo dove si trovava l'ospizio aveva una sola cosa in più: un'osteria con spaccio di viveri nei quali dominava l'odore del concentrato di pomodoro esposto in un grosso vaso al centro dello spaccio. Si diceva che dentro il vaso c'era un cucchiaione di legno e accanto al vaso minuscoli pezzi di carta oleata, già pronti, in cui veniva travasato per pesarlo: mai più di mezzo etto.

Laura si aggregò alla piccola compagnia dell'ingegnere e di Bacco (che volle anche lui fare il tratto a piedi piroettando sulla gamba di legno), dei figli e della moglie dell'ingegnere, un'araba, e di un vecchio dell'ospizio ancora in salute che faceva da bastone-guida alla maestra cieca. Il figlio di Laura rimase all'ospizio per fabbricare una sua bomba segretissima con cui aveva intenzione di far saltare il campanile. Erano, chissà perché, tutti allegri, forse perché così poche erano le novità offerte dal luogo (non arrivava nemmeno la posta) che il solo fatto di muoversi in compagnia per non più di una passeggiata creava quella frizzante attesa, di scampagnate, di picnic, di cui ogni luogo di villeggiatura, grande o piccolo, ha diritto. Forse, ma solo forse, vi era nell'animo di Laura e dell'ingegnere di Bengasi una certa simpatia uno per l'altra, ma niente più di una simpatia dovuta certamente al fatto che né Laura né l'ingegnere avevano fatto un matrimonio felice, che anzi erano infelici, l'ingegnere sapendolo, Laura ignorandolo. Ma la simpatia si limitava a parlare di Como (l'ingegnere era di Como) che Laura conosceva da bambina e dove era stata portata in uno studio fotografico per un ritratto: uno sfondo di cartone del lago e dei monti, una piccola Lucia Mondella (però riconoscibile) che stava in una barchetta in mezzo al lago, e davanti al paesaggio di cartone una seggiolina di sambuco dove Laura, con un vestito rosa e una sciarpa azzurra in vita, in piedi sulla sedia, una mani-

na grassoccia appoggiata allo schienale, era stata ri-
tratta. Oltre questo particolare (l'ingegnere credeva
di aver individuato lo studio fotografico) la simpatia
non andava. L'ingegnere aveva simpatia anche per il
figlio di Laura e lo aiutava a fabbricare una nave a vapore di circa due metri che avrebbe dovuto chiamar-
si Rex, come il famoso transatlantico. Ma il figlio di
Laura era scorbutico e più che costruttore navale,
come si è detto, artificiere in proprio, e di nascosto,
dentro un porcile abbandonato.

Avevano un sacco da montagna con delle provvi-
ste, più che altro pane e vino, portato orgogliosa-
mente da Bacco su una spalla come una giubba. Il
sentiero che saliva al paese era sassoso, ripido, qua e
là apparvero capre e mucche con campanelli e cam-
panacci ma senza padrone tanto che venivano a
guardare in faccia i gitanti. Motivo forse di allegrez-
za tra questi era una sorgente, che avrebbero dovuto incontrare a poche centinaia di metri dal paese
(la distanza tra i due luoghi era forse tre chilometri)
sorgente di acqua minerale, tipo Fiuggi, e anche
questo era pur sempre un tocco termale al luogo
desolato.

Laura era di carattere allegro e così facile alle illusioni della vita che il solo fatto di raggiungere in
compagnia un paesetto di tre case che non aveva
mai visto, la riempiva di ansiosa felicità. Non tanto
per il paese che conosceva da lontano (lo vedeva
ogni mattina aprendo la finestra) quanto per il tra-
gitto, per la conversazione in compagnia (che del
resto faceva ogni sera, con tutti) che però in quel
particolare momento e caso, di moto verso luogo,
doveva essere ed effettivamente era diversa. Certo la
meta da raggiungere faceva parte di quella felicità
ma il movimento estivo da un luogo verso l'altro, da
quel luogo a quell'altro, tutta lì era la motivazione
reale della felicità. Lo era anche per gli altri della

compagnia, che erano stati altre volte e bevuto l'acqua della sorgente e comprato la conserva di pomodoro e avevano descritto il paesino a Laura e ancora stavano descrivendolo come un luogo dove l'aria era molto più fina di quello di partenza. Laura si era fatta rossa, camminava con impegno tra i sassi con certi sandali di gomma che le stringevano i piedi cicciuti e guardava con attenzione lungo i muriccioli che stavano ai lati del sentiero, che non uscissero vipere o bisce nerastre di cui aveva terrore. Ma il piacere era grande, dell'aria che sentiva raffinarsi quasi ad ogni metro, delle capre che saltellavano, di un cervo volante che andò a sbattere contro il petto della gigantesca maestra cieca, del fatto di essere sola senza l'amato ma scorbutico figlio e per di più in cammino, prima verso una sorgente di acqua che lei immaginava frizzante e poi verso un paese dai negozi sconosciuti.

Il cielo era uno di quelli sereni di agosto, quasi bianchi, dove il sole come diluito nell'aria non si guarda e non si vede, i profumi delle erbe e degli escrementi degli animali molto forti, gli alberelli di bacche verdissimi e quasi unti, i praticelli sassosi coperti di puntini volanti e ronzanti tra i quali, di tanto in tanto, come una madre superiora appariva una farfalla nera.

Bacco cantava certe canzoni un po' sguaiate e un po' spinte e la maestra lo colpiva violentemente senza sbagliare con il bastone, l'ingegnere di Bengasi pareva pensieroso, forse pensava alla sua attuale condizione di disoccupato a cui aveva detto però che non voleva pensare: la moglie con i figli meticci, color olio d'oliva, erano un'appendice umile e straniera, come l'estremo lembo sfilacciato di un piccolo corteo al seguito del Negus, ma senza il Negus.

Senonché, si udì improvvisamente un boato, un'esplosione proveniente dall'ospizio, un boato breve, rapido, ma seguito da innumerevoli echi tra valli e boschi. Una capretta si impennò sulle due zampe, Bacco piroettò sul perno di legno e si girò. Nulla, non si vedeva nulla, ma l'ingegnere che qualcosa sapeva dei traffici del figlio di Laura, consigliò di tornare subito indietro. L'umore di Laura cambiò di colpo perché la gita che le piaceva moltissimo era quasi fatta, erano giunti a dieci minuti dal paese. Tornarono e ora in faccia avevano l'ombra, la luce del sole era sull'altro versante.

Non era successo nulla, pareva, e solo più tardi, quando l'ingegnere ispezionò in lungo e in largo l'ospizio, la stalla, il pollaio, lo spiazzo tra chiesa e campanile si avvide delle tracce dell'esplosione, proprio ai piedi del campanile, già lievemente in pendenza, con due grosse crepe. Proibì nel modo più assoluto di suonare le campane. Bacco decise di scendere a valle per avvertire i carabinieri e fu in quel momento che il figlio di Laura, introvabile, uscì fuori e confessò piangendo la sua colpa. L'ingegnere minimizzò i danni per riguardo a Laura ma insomma si trattava di lavori molto costosi. Ora come ora il campanile era pericolante e bisognava puntellarlo. La denuncia, accordata con la maestra, fu contro ignoti. Ma a causa del figlio balzano che bisognava sorvegliare, la passeggiata non si fece mai più.

0

ODIO

Un giorno uno studente passò davanti alla porta di un grande albergo di montagna e vide uscire una donna un po' anziana, anzi la udì, perché la sua attenzione fu attratta da un suono animale, un canto di ranocchio. Girò lo sguardo e vide infatti una donna piccola, rotonda, fasciata da una pelliccia di visone bianco foderata di visone scuro. In capo aveva un colbacco a forma puntuta, anche quello di visone bianco e scuro. Anche gli stivaletti che aveva ai piedi erano lavorati con del visone bianco e scuro a spina di pesce.

La guardò in faccia: una faccia cotta da lunghe esposizioni al sole, marrone, unta e luccicante, a forma di escremento di mucca, come a cerchi concentrici; al tempo stesso pareva il muso schiacciato di un rospo, con due palle scure sporgenti ai lati, sormontate da una specie di cordone di sopracciglia fatte con la matita nera, e una larghissima bocca pendula agli angoli, senza labbra e tuttavia carica di rossetto. Aprì la bocca che pareva senza denti ed emise quel suono di rospo cantante, proprio come un rospo gonfiando la gola e le vene del collo.

Lo studente che era molto vicino non capì il significato di quel suono, però doveva essere un ordine a un cameriere che subito si affrettò verso una sdraio, la aprì e fece un cenno servile alla donna: questa sedette con le gambe larghe, estrasse diecimila lire nuove di zecca e come già pronte da una borsa di coccodrillo biancastro, con una mano scura tutta membrana e unghie colorate e le porse al cameriere.

Questa visione e il suono che ne usciva dal taglio umido e rosso della bocca con felicità e soddisfazione colpirono con violenza lo studente che si sentì impallidire e poi arrossire sopraffatto da un fortissimo sentimento di odio. Egli aveva provato odio molte volte ma forse non era odio se paragonato a quanto provava in quel momento: in quel momento egli avrebbe afferrato la donna dalla sdraio, trascinata sulla strada, colpita, calpestata e uccisa con gli scarponi da sci.

Aspettava degli amici che già lo chiamavano da una lunga automobile, con grandissimo sforzo distolse gli occhi e l'udito dalla donna e si avviò verso di loro. Di natura allegra, fece il viaggio con gli amici verso i campi di sci senza dire una parola, tanto che una ragazza di nome Marina, la Marilyn della facoltà di fisica, gli disse: «Oh, Pino (lo studente aveva lo strano nome di Fiordispino), ti sei svegliato male?».

«Non mi sento bene» disse lo studente con voce debole come se stesse per svenire. Era pallidissimo e ancora preda di quel sentimento che non era riuscito a spiegare dentro di sé tanto grande era l'emozione. La strada si inerpicava verso i campi di sci a strette curve e dopo due o tre di queste curve lo studente che non aveva mai sofferto la macchina chiese precipitosamente al guidatore di fermare, balzò fuori e vomitò sulla neve.

Si vergognò, specialmente nei confronti delle ragazze, Marina invece si avvicinò subito a lui che stava bocconi sulla neve ai bordi della strada e con una mano la raccoglieva e si strofinava la faccia. Disse ai ragazzi in macchina: «Andate avanti voi, semmai faccio l'auto-stop, non mi sento bene stamattina, scusatemi tutti».

Ci furono proteste di solidarietà, con in testa Marina nella sua tuta rossa che non voleva muoversi. Il guidatore, che proprio quell'inverno doveva laurearsi in medicina, accostò la macchina al bordo della strada, e fece il suo dovere di quasi medico: scese e diede un'occhiata all'amico, bianco come la neve.

«Ci vorrebbe un cognac, qualcosa del genere» disse il quasi medico, e subito un altro ragazzo, grasso e con i capelli rossi e ricciuti, tirò fuori dalla tasca della giacca a vento una minuscola bottiglia di whisky che porse all'amico. Lo studente bevve un lungo sorso e subito si sentì meglio, riprese anche colore e dopo qualche passo e qualche esercizio di ginnastica (era un ottimo atleta leggero della squadra universitaria) fece una corsetta e rientrò in macchina.

Salirono e giunsero alle seggiovie, da lì partirono verso la vetta e sciarono fino alle due del pomeriggio. Parlarono moltissimo sciando, si davano consigli e raccomandazioni, i più scadenti ai più bravi: «attento alla valanga!» dissero allo studente che era uscito di pista verso la neve fresca per fare una delle sue solite esibizioni «da camoscio». Ma lo studente non si sentiva in forma e cadde provocando una piccolissima valanga da cui però si rialzò e riprese a scendere pesando più che poteva sulla neve «rotta». Ma non era in forma, al rifugio quasi non mangiò, tornarono alle quattro, poco prima che il grande freddo del crepuscolo scendesse sulle montagne dalla punta rosa.

In camera, finalmente solo, Pino doveva studiare ma non poté farlo perché davanti alle formule, anzi, egli pensò «davanti alla cultura delle formule» si posò subito la larga faccia a forma di escremento di mucca della donna e la sua voce di rospo. Di nuovo quel sentimento lo prese quasi gonfiandogli i muscoli che sarebbero stati pronti a scattare in modo autonomo dalla mente, contro la donna, per picchiarla, calpestarla e ucciderla.

Lo studente si sfogò sul cuscino del letto e dopo una buona scarica di pugni si sentì più calmo e si mise a pensare: chi poteva essere quella donna? una riccona certamente, da come era conciata con quel doppio, triplo visone e quella borsa, e le diecimila lire date al cameriere solo per aver aperto la sedia a sdraio. Forse una fruttivendola all'ingrosso, una da mercati generali, ma no, molto di più: forse una commerciante di bestiame, forse aveva addirittura una banca, ma certamente la sua origine era popolare, una *self-made woman*, se non una baldracca che aveva sposato un riccone.

Ma non doveva essere così: chiaramente i soldi se li era guadagnati lei personalmente, con affari, o meglio con qualche fabbrica semiclandestina, certamente non aveva marito o se lo aveva il marito non contava nulla, era un poveraccio, magro, piccolo e servizievole.

Ma perché quel sentimento, quell'odio? Ora lo studente capiva che quel sentimento era soltanto odio, poiché era colto lo analizzò ed escluse subito che fosse odio di classe, sempre indiretto: qui si trattava di odio diretto, immediato, sotto certi aspetti animale, insomma lo definì tra sé odio di razza, di specie.

I suoi personali interessi di biologia, di comportamento animale, non lo aiutarono. Persistette nella definizione di odio di razza, di specie, concludendo tra sé, e rasserenandosi ad ogni istante di più, che gli uomini appartenevano solo convenzionalmente, anche se scientificamente, alla stessa razza, alla stessa specie, ma che in realtà erano di razze diverse, di una moltitudine di specie diverse che si polverizzavano fino all'individuo.

Lo studente dormì male, si svegliava continuamente e di soprassalto ma non ricordava se erano sogni o incubi che lo svegliavano, e quali. Al mattino si alzò presto, andò a prendere dei giornali, sedette al caffè, lesse ma sempre controvoglia e tutto sommato dimenticando, di quanto leggeva, una parola dopo l'altra. Vagò per il paese (durante la notte era caduta molta neve) in uno stato di grande inquietudine. Non voleva quasi dirlo a se stesso ma temeva di rivedere quella donna, di incontrarla da qualche parte, al tempo stesso lo voleva.

Era quasi l'ora dell'appuntamento, lo studente aveva appoggiato bastoncini e sci contro un distributore di benzina chiuso, e fu in quel momento che sentì il richiamo, il canto di rana della donna. Era uscita, stavolta con un'altra pelliccia, di lupo o di lince, molto gonfia e lunga fino ai piedi. Sempre però con uguale colbacco e una borsa di coccodrillo scura. Parlava e rideva mostrando il buco vuoto e nero della larga bocca dentro cui si intravedeva la lingua rossa e luccicante. «Forse ha un difetto nella bocca» pensò lo studente con calma ma immediatamente l'odio lo fece avvampare e gli gonfiò i muscoli, proprio nel momento in cui la donna passava accanto a lui. Lo studente vide le palpebre della donna verdi di bistro calarsi un attimo sui bulbi degli occhi proprio come le membrane dei rospi, e però volendo esprimere tra sé qualcosa: un momento di concentrazione, un conto, dei conti, come per qualche grosso guadagno da ottenere o non ottenuto.

Lo studente le diede un calcetto con uno strano riso, un piccolo calcio con la punta degli scarponi. Le palpebre verdi della donna si aprirono di colpo, gli occhi sporgenti lo guardarono con paura, le zampette si afferrarono a tutta la borsa stringendola a sé. Lo studente diede un altro calcio, molto più forte, a questo punto la donna mandò alto quel canto di ra-

277

na che però era lento, a strappi, quasi a chiamare gente, ma la gente non poteva capire quel verso e lo studente le diede un pugno molto forte prima sul colbacco che affondò fino agli occhi e poi nel mezzo della faccia da cui zampillò subito il sangue. La donna annaspò, fece come un piccolo balletto cieco intorno a se stessa, scivolò sul ghiaccio e cadde.

Sulla terrazza la gente guardava, incuriosita più che impaurita, c'era anche un vigile e un cameriere in giacca bianca ma chissà perché nessuno intervenne. Tutti guardavano ma non si muovevano. I colpi dello studente erano tremendi, il sangue gocciolava nella neve e ad essi rispondeva quel canto lento di rana, qualche sgambettio e niente di più.

A un certo punto lo studente tentò di sollevarla da terra per il risvolto della pelliccia, che subito si scucì, e portò il volto unto e scuro vicino al suo, per il colpo più forte, quello con cui avrebbe voluto ucciderla, in piena faccia: avvertì anche l'odore della crema per il sole ma in quel momento però la donna parve quasi sorridere, allargando la già larga bocca vuota e rossa di lingua in un sorriso di intesa, di accordo, insomma di affare.

Fu un attimo, l'attimo in cui lo studente, sollevato il pugno sopra la propria testa stava per calarlo sulla faccia di lei con la maggior forza possibile. Ma quel sorriso, quella proposta d'affare, tolsero ogni forza al pugno e vinsero. Lo studente lasciò andare la donna, che scivolò per terra ripetendo il suo verso e sempre guardando con quel sorriso: si girò di scatto e si avviò verso la macchina degli amici che era già lì ad aspettarlo. Caricò gli sci e partirono. Nessuno dell'albergo e delle sdraio si mosse, nemmeno il vigile, e la donna, dapprima a quattro zampe, poi barcollando, si rialzò in piedi, si riassettò, e lentamente, con un fazzoletto al naso, riprese la sua passeggiata.

OZIO

Un giorno un uomo lunatico fu svegliato poco prima dell'alba da un temporale: tuoni e lampi sembrava aprissero crepe nel muro e i fili elettrici mandavano scoppiettii e qualche scintilla. Abitava in una minuscola casa quasi sepolta in mezzo a un bosco, la sera prima si era addormentato al verso sgraziato di una gazza ancora sveglia: anzi erano due o tre gazze. O erano raganelle? Ancora ci pensava nonostante il frastuono. Non potevano essere raganelle, erano certamente gazze. Tale il quesito, che si era posto durante il giorno a più riprese e anche i giorni precedenti. Sul quesito lo aveva colto il sonno ed egli si era disteso di traverso nel grande letto dalle lenzuola ruvide con uno sbadiglio.

Ancora caldo di sonno lo sorpresero i tuoni e i lampi, il grande vento e poi la pioggia che scrosciava e un rumore strano, come di fontana, lo colpì subito in mezzo a tutto quel fragore. Si alzò e aprì la finestra. Gli alberi erano squassati in qua e in là dal vento e battuti dalla pioggia, la luce di un grigio azzurro. Nubi bianche come di fumo passavano veloci sotto quelle grigie ad una seconda altezza e ancora più alte stavano quasi immobili altre nubi colore del piombo: ma il sole da qualche parte dava un colore sulfureo ai margini del piombo.

Si vestì in fretta e si chiese ancora una volta da dove veniva quel rumore di fontana e una grande curiosità di uscire lo prese. Scese al piano di sotto, aprì scuri e porte subito investito dagli schizzi della pioggia. Uscire doveva uscire, la casa era umida e doveva accendere il fuoco: per farlo occorreva legna e la legnaia era fuori casa.

Si mise in capo un berretto e uscì guardando in alto, da dove veniva il rumore d'acqua. Si accorse subito che le grondaie erano bucate e da quei buchi usciva l'acqua come da fontanelle: quella era l'origine del rumore. Ma chi poteva aver fatto quei buchi, così piccoli, così rotondi, così precisi? Si infilò nella legnaia e scelse con cura la legna, pezzi sottili per accendere e pezzi più grossi per più tardi.

Rientrò nella casa buia, alla luce verde del temporale andò al caminetto, dispose carta e legna per il fuoco e accese. La legna era secca e, come sempre, la vampa della carta bastò ad accenderla. Poi passò in cucina e si diede da fare intorno al fornello per il caffè. Intanto il fuoco crepitava, la legna si infiammava meravigliosamente nonostante l'umidità esterna, il camino tirava con sospiri e boati.

Bevve il caffè davanti al fuoco e accese una sigaretta: «Chi mai può avere bucato così le grondaie?». Almanaccò sull'origine di quei buchetti e dopo un po' di tempo decise che erano pallini di fucile: i cacciatori. Erano stati i cacciatori in sua assenza che, per seguire un uccello, avevano sparato a vanvera e colpito le grondaie.

Una grande attività fremeva nel suo cervello, una attività tanto veloce quanto inafferrabile che appunto lo obbligò ad esaminare di quale attività si tratta-

va, e, nel caso, di scegliere tra le tante che compone-
vano quell'energia.

«Già, che devo fare?» si disse l'uomo a cui sembrava di avere molte cose da fare. «Cosa devo fare
così urgentemente?». Ma nessuna attività, benché
evocata, prese una vera fisionomia. L'uomo rabbrividì piacevolmente e pensò che la prima attività era
quella di infilare un maglione. Quale maglione? Ne
aveva tre, di vario spessore, e dopo lungo ruminare
decise che quello di mezzo era quanto ci voleva. Di
lana sì, ma leggero. Corse di sopra come se il maglione gli scappasse di mano e lo indossò.

Si sedette, accese un'altra sigaretta e attese che la
grande, troppa energia del mattino, che galoppava
nella mente, prendesse forma e si organizzasse in
qualche attività precisa, almeno una. Una, piccolissima, fu di andare a prendere altra legna per il fuoco che aveva già divorato due ciocchi in quello che a
lui pareva un batter d'occhio.

Si sedette su una sedia alta e scomoda giudicando
che la poltrona era troppo comoda, invisa al mattino e inadatta a saltar su prontamente per cominciare il lavoro. In quella sedia scomoda fu però preso
dal ricordo di una specie di fiaba che aveva inventato e raccontato lì per lì la sera innanzi a un bambino
di cinque anni: su un nano, nerboruto, forzuto e peloso, con barbetta appuntita e curva, che si aggirava
e abitava nei dintorni. Un nano, non era precisa-
mente un nano, ma un elfo, uno gnomo che l'uomo
aveva detto essergli in qualche modo amico anche
se avarissimo di parole e con la erre moscia.

«Ma come è vestito?» aveva chiesto il bambino.

«Ha un giubbetto di pelliccia, una specie di giacca lunga fatta con pezzetti di pelliccia cuciti alla bel-
l'e meglio. Va per le case a chiedere in prestito ago
e filo, ma ha delle mani con dita piccole che sem-
brano croste d'albero e non si sa come fa a cucire. È

solo, gira tra il bosco e il fiume e nei momenti liberi si fa i vestiti da sé».

«Pelliccia di quale animale?» aveva chiesto ancora il bambino. La precisione nei dettagli, soprattutto linguistica, era il suo dono: usava parole come «squisito» e «delizioso» con una «s» un po' sibilante e tuttavia roteando le manine e le dita in modo tutt'altro che preciso, anzi impreciso e sognante.

L'uomo aveva trovato immediatamente la risposta imprevedibile: «Di topo» aveva detto con noncuranza e a quel «topo» Lorenzo aveva spalancato dita e occhi senza parole.

Ora l'uomo, seduto sulla sedia scomoda per essere subito pronto a balzare in piedi e dedicare tutta l'energia a qualche attività che però tardava a comparire, pensò di andare avanti con l'invenzione del nano e trovare altri particolari per proprio conto che forse poi avrebbe raccontato a Lorenzo. Ma niente, nessun particolare gli veniva in mente, la velocità dell'immaginazione provocata dalla richiesta del bambino se n'era andata con il silenzio totale della notte e del sonno. Dalle campane lontane di là del fiume l'uomo sentì suonare mezzogiorno.

«Mezzogiorno?» si disse. «È già mezzogiorno. Non è possibile. E così in questo modo ho perduto tutta la mattinata. Ora devo anche preparare da mangiare». Era solo, viveva solo.

Provvide a cucinare un po' di cibo, stese la tovaglia, andò a prendere in cantina un bottiglione di vino coperto di tele di ragno. In cantina vide il grosso culo di un topo andarsene senza fretta ballonzolante come quello di certi americani, con la brutta coda a seguito.

Era tornato il temporale. «Due temporali a poche ore di distanza» si disse quasi incredulo. «Ma se pareva che uscisse il sole. Che tempo lunatico!» ma pensò a se stesso, al proprio carattere e la sorpresa severa si perse in un brontolio interiore.

La luce nel cielo si abbassò, gli alberi ripresero a piegarsi al vento e la pioggia a battere sul tetto: qualche goccia entrava nel camino e lontano, nel grande prato sottostante si udì zufolare una canzone con modulazioni perfette: sotto quell'acqua c'era chi andava in giro per i prati?

L'uomo sbirciò e vide effettivamente un grande ombrello nero che scomparve. Il cielo era buio, era perfino mancata la luce, ogni attività delle molte che aveva in animo era per il momento sospesa. Andò di sopra, si distese sul letto, si coprì con un piumino e si addormentò. Ma si svegliò poco dopo; erano passati soltanto dieci minuti. Si sentiva molto bene, in grande energia.

Ora era pronto a fare tutto quanto aveva tralasciato di fare al mattino. Ma era così buio! Andò a prendere altra legna da depositare sulle braci del camino anche per ottenere un poco di luce.

«Ma quel nano, quel nanetto in fondo sono io» pensò l'uomo con grande piacevolezza, ma qualcosa gli disse: «Il nanetto lavora, hai detto che taglia legna, la ammucchia e fa carbone».

«Già,» disse l'uomo ad alta voce, tanto nessuno lo sentiva «fa carbone».

«E tu che fai?» gli parve di udire la voce di Lorenzo chiedergli, con gli occhi spalancati e la piccola testa biondissima e sorridente piegata da un lato.

Nell'ombra parve all'uomo di vedere la testina di Lorenzo piegata da un lato, color fosforo: i capelli, le ciglia e le sopracciglia così bionde erano anche fosforescenti e quel chiarore illuminava gli occhi azzurri e allegri.

«Quel bambino è un diavolo, un diavoletto, effettivamente ha qualcosa di diabolico» pensò l'uomo con serietà «prima di tutto la fosforescenza...». Stava parlando a voce alta, nelle due parti, sua e di Lorenzo. Fuori era decisamente buio, pioveva con regolarità e l'uomo a volte distingueva la goccia di pioggia nel momento in cui batteva contro una foglia. Guardò l'ora: le sei. Come era passato tutto quel tempo? Era una cosa impossibile, incredibile. Egli stentava a credere ma era passato così, fantasticando, pensando.

«Così, praticamente la giornata è finita, una giornata veramente oziosa» si disse. Ora era troppo tardi per mettersi a fare qualcuna delle molte cose da fare: «Rimandiamo a domani. Anzi» poiché era sabato «a lunedì». Si accorse di non aver fatto toilette al mattino, con tutto il vortice delle cose da fare, con l'energia che premeva per realizzarsi il più presto possibile si era dimenticato di fare toilette, di radersi. Si passò la mano sotto il mento. «Ora è troppo tardi per radersi, non c'è ragione, la giornata è finita. E poi non c'è luce».

Infatti la sola luce nella piccola casa era quella delle fiamme che lingueggiavano nel camino intorno a un grosso ciocco: rapide lingue di fuoco, puntute, che sorgevano senza alcuna regolarità da sotto il legno, altri demonietti del tipo di Lorenzo che lo prendevano in giro.

L'uomo si preparò il cibo, una tazza di brodo in cui gettò pezzi di pane vecchio. Non aveva fame.

«Cosa mangia il nanetto?» aveva domandato Lorenzo.

«Brodo, pane e brodo» aveva risposto l'uomo, pronto.

«Sempre pane e brodo?», la «s» del diavolo sibilava nel vuoto lasciato da due dentini caduti qualche giorno prima.

«Sì, sempre».

«E basta?».

«Basta».

p

PATERNITÀ

Ogni giorno Piero Tommaseo-Ponzetta guardava i figli con amore paterno: erano due ragazzi belli, più che belli, antichi, il loro tipo di bellezza si vedeva molto raramente: non alti, di quella statura degli opliti, degli Apollo etruschi, molto diversi uno dall'altro: lento e leonino il più grande, pieno di scatti e con occhi «cerulei», di smalto lucido sotto le lunghe ciglia nere il secondo. Piero li guardava con amore e sempre tentava approcci, una carezza, un bacio, un abbraccio come se fossero stati bambini: ma, né i suoi sguardi né i suoi modi affettuosi erano graditi ai figli.

In realtà l'amore paterno e gli sguardi di Piero erano strani, per chi li vedeva e per l'istinto dei figli: erano sguardi di donna non più giovane e innamorata, richiedenti (uno sguardo, una carezza, un bacio) e remissivi (al rifiuto). Ed erano senza alcun dubbio sguardi come indeboliti dal troppo amore che cozzavano con quelli forti ed egoisti dei figli e contro i muscoli elastici e potenti. Erano, in una parola, gli sguardi della passione, sempre illusi e sempre delusi.

D'estate Piero abitava insieme a una grande famiglia, una turba di fratelli, cognati e nipoti, in una villa di campagna dove i giochi dei ragazzi si intrecciavano al continuo apparire dei «grandi» disseminati qua e là tra il giardino della villa, e l'aia, dove si udivano nitrire i cavalli, abbaiare minuscoli cani, cantare galli e galline, gli uni per gli spennamenti amorosi le altre per le uova fatte.

Dietro, nell'orto sotto la luna, le chiocciole salivano tra l'insalata, i conigli ruminavano con qualche saltello in certi gabbiotti pencolanti e muschiosi a cui avrebbe dovuto accudire Piero, come saltuario addetto ad ortaggi e pollame. In realtà Piero girava come una trottola dall'orto all'aia, due, tre, quattro volte a passo veloce, guardava tutto avvicinando gli occhiali alle piante e agli animali, poi tornava nell'aia o nella villa, o scompariva nel verde. Spesso lo si incontrava su una panchina, seminascosto, con un panino di mortadella.

Una sera le stelle brillavano alte sopra i pioppi dell'aia: c'era una cena, una specie di festa, di quelle che Piero aborriva essendo selvatico, solitario come si è visto, e geloso. Molte erano le luci accese nelle varie case e Piero avrebbe voluto spegnerle tutte per non consumare luce, così come non appariva in quei pranzi e feste per non soffrire a causa delle spese di cibo. Non si vedeva, ma si udiva nell'aia la sua voce annunciare: «Il contatore gira».

La festa era in onore di un pianoforte, addirittura uno Steinway, prestato alla moglie di Piero da alcuni amici. Si suonava, si ballava, tutta la grande famiglia e molti conoscenti partecipavano alla novità e Marcella, la moglie di Piero, stava al pianoforte. Fasci di luce si allungavano nel cortile e nell'aia ad ogni porta che si apriva, cori e musiche si infilavano tra le ortiche nell'orto, i conigli non ancora addormentati tiravano le orecchie, le lumache rosicchiavano l'insalata, le galline invece dormivano.

Piero, come al solito se ne stava in disparte, nel buio di un porticato, con il suo piccolo e indipendente cartoccetto di mortadella, rimuginando sulla sua timidezza, indeciso sul da farsi, come sempre quando c'era gente: recitava la parte del bisbetico, in modo eccelso e sempre inventando nuove apparizioni e sparizioni come un attore goldoniano. Sapeva di piacere per questo. Ma attendeva con infinita golosità di entrare anche lui nelle luci e nei suoni della casa al momento della torta; lentamente e inesorabilmente se la sarebbe mangiata tutta a minuscole e inavvertibili fettine. Senonché, il momento della torta era vicino, Piero lo calcolava al secondo, stando al buio, ecco Lodovico, il più giovane dei figli, quello degli occhi di smalto, il più violento, precipitarsi fuori da quelle luci, stanare il padre raggomitolato sulla panchina, e dire, brusco come una molla:

«Dammi la chiave della macchina».

«Perché? Perché?» Piero si agitò immediatamente.

«Sono stufo, vado a ballare» fu tutto quanto disse il figlio che teneva stretta per mano una ragazzina bionda. Nell'ombra Piero fu colpito dalla bellezza del figlio, dalla muscolatura fremente, e ripreso dalla passione paterna.

«Dove?» pronunciò, con voce alterata ma niente affatto autoritaria. Con voce alta ma debole. Il figlio vinceva e sapeva di vincere. «Al Lido, a Venezia» disse sbrigativo. «Dài, dammi la chiave».

La passione e la recita, o la recita della passione, agitò Piero: «Al Lido, a quest'ora? Neanche per idea».

Il figlio Lodovico sbuffava: «Dammi le chiavi» comandò. Recitava anche lui, cominciava il duetto.

«Adesso, di notte? Neanche per idea. Niente».

«La prendo lo stesso» disse Lodovico, e corse verso la vecchia automobile. Era uscita gente, i fratelli, i cognati, gli amici. Piero corse anche lui verso la macchina. Ci fu un tafferuglio, una specie di lotta, dove Piero tentò abbracci e baci prendendo spintoni e pugni. «Lodovichetto,» diceva «sei matto, a quest'ora».

Il figlio disse: «Allora vado in moto» e si avviò verso la rimessa delle moto. Uscì rombando verso il padre che intendeva opporsi e fece il gesto di investirlo se non lasciava via libera. La ragazza salì sul sellino.

«Lodovichetto, ma tu sei matto Lodovichetto,» si lagnava Piero «a quest'ora a Venezia, fai un piacere al papà».

«Corri via» disse Lodovico.

Ci fu un carosello, seguito da Piero e dagli amici. Quasi tutti, apposta, tenevano per Lodovico, insistevano perché Piero cedesse l'automobile. Era estate, erano giovani, c'erano altri ragazzi tutti d'accordo per andare a ballare al Lido.

«Chiudo il portone» gridò Piero, disperato. E corse verso il portone dell'aia. Con un rombo fu preceduto da Lodovico che però frenò: «Via, vado» disse al padre.

«A quest'ora, sta' attento». Il primo cedimento era avvenuto. Arrivò subito il secondo: «Hai soldi? vuoi soldi?» e cavò di tasca un portafoglio-borsellino che egli teneva apposta per la campagna. Era slabbrato e sfilacciato, da pezzente, si girò come per nascondersi, per sfilare il denaro dal portafoglio in segreto. «Duemila» disse, e baciò il denaro e poi lo offrì al figlio: «Caro» aggiunse e protese le grosse labbra a un bacio.

«Non voglio niente» disse il figlio. «Tienti tutto, anche la macchina».

«Cinquemila, diecimila» gridavano i presenti, incitando Piero a sborsare.

«Cinquemila a Lodovico, cinquemila ad Alvise» propose uno e Alvise, l'altro figlio, si fece sotto, minaccioso, in silenzio.

«Cinquemila, figuriamoci...» borbottò Piero. Lodovico fece uno scatto in avanti con la moto e investì il padre che fece un balzo. «Non voglio niente» disse e accelerava.

«Cinquemila» disse Piero e rovistò nel portafoglio semichiuso, gettando occhiate e sospetto ai presenti. «Se mi dai un bacio», e avvicinò le labbra, ma con prudenza, a Lodovico.

«Ti do un pugno, via!» disse Lodovico.

«Caro», sospirò Piero e allargò il volto dal grosso naso in un sorriso «caro Lodovichetto».

«Allora Alvise, dài un bacio ad Alvise» propose qualcuno. Alvise fece un salto indietro ma il padre lo raggiunse con le labbra protese.

«Alvisino,» disse Piero tutto sorridente «caro». Ma si trovò il pugno di Alvise a un centimetro dalla faccia.

Lodovico rombava: «Addio, addio» disse e con un boato fece uno scatto in avanti.

«Ferma, ferma» gridò Piero, già pieno di allarme. «Duemila».

«Niente».

«Allora ti do la macchina. Caro...» un più grave cedimento, il terzo, era avvenuto.

«Niente» disse ancora Lodovico, tutto scattante, divertito e muscolare. La luna lo illuminava come la groppa di un cavallo da corsa. Era un po' sudato nella sua maglia di spugna bianca.

«Caro,» disse Piero «è uguale a me, identico». Si protese ancora per ricevere o carpire baci da uno o dall'altro dei figli o magari da tutti e due. Prese due o tre pugnotti: era nel pieno della felicità.

Una roulotte con amici e ragazzi partì, i finestrini illuminati come una barca da un porto. I cani abbaiavano.

«Basta, via» disse Lodovico con un ultimo potentissimo boato, e partì, scomparve nella sua maglia bianca con la ragazza aggrappata. Rimase Alvise, che entrò in una delle porte illuminate, raccolse avanzi per le galline e i cani e li gettò dentro due pentole: aveva preso lui le redini dell'orto, dei polli e dei conigli. Piero colse l'occasione (Alvise aveva tutte e due le mani occupate dalle pentole) lo abbracciò e lo baciò con le labbra a canna.

«Via» disse Alvise e minacciò di gettargli addosso le pentole. «Via».

«Caro,» disse Piero ridendo di felicità «cari».

PATRIA

Un giorno di primo inverno del 1942 con una spruzzatina di neve seguita da un cielo freddo a strisce bianche e azzurre un ragazzo uscì di casa per andare a scuola. Allora le città sembravano anche giardini, con immensi cedri del Libano, merli e grandi spazi vuoti, ma quel latino, quelle declinazioni e quei verbi, come erano diversi dalla cipria bianca e leggera che copriva le strade! Come era infelice il latino e come era felice la neve, e fresca! La città sapeva odore di legname, quasi di sci, di quell'Hikory tanto sognato e cercato nel vocabolario. Così pensava Franco quando vide, a pochi metri da un orinatoio, un uomo seduto per terra che arrancava con un bastone. Non c'era nessuno, le strade erano vuote e bianche alle otto del mattino, con qualche traccia serpentina di ruota di bicicletta e l'uomo visto il ragazzo lo chiamò da una parte all'altra della strada: «Ciò, ciò» disse, facendogli un gesto con la mano.

Franco si avvicinò e riconobbe l'uomo con una certa paura: era un mutilato della prima guerra mondiale, uno con una gamba di legno che camminava con un bastone per la città imprecando ad alta voce. Aveva tre nastrini all'occhiello, il largo distintivo dei mutilati e quello fascista, era sempre molto elegante e curato perché si diceva avesse una ottima pensione, però girava solo ed era spesso ubriaco: entrava nei bar o nelle osterie, agganciava al banco il suo bel bastone di malacca, ordinava e beveva e poi diceva che quelle consumazioni gli erano dovute come mutilato di guerra. L'ira era così immediata e violenta che molto raramente qualcuno rispondeva e quando rispondeva andava in mezzo a guai. La sua figura era un po' tutta grigia di un colore perlaceo, per il vestito, gli occhi, e un particolare pallore del volto che anche quando minacciava e urlava non mutava mai: come fosse morto e un meccanismo lo portasse a camminare e a vivere in quel modo scattante con la gamba dura che faceva da perno quando girava.

«Canaglie, imboscati,» diceva «voi camminate, eh? Voi avete le gambe io ne ho data una per voi, canaglie» e così dicendo batteva con il bastone sulla gamba facendola risuonare. Aveva un cappello di feltro grigio quasi a bombetta, con un largo nastro nero.

Era quasi incredibile che si fermasse a chiedere soldi ai passanti, quando non ne aveva, e vestito in modo così elegante proprio per questo impauriva e pochi rifiutavano. Egli prendeva il denaro senza ringraziare e se ne andava.

Chi era? «Stai lontano, è pericoloso,» aveva detto suo padre « è sempre stato un violento, forse è una spia: era "ardito"* e ha perduto una gamba in guerra, adesso è più cattivo di prima».

* Volontari della prima guerra mondiale, da cui nacque la «camicia nera» fascista. Alle volte erano galeotti che si arruolavano per non scontare la pena.

«Ma è solo, non ha famiglia?» aveva domandato Franco.

«Sta con una donna, ma non si vede mai, lui la picchia con il bastone, è stato anche in galera per questo».

Tuttavia Franco, come attratto da qualche cosa di quel Pierrot cattivo, si avvicinò: l'uomo era pallido e come infarinato, il cappello stava a qualche metro da lui ed egli tentava inutilmente di piantare il bastone da qualche parte per alzarsi. Ma la punta di gomma scivolava sul lieve strato di neve che era segnato di strisce e bestemmiava. Forse era ubriaco perché una chiazza di vomito era accanto a lui. Faceva molto freddo e il disco del sole, bianco e gelato, illuminava ogni cosa ma non riscaldava e non proiettava nessuna ombra. L'uomo aveva labbra violacee come corrose, tagliuzzate agli angoli e guardò Franco da sotto in su, attraverso le ciglia che parevano truccate di rimmel.

«Ciò, tirami su» ordinò l'uomo e tese la mano verso Franco che si lasciò afferrare. Ma l'uomo pesava più di quanto sembrasse e quando Franco tentò di sollevarlo la gamba di legno scivolò sulla neve di traverso, come indipendente dall'altra.

L'uomo bestemmiò e se la prese con il ragazzo: «Fesso, fesso di guerra, tira su, fesso» e parve a Franco di vedere un sorriso di disprezzo, di provocazione nella bocca violacea dell'uomo. Franco appoggiò la borsa di scuola per terra e si provò a tirare il braccio con tutte e due le mani ma sempre la gamba di legno, come disarticolata, andava per conto suo, si divaricava addirittura all'indietro e a Franco parve anche di udire uno scricchiolio, un rumore di legno e di cuoio.

L'uomo da pallido diventò colore lilla: «Càn» disse, e borbottò altre cose con delle bollicine alla bocca. Parve però rassegnarsi subito, si appoggiò al muro con la schiena e con la testa come per assestarsi più comodamente anche se la gamba guardava all'indietro. Franco stava per curvarsi ancora una volta su di lui per rialzarlo ma l'uomo disse: «Aspetta, aspetta un momento». Così dicendo frugò nella tasca destra della giacca (era senza cappotto) tirò fuori un pacchetto di sigarette Turmac, lo aprì, ne scelse una e infilò il bocchino dorato tra le labbra violette. Poi l'accese. «Ma tu sai cos'è la patria?» domandò l'uomo a Franco, come se fosse seduto comodamente su una seggiola, in una casa e si apprestasse a fare conversazione. Poiché Franco non rispose, di nuovo l'uomo disse: «La patria, cos'è la patria?».

Franco se lo domandò frettolosamente, ma come spesso gli accadeva a scuola per le domande fatte a bruciapelo non seppe rispondere. Balbettò, però: «La patria... la patria» e gli venne subito in mente di dire, chissà per quale ragione: «è... l'altopiano di Asiago». L'uomo parve non udire ma disse «Càn» e poi batté con le nocche sulla gamba che risuonò come un armadio nella strada vuota.

«Questa qui è la patria, la gamba, fesso, la mia gamba data alla patria» e riprese a fumare dal suo bocchino dorato.

«Proviamo un'altra volta» disse Franco e allungò le mani verso il braccio dell'uomo che si lasciò afferrare come un fagotto, Franco vide in quel momento che l'uomo aveva una bellissima cravatta di raso con una perla. Il ragazzo aveva puntellato il piede di legno contro uno dei suoi e cominciò a tirare l'uomo che pareva quasi non volersi alzare. Lentamente l'uomo fu in piedi e si appoggiò al bastone. Franco raccolse il cappello lì vicino e glielo porse, l'uomo lo calcò bene in testa, un po' di traverso e tirò l'ala verso la fronte. Provò a fare due o tre passi appoggiato al bastone, la gamba scricchiolò. Poi disse, con voce dolciastra: «Aiutami a pisciare» e fece cenno all'orinatoio vicino. Franco non capì cosa intendesse, poi l'uomo disse sempre con la stessa voce che aveva le dita intirizzite e non poteva sbottonarsi. Con una mano dalle dita lunghe e dure afferrò un braccio di Franco e un po' appoggiandosi, un po' spingendolo, lo diresse verso l'orinatoio. Franco si lasciò condurre poi si staccò dall'uomo e disse: «No».

Immediatamente l'uomo si appoggiò al muro, alzò il bastone e lo calò velocissimo contro il ragazzo. Franco spostò la testa e la bastonata lo colpì sulla spalla.

«Càn,» disse l'uomo «dire di no a uno che ha dato la gamba alla patria».

Franco raccolse la sua borsa di scuola e scappò via. Si guardò indietro e vide l'uomo che entrava da solo e meticolosamente nell'orinatoio, il cielo si era leggermente oscurato e cominciò a nevicare, qualche punto bianco qua e là.

PAURA

Una sera di nebbia e di sirene al Lido di Venezia una signora sola tornava a casa: aveva settant'anni, era vedova e nella sua vita aveva avuto poca compagnia salvo una serie di gatti siamesi una ventina d'anni prima, poi un bassotto che era morto prestissimo in seguito al suo troppo zelo nel nutrirlo (mangiava solo tagliatelle al burro e fegatini di pollo) e il marito. Ma anche quello era morto due anni prima e di lui restava soltanto il ricordo vago, come di un'ombra alta e un po' curva con due baffetti che ora, a ricordarlo nella nebbia, si perdevano nella nebbia. Da poco aveva un canarino.

La figura di questa donna era insieme infantile e animale: rotonda, con una pellicciotta interna che l'arrotondava ancora di più, aveva un colbacco rotondo e tutta la sua persona, sostenuta da gambe come colonnine fragili, si muoveva nella nebbia con l'incertezza di un bambino di due o tre anni che impara a camminare. Procedeva lentamente, come portata avanti dalla collottola, che aveva grassa e robusta come una piccola gobba tra il collo corto e l'inizio della spina dorsale: quel punto, tra testa e schiena, racchiudeva nella sua convessità una forza animale e suina che era il segreto della sua prepotenza e del suo egoismo. Ma, come accade in nature così composite tra animalità e umanità, la signora aveva occhi celesti chiari di bambina bizzosa, capricciosa e infinitamente ingenua, sempre pronta a ridere. Così, con tutte queste cose nel corpo, fragilità, animalità, bizzosità e allegria procedeva lentamente (ma inesorabilmente) nella nebbia dei vialetti deserti del Lido. Pensava, ma in modo anche quello composito, come in sogno, a metà tra la sensazione e il pensiero.

Pensava a una pentola a pressione che aveva visto usare proprio quella sera e che avrebbe voluto comprare senza essere certa di saperla usare e dunque con un po' di paura per l'accumulo di pressione e lo scoppio. Quella pentola però mancava alla sua collezione di pentole, tutte nuove, che teneva insieme ad altre pentole vecchie, in grandissima quantità, dentro un magazzino affittato in un convento di suore: nel magazzino, oltre le pentole, aveva coperte, materassi, un baule pieno di biancheria, qualche mobile, e alcuni scatoloni di cui non riusciva in quel momento a ricordare il contenuto: forse le statuine di gesso di un vecchio presepio e i ninnoli per l'albero di Natale. Tutta roba che non aveva mai più tirata fuori essendo sola. Un tempo, quando aveva il marito e il figlio, quando era piccolo, costruiva l'uno e l'altro per Natale. E a questo pensiero, quello della sua solitudine, si perdette un poco tra commozione e il nulla delle cose e delle persone. Ma il pensiero non tardò a mutare e a concentrarsi, come sempre accade nei vecchi, nei particolari che riguardavano direttamente e immediatamente la propria vita: una macchia di umidità che pareva allargarsi ogni giorno di più nell'angolo del soffitto della sua camera da letto. Perché l'amministratore non provvedeva, dopo essere stato sollecitato mille volte? La signora si arrabbiò, la forza che stava tutta nella nuca parve come raggrinzirsi in un profondo senso di ingiustizia e di dispetto provocato ai suoi danni e accusò dentro di sé il figlio lontano, di cui non sapeva se era vivo o morto anche lui.

Camminava lentamente in quel modo infantile e un po' pesante, come avviene quando lo spirito così vicino ai muscoli, ai tendini e ai nervi, ha già ceduto alle illusioni del passato e non resta altro che procedere un po' alla deriva come una barca. Infatti, si udì per tre volte la sirena bassa e lunga di un rimorchiatore o addirittura una nave, un transatlantico che usciva dal Bacino di San Marco. Qui lo spirito della signora, come sempre quando udiva quelle sirene, si risvegliò, e anche il passo.
«Se potessi, se avessi le possibilità, andrei in crociera d'inverno. Prima di morire vorrei andare anch'io in una piccola crociera» pensò la signora e all'idea del viaggio parve risvegliarsi: non temeva i viaggi, anzi era sempre pronta a farli e il momento in cui tutto il suo spirito si risvegliava e accendeva era quello in cui metteva piede, il più agilmente possibile data la sua corporatura e la sua età, sul predellino di un treno o di una corriera. Sarebbe salita anche in aeroplano. Ma ora aveva davanti a sé, fittissima, la nebbia del Lido. Sentiva gocciolare gli alberi, qualche scarico nei canali, e lo sciacquio della laguna non lontana ma invisibile.
Pensò al canarino e immediatamente a certi piccoli scoiattoli che aveva visto nel giardino di Schoenbrunn, a Vienna, e mangiavano nella mano. Ogni tanto qualche ricordo passava rapidissimo nella sua mente, limpido, chiaro, dove poteva distinguere nei particolari se stessa più giovane, il figlio, il

marito e i suoi baffetti (li ricordava neri), un'altra città, l'estate sulla spiaggia, quella stessa spiaggia fredda e umida nella notte che era lì a pochi passi: le gelaterie, le luci, e poi, di colpo, la neve e il ghiaccio delle strade di Cortina dove per lei era necessario camminare a minimi passi per non cadere.

Era il pensiero che aveva suggerito i passi o i passi avevano suggerito il pensiero? Perché udì dei passi e delle voci dietro di sé. Erano voci di ragazzi che camminavano veloci e la raggiunsero: non li vedeva quasi perché la nebbia aveva appannato gli occhiali, li intravedeva, uno di questi che le passò accanto guardandola, aveva i capelli lunghi. A quel punto i ragazzi smisero di parlare e la superarono lentamente in silenzio. Ancora si udì la sirena del transatlantico ormai giunto quasi al limite del mare aperto, all'altezza del faro. «Rex» fu il pensiero della signora, per un istante pensò al fratello, commissario di bordo del Rex, morto molti anni prima. «Il Rex non ci sarà più. Non è affondato?» si chiese la signora, e così pensando si accorse che i ragazzi erano ancora lì, vicino a lei, muti e con passo uguale al suo.

Uno dei ragazzi si avvicinò e proprio sopra un ponte (si sentiva lo sciacquio del canale sotto le tavole di legno del ponte) si fece di fronte a lei. La signora aveva paura e, in quel modo confuso, veloce e incredibile che l'immaginazione di una persona anziana e assolutamente normale può avere in un momento come quello, pensò alla morte. Era tutta lì: lo sciacquio, la nebbia, la sera, l'affogamento dentro la pelliccia nell'acqua nera del canale, il cimitero. Udì la voce del ragazzo, una voce bassissima da uomo anziano e beone; il ragazzo disse:

«O mi dai la borsetta o *te copo*».

Le gambe della signora tremavano, ma perché, si disse, tanta paura della morte? E quel *te copo* aveva tutta l'ignoranza della verità. «Perché tanta paura della morte? Sono sola» e disse lentamente, con un tremito, ma con voce dura:

«*Còpeme*».

Il ragazzo esitava: «Dammi la borsetta» disse ancora, con quella voce delittuosa e casuale, coperta dalla nebbia: l'alito fumava.

«No, non te la do, *còpeme*, vediamo se lo sai fare».

Strinse con tutte e due le mani la borsetta ma guardò con forza, con forza animale il ragazzo di cui vedeva solo i contorni, lunghi e curvi, a forma di esse.

Il ragazzo le diede una spinta sulla spalla, una specie di pugno e la signora traballò e andò a sbattere contro il parapetto del ponte. Di nuovo disse, con la voce tremante di indignazione questa volta, tra le labbra strette:

«*Còpeme*», e a questa parola il ragazzo fuggì correndo, seguito dagli altri due.

La signora aveva il cuore in gola, stette appoggiata al parapetto del ponte, come rannicchiata, senza arrischiarsi di stare sulle proprie gambe che ora non la reggevano. Aveva gli occhi pieni di lacrime e non vedeva più nulla.

«*Còpeme*, disgraziato, assassino» disse quasi tra sé e cominciò a piangere con piccoli sussulti nella schiena.

Piano piano la paura passò, le gambe (fece due o tre tentativi) la sostennero e altrettanto piano riprese la strada di casa. Un po' di paura l'aveva ancora perché stava percorrendo la stessa via dove erano fuggiti i ragazzi. Forse l'aspettavano da qualche parte più avanti. Ma ormai anche lei sentiva che la sua ora non era giunta, che poteva tornare a casa abbastanza tranquilla, camminando però piano.

PAZIENZA, PRIMAVERA

Un giorno di febbraio (alla fine), sotto una pensilina (oh!, una piccola pensilina, la solita) un uomo e una donna, in quel momento molto più giovani di quanto avrebbero dovuto essere, parlavano. L'uomo era calvo e la donna come gonfia, ma non era incinta.

Disse la donna: «Fatto sta che non abbiamo più niente da dirci».

L'uomo pensò che una frase simile era stata detta nel mondo miliardi di volte, senza riuscire mai veramente e totalmente banale, anzi, quelle parole gli strinsero il cuore.

«Spesso non ha importanza, non è necessario parlare, ci si fa un po' di compagnia. È già qualcosa».

«Non sono di questo parere» disse la donna, intendendo così ricominciare un discorso sulla disparità dei pareri e sulla necessità di una rottura netta, che avrebbe posto fine a «un brodo troppo lungo».

L'uomo tacque: «Che c'è da dire?» pensò. «In casi così è meglio tacere». Anche questo, tuttavia, gli parve un pensiero non detto miliardi di volte nel mondo e pensato senza dirlo altrettanti miliardi.

Cambiò: «Cosa vuoi, a pensarci bene tutte le persone sono sole, cosa credi?».

«Forse è vero, ma io l'ho sempre pensata in maniera del tutto opposta. Se do tutto voglio tutto, allora soltanto si è in due».

«Ahi!» pensò l'uomo.

Un uccellino piccolissimo si era appoggiato per terra e saltellando qua e là, tra un saltello e l'altro a zampette unite, cantava, canterellava. Era molto piccolo e magro e non beccava per terra come fanno di solito gli uccelli. Stette un poco tra la polvere, poi saltò su un mucchietto di neve dura e coperta di fuliggine, affondò tutto il becco e lo ritrasse con stupore scuotendo il piccolo capo. Poi saltò sul ramo di un alberello e da lì cantò e trillò apertamente. Da quel ramo partivano altri rami grigi e su questi si intravedeva appena a intervalli regolari un puntino verde: si vedeva e non si vedeva.

«Per questo sarebbe meglio che tu mi lasciassi, tu vai per la tua strada, io per la mia e amici come prima» disse la donna. E fece un gesto come per assestarsi il grosso petto e la pancia.

«Ahi!» pensò l'uomo, ma questa volta il lamento non aveva nulla di paziente, come prima, questa volta cominciò con il sospiro paziente dell'impazienza e continuò con un sospiro vero, di dispiacere.

«Ma siamo già amici...».

«Sì, ma non nel senso che intendo io, non mi va quel genere di amicizia lì» disse la donna. «Meglio niente». E ancora si assestò il gonfiore.

«E allora vai, lasciami, te l'ho detto mille volte che ne hai tutto il diritto, macché diritto, hai ragione, cento ragioni, ma io che ci posso fare?».

La donna aveva il muso, cioè qualcosa di lungo nelle labbra protese.

«No, devi essere tu a lasciarmi, così non ci penso più. Passerà un mese, ne passeranno due, tre, quattro, cinque e non ci penserò più. Starò male, poi passerà» disse la donna. Aveva una bellissima piccola bocca rossa, con il labbro superiore tirato in su e si vedevano i denti bianchi e anche belli salvo un canino con una punta di piombo. Aveva anche un'ombra di baffetti.

«E perché poi tutte queste fatiche,» pensò l'uomo «il lasciarsi, il non lasciarsi, la lascio io, mi lascia lei, quante fatiche e quanti dispiaceri solo a pensarci. Chi l'ha ordinato, il medico?», ma poi come una mazzata, quasi si udì pensare: «Ma questa è la gioventù, sono i pensieri intolleranti della gioventù, si vede che lei ha ancora i pensieri della gioventù, a cui, invece, tutto passa».

C'era una piccola aria che agitava il ramo, che sapeva di neve e anche di qualche cosa d'altro che scioglieva la neve sulle montagne. Il sole era escluso, ma forse un po' di calore da qualche parte c'era. Infatti la donna non aveva i pomelli rossi dell'inverno, quando entrava in qualche luogo riscaldato: bensì la pelle uniforme e rosea, un po' giallognola sulla gola.

«Ingrasserà,» pensò l'uomo « è il suo destino, ha tutta la struttura delle donne che ingrassano: deve stare molto attenta». Lo disse.

«Senti chi parla,» disse la donna di nuovo col muso «guardati: ti saltano i bottoni. Io non mangio mai niente» e improvvisamente gli occhi le si inumidirono e luccicarono.

«Adesso non ti mettere a piangere» disse l'uomo, non troppo duramente, anzi, il contrario. E ancora la miliardesima frase gli suggerì che, nel particolare minimo del caso, la storia si ripete: nei popoli, negli stati, nelle famiglie, nelle persone; e in loro due.

«No, non piango» disse la donna e infatti non pianse. «Solo che sono una disgraziata».

«A chi lo dici,» disse l'uomo «io lo sono, ma tu no».

«Come no, non vedi?» disse la donna.

«Non vedo cosa?».

«Che non sono capace di mandarti al diavolo?» disse la donna e negli occhi lucidi, nell'improvviso incavarsi delle fossette, nell'aprirsi dei denti alla luce, con un filo di saliva tra l'uno e l'altro, spuntò un sorriso.

«Sei una bella donna,» sorrise l'uomo a cui pareva che la nuvola fosse passata «hai tutta la vita davanti a te».

Questa gli parve la più grossa di tutte, ma non c'erano altre parole, veramente, per dire quella stessa cosa in modo così semplice. «Come è possibile dire: hai tutta la vita davanti a te?» pensò l'uomo. «È vero che l'amore è banale anche se meraviglioso, anzi meraviglioso proprio perché banale, ma grossa così, come si fa?». Eppure la banalità, piano piano, cioè loro due, come le immagini delle Polaroid che appaiono e si colorano solo dopo un paio di minuti, la banalità gli apparve come una cosa da non buttar via, anzi bella, ancora più bella con l'abitudine.

Improvvisamente ci fu un gran cinguettio di uccelli intorno alla pensilina, una specie di zuffa dove uno saltava sopra l'altro ma si trattò di pochi secondi: poi sparirono.

«Come mai tutti quegli uccellini? Sarà la primavera?» disse l'uomo. «Sì, la primavera, quale primavera, a febbraio?» disse la donna ancora immusonita. «Bene, ciao, arrivederci e grazie». Si alzò, chiuse di colpo la zip della pelliccia inarcandosi, gettò a tracolla la borsa.

Quasi spaventato, tra spaventato e irritato, l'uomo disse: «Adesso che fai?».

«Ho detto arrivederci e grazie» disse la donna, ma intanto andava frugando nella borsetta. Cavò il

306

pacchetto di sigarette, ne prese una, l'accese con l'accendino. Il gesto tranquillizzò l'uomo. Infatti la donna non si mosse. «No, veramente,» disse quasi pregando «sono stufa, te l'ho detto anche per telefono. Che vita è? Sempre la stessa, che futuro c'è? Io mi stufo, sul serio mi stufo» e sbuffò, o aspirò aria, non si capiva.

«Pazienza» pensò l'uomo e così pensando gli venne da contrattaccare. «Stufa di cosa?» disse.

La donna fece spallucce. «Grassa» pensava. «E lui? Da che pulpito viene la predica».

«Bisogna abituarsi,» disse l'uomo «tutti gli esseri viventi sono abitudinari».

«Io no, non mi abituo, io ho sempre speranza e tu questa speranza non ce l'hai».

«Hai ragione,» rispose l'uomo «hai mille volte ragione». Ma, come tra il dire e il fare c'è di mezzo il mare così una volta detto quello che realmente sentiva da parecchio tempo ormai, gli parve una cosa terrificante. «Che ci posso fare?» disse «sono un disgraziato anch'io».

Un vaghissimo raggio di luce parve uscire dalla spessa coltre di nubi mossa da un'arietta. L'uomo alzò il capo per vedere se era davvero sole o una semplice schiarita: era sole. Proprio in quell'istante lo stesso uccellino minimo di prima, che stava su un ramo sopra di lui, ebbe una piccola contrazione tra le piume (guardava anche lui in alto) e uno schito bianco e verde andò a cadere, calduccio, sulla testa calva dell'uomo. Seguì un trillo.

POESIA

Un giorno d'estate un poeta che era molto vicino
alla fine della vita stava seduto su una piccola sedia
al riparo in una verandina d'entrata nella sua casa
che dava sull'orto, una villetta di periferia. Non
c'era nulla di poetico: la villetta era qualunque, l'orto minuscolo, altre villette strette intorno, ghiaia,
cancelli, antenne televisive, qualche panno steso ad
asciugare. Accanto a lui una contadina che era stata
la sua balia, piccola, tutta vestita di nero, leggeva a
voce alta e senza occhiali alcune prose che egli aveva scritto quando era in giovane età e girava il mondo. Il libro era intitolato *Amori d'Oriente* e quasi nessuno lo conosceva come quasi nessuno sapeva che
in quel luogo senza nemmeno cicale viveva ancora
un poeta: parlava di una Cina che oggi sembrereb-
be quasi inventata, tanto lontane erano quelle donne incipriate e coi pomelli tinti di rosso, quelle sete
in cui erano avvolte, quei movimenti dei ventagli,
dalla Cina d'oggi.
Il poeta sapeva, colori e fruscii che apparivano e
sparivano come farfalle dalle righe da lui scritte con

una penna stilografica a pompetta appartenevano a un'altra storia, a cui egli anche apparteneva, ma poiché era alla fine della vita non gliene importava niente: anzi, godeva di ammirazione alle avventure descritte con quelle parole svolazzanti come se fosse stato un altro a scriverle e mostrava l'ammirazione con cenni delle sopracciglia, con lievi movimenti della mano quasi dirigesse un'orchestra e con improvvise risate che lo facevano lacrimare. Talvolta aggiungeva parole come «che meraviglia», «il coniglietto rosa», «applausi!» (e rideva), «il mandarino Fu», ma più spesso taceva e ascoltava in una immobilità quasi di Budda. Una misteriosa malattia l'aveva ingrassato come un frutto enorme e proprio come intorno a un frutto troppo maturo, al limite della decomposizione, giravano moscerini e mosche in piccole nubi. Ogni tanto anche un'ape si posava sul suo volto senza pungerlo ed egli non se ne accorgeva preso come era dalla lettura della contadina. Aveva un vecchio cappello di paglia posto di sghimbescio sulla testa di capelli candidi e rasati, gli occhi sembravano strabici ma non erano e mandavano brevi scintille di divertimento, quasi tutto quanto accadeva nel libro fosse comico. Egli sapeva che la sua vita sarebbe durata ancora ben poco ma, salvo qualche rapido schizzo di lacrime (comico anche quello) rideva di tutto allo stesso modo dei neonati. La contadina, che si sarebbe detta analfabeta leggeva invece corretta e lenta, con qualche pausa, e alle risate del suo padrone anche lei sorrideva sorpresa, si fermava e diceva: «Che sempio, che sempioldo, guarda come ride!».

Intorno a loro non c'era affatto aria di malattia e di morte, la contadina era piccolissima e magra anche se zoppa e il poeta anche lui sembrava un contadino un poco rimbambito ma non si era sicuri di questo perché gli occhi erano molto lucidi, ironici e pieni di sensualità soddisfatta: pareva impossibile che fosse quasi cieco.

Arrivarono visite, un uomo e una donna abbastanza giovani, la nube dei moscerini che aleggiava intorno al suo capo scomparve d'incanto come si fosse disperso l'odore della frutta matura che li attraeva e il poeta ebbe una certa difficoltà a riconoscerli ma alla fine li salutò ridendo: il cappello scivolò per terra e la contadina si alzò dalla sedia, lo raccolse zoppicando e lo rimise in testa all'uomo. Anche la contadina salutò i nuovi arrivati e stava per offrire delle sedie quando il poeta disse, rivolto agli ospiti: «I miei *Amori d'Oriente*, che libro!» e ancora fece un cenno di ammirazione golosa come si trattasse di un cibo. «Avanti, vai avanti Giovanna». E la contadina dopo essersi scusata con gli ospiti e detto al padrone che bisognava offrire acqua e anice dato il caldo, andò avanti nella lettura.

I giovani ospiti si procurarono delle sedie e ascoltarono. Nessuno dei due realmente ascoltava una prosa che entrambi conoscevano molto bene e che nessuno avrebbe mai più scritto ma in quel momento non riuscivano ad udire. Entrambi pensavano che il poeta sarebbe morto assai presto perché questo si sentiva nonostante quell'aria di frutta matura e forse invece proprio per questo. Il giovane ricordò una fotografia del poeta, seminudo al mare, asciutto, elastico e antico e, guardandolo, ritrovò negli occhi la luce un poco pazza e strabica delle sue golosità marine, montane e campagnole.

Durante la lettura della contadina il giovane ospite fu stupito nel vedere il poeta ridere continuamente sprizzando lacrime e asciugarsi con dei kleenex. Non c'era nulla di comico nella prosa che la donna andava leggendo metodicamente con i tempi di un metronomo, e pure sapendo che il poeta era portato a vedere negli ultimi tempi quasi tutto

310

comico non riusciva né a ridere, né a divertirsi come lui. A un certo punto una vecchia cagnetta bianca e nera, con una coda a ciuffo e degli occhi bianchissimi di fantasma saltellò intorno ai quattro disturbando la lettura e anche a questo fatto il poeta rise con molte lacrime. Attirò a sé la cagnetta per un orecchio e palpandola al ventre, con la bocca ricurva come quella di un'anguria vuota tagliata da ragazzi in forma di testone ridente, disse: «È incinta un'altra volta» e palpava.

Parlarono di amici comuni e il poeta dimostrava di avere buona memoria ma sempre si interrompeva per ridere: a volte nelle persone nominate c'era motivo di ridere, altre volte no e sempre il giovane ospite non capiva ma sentiva tuttavia di essere egli, più giovane e sano, in ritardo mentale rispetto al vecchio. Ad un certo punto il poeta domandò alla contadina la rivista. La vecchia si alzò, sospirando e zoppicando andò all'interno della casa e ricomparve con una rivista illustrata ma appena il poeta la vide disse di no.

«No, non questa, l'altra, l'altra con Apollo» disse infastidito e improvvisamente impaziente. Di nuovo la contadina sospirò, tornò in casa e a voce alta, dall'interno, si rivolse agli ospiti: «Quale rivista, ce ne sono tante di riviste, vuole sempre la rivista» ma disse queste parole come sapesse molto bene di quale rivista si trattava e non ritenesse opportuno farla vedere davanti a degli estranei. Parve dicesse: «brutto vizio», in un brontolio.

Tornò con la rivista e gli occhi del poeta si illuminarono mentre tendeva la mano ad afferrarla. Era una qualunque rivista di piccolo formato che egli capovolse subito all'ultima pagina completamente occupata da una fotografia di pubblicità. Prima diede un'occhiata (la contadina fece un lungo sospiro di rimprovero) poi la porse agli ospiti con un cenno delle sopracciglia ancora nere e cespugliose, un cenno di immensa ammirazione. Entrambi gli ospiti guardarono l'immagine: si trattava della pubblicità di una motoretta, un giovane sui diciotto anni, con i capelli neri, ricci e in blue-jeans accanto a una ragazza, la motoretta tenuta di lato con un forte braccio scurito dal sole. Si guardavano e forse parlavano, subito dietro di loro un cespuglio mediterraneo e in fondo, il mare. Nulla più. Grande fu la sorpresa degli ospiti che dall'atteggiamento di rimprovero della contadina e conoscendo il poeta che era di una sensualità stramba e sempre all'erta pensavano un nudo, dei nudi, qualcosa che giustificasse la reticenza della contadina. Nulla, una banale oleografica illustrazione a colori nemmeno perfetta nel colore, una pubblicità. Non capivano.

Ma il poeta rideva e c'era qualcosa al tempo stesso di infantile e inquietante in quelle sue risate intorno a cui erano tornati i moscerini e negli occhi che a lampi apparivano strabici e come giapponesi, di grasso attore Nô.

Il poeta ripeté quel cenno di ammirazione, con la mano e l'atteggiamento delle labbra e si fece di colpo serio. Poco dopo gli occhi si inumidirono e una spruzzatina di lacrime parve schizzare in avanti come rugiada sul giornale. Puntò un dito sul braccio del ragazzo della fotografia, in un punto preciso, al polso.

Gli ospiti guardarono ma non vi era nulla, solo il giovane ospite intravide in un punto di quel braccio abbronzato, di quel polso, un chiarore di pelle come di chi, dopo averlo usato sempre, al sole e al mare, si è tolto l'orologio: chissà perché, parve al giovane ospite e alla sua compagna, la vita, la bellezza della vita.

La contadina zoppa era immusonita e brontolava: tutto fu questione di pochi attimi.

POVERTÀ

Un giorno di novembre una ragazza di campagna con guance di pelle di bambina andò in città a far compere. Non sapeva esattamente cosa doveva comprare ma, come molta gente di campagna, era attratta e al tempo stesso respinta dai negozi della città: attratta perché la scelta e la merce esposta erano molto più varie di quanto offriva il mercato settimanale del suo paese e respinta per diffidenza nei confronti dei commessi (sconosciuti), dei negozi troppo illuminati che facevano pagare il lusso della luce e soprattutto per i prezzi. Aveva un borsellino di cuoio rosso che scricchiolava e conteneva parecchio denaro guadagnato in quei primi mesi di lavoro in fabbrica. Era sempre stata povera, ora non lo era più, voleva provarlo a se stessa e alla gente del paese spendendo assolutamente quel denaro: ma come, non lo sapeva.

L'aria era fredda e frizzante sulla sua pelle come d'estate l'acqua minerale sulla lingua, il cielo perfettamente azzurro si intonava al golfino bianco e azzurro fatto in casa e materia e colore delle cose, il cielo, qualche minima nube bianca e la pelosità del golfino erano non soltanto in armonia tra di loro ma in correlazione: così anche la pelle bianca di lei. Il sole mandava grandi scintille di cartone animato battendo sugli occhiali. Anche il nome era in relazione all'azzurro, il bianco peloso, il rosa e le scintille: Paloma. Era nata in Argentina. Intorno a lei, al nome al cielo al golfino e alla pelle che aveva un vago odore di latte o latticini c'era invece odore di concime animale cioè l'orina di mucca che era stata sparsa il mattino presto sui campi già bianchi di brina. Il terreno era piatto essendo vicino al mare ma si allontanava tra piccoli fumi bianchi e case e alberi sempre più piccoli fino a perdersi in una vaga foschia azzurrognola da cui sorgevano, lontanissime, le montagne forse della Svizzera, forse dell'Austria: qua e là i campanili, a punta, a torre, a palla, o storti, e i suoni.

Paloma era eccitata, dunque allegra come sempre quando chi è povero vuole spendere denaro e tornare a casa con molti pacchi. In questo stato d'animo salì in corriera e sedette accanto a una vecchia, quasi fuori dal tempo, anche lei con un borsellino stretto tra le mani insieme a un rosario. Paloma, non sapendo trattenere l'eccitazione disse alla vecchia che andava a fare spese in città e lo disse come scambiando informazioni con una coetanea.

«Stai attenta,» disse la vecchia che aveva un po' di barba «tu sei giovane e in città sono tutti imbroglioni. Cosa devi comprare?».

Alla domanda Paloma sentì di non poter rispondere subito perché non sapeva cosa avrebbe dovuto comprare, se non vagamente, come ogni donna che va al mercato.

«Dipende» disse e parlò di certa biancheria intima e di un regalo per la famiglia. Così smise di parlare con la vecchia che in certo modo rispecchiava il suo stato d'animo di diffidenza: preferiva l'eccitazione. La vecchia esaminò a lungo il borsellino di Paloma quasi con invidia e proprio con invidia e con pensieri maligni disse: «E lo tieni così in mano, senza una borsa, senza nasconderlo? Beata te che non hai paura dei ladri», e mostrò che teneva il suo, quando andava per la strada, in fondo a una lunga tasca del grembiule nero.

Paloma scese in città e, prima che al mercato settimanale che stava alle porte, più per la gente di campagna che per gli altri, si diresse al centro. Entrò in un caffè elegante e ordinò un cappuccino. Mangiò prima una, poi due, poi tre paste. Aprì il borsellino che teneva stretto in mano, che scricchiolò a lungo, e pagò. Nel farlo vide occhieggiare le banconote più grosse negli scomparti e di nuovo l'eccitazione la prese. Girò per molti negozi senza entrare: negozi di borse, di scarpe, di biancheria e di vestiti belli e pronti, compresi jeans e maglioni. Guardò a lungo in vetrina un paio di stivali di camoscio che costavano quarantacinquemila lire (ma lei poteva spendere anche di più) e lasciò le vetrine dicendosi che sarebbe tornata dopo. Non vide nessun vestito che le piaceva e già questo primo fatto tramutò in ansia l'eccitazione: erano tutti privi di colore, il loro colore era sempre quello in varie sfumature, dal caffelatte al marron, e Paloma avrebbe voluto vedere nelle vetrine di città qualcosa di rosso o a fiorellini, che valesse la spesa per la diversità.

Vide un vestito quasi trasparente che però era verde sfumato con la gonna a pieghe. Decise (ma la sua decisione com'è naturale, non era poi così decisa) di entrare. Chiese alla commessa il vestito, lo guardò bene, lo toccò tra due dita, poi la commessa la invitò a provarlo. Entrò nello sgabuzzo, si tolse i pantaloni e il golfino, aveva però una maglietta da inverno, sopra cui infilò il vestito.

Appena indossato non le piacque più anche a causa della maglietta che occhieggiava poveramente attraverso la stoffa; e comunque durante tutto il tempo della prova, del resto brevissimo, pensò con paura e vergogna al prezzo enorme: centoquarantamila lire. La commessa si infilò nello sgabuzzo e con voce distratta, parlando anche con qualcuno fuori dallo sgabuzzo, aprendo la boccuccia rossa scura e lucida tra molti trucchi del volto e gli indumenti *casual* che a Paloma parvero molto ridicoli disse che il vestito «favoloso» le stava «divinamente». Questo modo di parlare che Paloma si trovava sempre tra i piedi anche tra le compagne di lavoro in fabbrica, fece riaffiorare in lei la diffidenza per i commessi, che era stata ben nutrita dalle due o tre parole della vecchia col rosario in corriera.

Sorrise alla commessa pensando «favolozzo, divino, a me non la fai, cara» ma disse: «non lo sento bene addosso» e intanto con tutta fretta, come una che scappa, stava levandoselo di dosso perché temeva che tenendolo ancora sul corpo era come se l'avesse già un poco comprato. Ma la commessa insistette perché si togliesse la maglietta e lo provasse un'altra volta, soltanto con il reggipetto e lo slip. E intanto disse: «Con una figura come la sua non c'è bisogno di magliette... quando si ha una figurina così...» e Paloma arrossì e le disse nel pensiero: «Sì, marameo». Paloma dunque indossò ma si spogliò anche subito perché nel riprovarlo pensava all'astuzia della commessa che pareva aver già venduto, già fatto il pacco.

«E poi è troppo estivo» disse Paloma, tutta rossa in faccia per vedersi mezza nuda e coperta dell'abito trasparente. Se lo levò senza l'aiuto della commessa che aveva chiuso definitivamente la boccuccia rossa, anzi la strinse come per un bacio e rigirò gli occhi.

Paloma fu un'altra volta sulla strada e si avviò decisa questa volta a comprare gli stivali. Entrò molto più calma e chiese, indicò la vetrina. Una commessa scomparve verso il soppalco del grande negozio e arrivò con la scatola che si aprì tra due ali di carta velina sottile e profumata. C'era un solo stivale che Paloma infilò: andava benissimo, era tutto foderato di pelliccia e si sentiva molto bene proiettando il benessere per tutto l'inverno. Disse che li comprava.

«Aspetti, provi anche l'altro» disse la commessa e andò alla ricerca dell'altro stivale, prima in negozio, poi confabulando con la padrona alla cassa, piena di ori e collane. Fu scovato in vetrina e con una lunga pinza riportato dentro. Ma era un numero più piccolo, insomma non andava bene, Paloma fece grandi sforzi perché andasse bene ma lo stivale non entrava. Quasi stava per comprarli lo stesso contro il parere della commessa pensando che col tempo si sarebbe adattato. Uscì dal negozio a mani vuote e fu presa dallo scoramento e dalla rabbia. Doveva comprare qualcosa, possibile che niente andasse bene? Lei non era povera e ora aveva il denaro per comprare quello che voleva.

Il dispiacere di non aver comprato nulla fino a quel momento diresse i suoi passi verso il mercato, dove guardò ad una ad una molte bancarelle e chiesti i prezzi si rassicurò, si sentì a suo agio: non erano quelli del centro città, erano più accessibili a lei, erano prezzi più «giusti». Ma perché più giusti? Lei avrebbe potuto spendere quello che voleva. Spendevano le altre? E anche lei avrebbe speso. Ma intanto era al mercato e non nei negozi del centro ed era quasi mezzogiorno. Sedette dentro il caffè del mercato per pensare meglio: ordinò un panino con la porchetta e un bicchiere di vino bianco. Appena assaggiato il panino anche i soldi del panino, che erano pochissimi, erano però bene spesi e quando aprì il borsellino questo scricchiolò consenziente e si aprì quasi da solo in segno di approvazione.

Cosa aveva visto Paloma nei negozi e nel mercato? Niente che le fosse veramente piaciuto, nessun colore, nessun vestito, salvo gli stivali per i quali ancora si sarebbe messa a piangere. Ma subito, con la inarrestabilità della gioventù passò in rassegna altre cose, reggipetti e mutandine firmati, due piccoli pettini da infilare alle tempie, rossi, che poteva comprare anche subito ma che costavano pochissimo, e poi gli anellini d'oro dagli orefici ma quelli avrebbe voluto riceverli in regalo e non comprarli. Aveva visto poi un paio di zoccoli, ma così di passaggio, col pelo dentro, ma quelle non erano spese importanti, spese da città come un cappotto, un paio di scarpe, una borsa, una pelliccetta, un vestito elegante, quelle erano cose povere che avrebbe potuto comprare al mercato del paese. Prese ancora tempo e andò alla cabina del bar per telefonare a un suo amico. Ma subito, fin dalle prime parole, un ragazzotto, una specie di Travolta con grandi ricci neri e pantaloni larghi e scarpette a punta cominciò a tempestare il vetro della cabina. Paloma, che non poteva parlare, diventò rossa dalla rabbia, per un po' cercò di non fargli caso ma poi aprì la porta e disse strillando: «Io pago gli scatti quanto lei, posso telefonare quanto voglio».

«È mezz'ora che stai lì dentro. Stronza» disse il ragazzotto.

Paloma si sentì soffocare, aveva il cuore in bocca: «Stronzissimo, issimo» rispose e chiuse la cabina contro cui il ragazzo continuò a tempestare. «C'è uno qui fuori dalla porta che batte il vetro, non posso parlare ma ho diritto anch'io, pago anch'io gli scatti come lui...» disse all'amico con voce ancora strillante. Era molto agitata e salutò anche l'amico, rimandò la telefonata, uscì.

«Stronza».

«Stronzo tu, grande come una casa» si scambiarono Paloma e il ragazzo con una mano in tasca e la punta dello scarpino a terra, e Paloma uscì all'aria.

A passi veloci si avviò al banco delle scarpe dove c'erano gli zoccoli con il pelo. Scoprì che non erano di pelle ma di finta pelle e perciò costavano così poco. Quelli però andavano bene e li comprò. Costavano pochissimo, aprì il borsellino che scricchiolò pigramente ed estrasse una delle banconote più alte, nuove, per cambiare. Quel gesto e il fruscio e lo schiocco del foglio da cinquantamila tra le sue dita diedero a Paloma un po' di pace: lo si vide dagli occhi e dalle guance, gli occhi accennarono a un sorriso senza sorridere, sulle guance si formarono due fossette come dire: posso spendere. Ma fu un attimo, un attimo che trasudò alcune gocce di sudore sotto le ascelle, e si prolungò comprando un piccolo mazzo di garofani rossi. Un attimo; in realtà dentro il borsellino era rimasto quasi tutto il denaro e non era contenta.

«Cosa ho in mano?» pensò quando fu seduta nella corriera, col timore di aver sudato troppo tanto si sentiva bagnata sotto le ascelle. «Niente. Non ho comprato niente. Tutta colpa di quella vecchia» continuò a pensare e arrivò al paese che la luce, il sole non erano più così carichi di luce come il mattino.

Il concime, riscaldato al sole nei campi, odorava: Paloma era però un poco impaziente di provare, di indossare gli zoccoli col bordo di pelo bianco: per la sera in discoteca, e poi il giorno dopo era domenica.

r

RICORDO

Un giorno un uomo arrivò a Milano dove aveva vissuto molti anni. Siccome era un poeta è difficile dargli un'età, aveva i capelli bianchi ma aveva modi e passioni di bambino insieme a una cultura di vecchio e questo si vedeva dall'essere completamente diverso da tutti i viaggiatori che scendevano le scale della stazione. Da che cosa si vedeva? Da una borsa da tennis, dalla testa grossa e vagante e dal suo modo agilissimo di scendere le scale. Gli toccò un tassì con un conducente che subito lo chiamò per nome ma egli non lo riconobbe. Poi, di colpo, affiorò alla memoria quello stesso uomo ma giovane, magro, un po' matto come molti giovani che vogliono fare i matti e non lo sono che per brevissimo tempo, e tuttavia, sempre nel ricordo, non particolarmente attraente. Faceva parte di una banda di ragazzi che egli frequentava molti anni prima, nei pressi di Porta Ticinese dove abitava.

«Ma tu sei Abelardo» disse tra sé ricordando quei ragazzi di origine della Bassa Pavese con nomi visi-

goti e ostrogoti rimasti ancora dal tempo delle inva-
sioni barbariche.

Il tassista sentendo il suo nome fu di nuovo e subito quasi un ragazzo nonostante il grosso stomaco e
stille di sudore su una fronte adulta di conducente
di tassì. Abbracciò il poeta con una stretta alla spalla
e parlarono di quella parte di tempo comune a tutti
e due: quasi vent'anni prima. I bar, le balere, gli
amici comuni. Passarono così in rassegna, ridendo,
tanti ragazzi dai quindici ai venti anni, che ora non
erano più tali ma sposati, con figli e sparsi a Milano.
Parlarono anche di qualcuno che nel frattempo era
morto ma tralasciarono quasi automaticamente
questo argomento che avrebbe annebbiato la foga
del ricordo.

«E Bertino, te lo ricordi Bertino, la tua simpatia?» disse Abelardo, ed ebbe nello sguardo quello
stesso guizzo malizioso che avevano tutti i ragazzi allora innocenti che cominciavano a non esserlo più
del tutto. Bertino, nominato, apparve nel ricordo
del poeta in tutta la sua fragilità e il suo fascino: un
occhio celeste un po' storto, tutto qui. Ma quali an-
sie, quali passioni e attese condensava nel ricordo:
stava in un tiro a segno che appariva e spariva dal
Luna Park e con questo, con l'apparire della baracca illuminata e con la sua scomparsa, lasciando la
traccia quadrata del terreno pestato e della segatu-
ra, petardi scoppiati e pallini in uno spazio vuoto
senza Bertino, con questo è già detto quasi tutto. Il
«quasi» che completa il tutto è il vuoto, assoluto,
l'assenza con un cielo blu cosparso di stelle che non
potevano certo dare una indicazione, indirizzo, altri
Luna Park della provincia.

Al poeta non batté il cuore come una volta, il cuore pulsò regolarmente come un orologio che non
ha niente a che fare con il cuore. Dovette però

vincere la vibrazione della voce e infatti disse, con calma:

« Bertino, chissà dove è andato Bertino ».

Come dovesse rincuorarlo, dargli una bella notizia, Abelardo disse concitatamente: « Bertino, ma è qui, qui a Milano, nel centro di Milano, fa il portiere in via Montenapoleone. La tua simpatia, era o non era la tua simpatia? ». Queste ultime parole Abelardo le disse senza nessuna malizia, affettuoso e complice come a quei tempi ma dei due solo il poeta sapeva invece che erano passati gli anni. Gli diede però il numero del palazzo dove stava Bertino.

« Lo andrai almeno a trovare, no? » disse il grosso tassista, che da magro e giovane tornò al presente. Noiosamente, poiché non era più un ragazzo il tassista volle sapere se c'erano belle donne a Roma, se lui conosceva e frequentava attrici. « E i ragazzi, ti piacciono sempre? » disse, e qui il poeta riconobbe una domanda indiscreta e inutile, da adulto, che ruppe la confidenza.

« Non quelli di Roma ».

« E già, e poi hai la tua età » disse ancora inopportuno Abelardo con ciò che aveva imparato dall'età adulta, ma erano arrivati all'albergo. Abelardo insistette per offrire la corsa, si salutarono.

In albergo, solo nella sua stanza, l'uomo sentì arrivare un lieve nervosismo sotto la pelle, una agitazione che, come sapeva, l'avrebbe portato se non all'angoscia, all'ansia e riconobbe subito l'origine nella propria immaginazione: era la baracca del tiro a segno, sfolgorante di luci, di bagliori e di scoppi tra cui appariva e spariva la figura esile, fatta di ossicini, di Bertino con il suo occhio celeste e storto.

Si alzò dal letto e uscì, Montenapoleone stava a due passi e si avviò perché voleva vederlo. Trovò il numero del palazzo, era tra i primi, e si infilò nei marmi dell'entrata cercando la guardiola del portiere. Prima di chiedere guardò, c'era qualcuno, con una schiena curva e rotonda come una piccola gobba, chino su un giornalino a fumetti. Il portiere sollevò la testa, pallida, smunta, con capelli radi tra il biondo e il cenere in cui l'uomo riconobbe immediatamente l'occhio storto. Il portiere, vestito tutto di grigio con un filetto d'oro sui baveri della giacca ebbe una piccola contrazione della palpebra, come l'occhio fosse di vetro e in una specie di sorriso che pareva di fulminea speranza disse: «Mario!», e così dicendo uscì come un razzo dalla guardiola e gli si buttò addosso in un abbraccio.

Parlarono, stentatamente dapprima, come accade sempre, poi con più calma e ordine. Bertino volle portare l'uomo a un caffè vicino molto elegante, per offrire «l'aperitivo», o un «digestivo», una birra, un caffè. L'uomo accettò il caffè poi tornarono nella via semideserta di Milano e Bertino riprese a parlare.

Bertino era eccitato, sempre di più con il passare dei minuti, diceva: «Sono passati i bei tempi» e lo ripeteva come non fossero passati affatto o sperava, era quasi certo, certo che non erano passati; ma stavano nei pressi del palazzo e Bertino di tanto in tanto entrava nella guardiola per controllare le spie dei citofoni.

«Sei sposato?» domandò l'uomo.

«Ho anche due bambini» disse Bertino come fosse stato interrotto, con una certa delusione nella bocca.

«Belli?».

Per un momento Bertino restò in silenzio guardando con il suo occhio per terra, un po' perduto, poi disse:

«Belli, sì, il primo soprattutto, l'ultimo è nato senza una manina».

«E tua moglie com'è?».

«Non mi lascia mai un minuto, ma è brava, però non mi lascia mai un minuto, tra lei, i bambini, soprattutto il palazzo sono sempre qui. Mi vedi, sono sempre qui, tutti i giorni, quasi tutti i sabati e le domeniche e anche Ferragosto».

«E come mai?».

«Per gli straordinari, mia moglie ne inventa sempre una da comprare e poi come faccio a lasciare il palazzo e i signori che chiamano e le pulizie. Non sono io che le faccio, eh no, ci mancherebbe altro, c'è un'agenzia che manda i pulitori ma con quello che succede oggi devo star qui a sorvegliare».

Bertino parlava incessantemente, con delle pause, ma come parlava così pensava. Cosa pensava? Ricordava, e l'uomo vedeva i ricordi in forma di pensiero passare sotto le sue parole e la sua figura: era sempre fragile ma non più leggero, assolutamente non più leggero, anzi era fragile e al tempo stesso pesante: su di lui pesavano quelle che si chiamano, pensò l'uomo, «le responsabilità»: la moglie, le cose da comprare, i figli, i signori che chiamano, il palazzo, le pulizie e soprattutto il tempo, «le responsabilità del tempo» non sue, che passava. Anche l'uomo ricordò alcuni momenti ma privi di responsabilità, tra cespugli, polvere nei cespugli, fanghiglia ai bordi del Ticino e molte cose ridotte all'essenza, tra i lampi e gli scoppi del tiro a segno e dopo, quando la baracca era chiusa.

«E il tiro a segno?» domandò.

«Morto mio papà ho venduta la licenza e poi non era roba per me girare da un paese all'altro con la carovana, senza nessuna sicurezza del futuro. Io ho fatto la terza media».

«E così il tiro a segno non c'è più».

«Non c'è più davvero» disse Bertino ridendo. «Ha preso fuoco, o l'hanno incendiato loro per l'assicurazione, fatto sta che un incendio ha distrutto il

Luna Park. Non l'hai letto sui giornali? Due anni fa a Varese. Ne hanno parlato tutti i giornali».

«Non l'ho letto» disse l'uomo.

«Senti, senti» continuava Bertino «e poesie ne scrivi sempre?».

«Qualche volta» rispose l'uomo con un sorriso, di quella vanità, che un tempo voleva mostrare ai ragazzi per attrarre l'attenzione.

Bertino gli prese un braccio con una mano che all'uomo parve ossuta.

«Senti» disse, con una brevissima pausa al tempo stesso modesta e vanitosa «e quella che hai scritto su di me ce l'hai ancora?» e così dicendo, senza mutare in alcun modo l'espressione del volto, improvvisamente le lacrime gli scesero sulle guance.

«Credo di sì» disse l'uomo e ricordò qualche parola della poesia, ma forse era un'altra.

«E viaggi, giri il mondo mi hanno detto».

«Qualche volta».

Il citofono suonava, si salutarono, Bertino ebbe un gesto, nell'abbraccio, di parente anziano e l'uomo, molto più vecchio di lui, di nipote giovane e imbarazzato. Bertino scappò nella guardiola ma disse:

«Mandami una cartolina qualche volta, per ricordo».

«Va bene» disse il poeta «d'accordo».

ROMA

Una domenica d'inverno, al crepuscolo, un uomo che si sentiva straniero senza però esserlo arrivò con un rapido, dal nord, alla stazione di Roma. Già dal treno, col primo apparire della città e delle sue enormi case come innestate sui colli rognosi di rifiuti e di untume e poi quelle pietre dell'Arco di Porta Maggiore da cui sorgevan ciuffi d'erba e alberelli, vide il cielo color violetta e tirato come una seta dall'aria quieta e fredda della tramontana. Sentì, come sempre quando arrivava, la mortale presenza dei secoli e della storia. Uscì dalla stazione per prendere un tassì e, a mano a mano che il crepuscolo si trasformava lentissimamente in sera, si trovò sul piazzale. La luce del cielo si fondeva con quella del grande faro centrale ed era qua e là spezzata di riverberi di neon rosa e azzurro. Sotto questa luce nelle aiuole della stazione stavano accovacciati, sull'erba bruciata dai turni di umanità sempre distesa, gruppi di donne africane vestite di bianco che chiacchieravano la loro lingua con movimenti continui delle mani scure e magre con unghie laccate di uno smalto color metallo.

La luce del crepuscolo scendeva lentamente ma ad ogni istante si notava una variazione di colore, sempre più verso l'ombra, in cui, più lontano, le sagome goffe di alcuni soldati italiani e di altri etiopi dai capelli crespi a criniera, in gruppi separati, già avevano assorbito per primi l'ombra della notte: la luce che li illuminava era un rimasuglio violaceo ma i loro corpi di lunghi guerrieri senza lancia parevano camminare con l'andatura di cammelli tra i ciuffi delle savane dei loro paesi. I soldati invece si aggiravano intorno alle sagome delle beduine come in cerca di qualcosa per terra.

Sempre in quello stato d'animo di estraneità dovuto al luogo, al tempo stesso così buio e luminoso come capita in Africa, l'uomo si infilò in un tassì e attraversò la città che appariva quasi deserta. La luce (l'illuminazione non era stata ancora accesa) era soltanto quella delle insegne al neon che si fondeva tra rosa e blu in un diffuso colore violaceo, dominato da quello più ampio del cielo.

L'uomo diede un indirizzo e il tassì percorse velocemente le strade senza autobus, senza ingorghi, senza frastuono e clacson. Forse c'era uno sciopero, o erano tutti usciti da Roma i romani? L'uomo ebbe così modo di vedere Roma, dopo esserci stato tanti anni, come non l'aveva vista mai. Quella che vedeva era popolata per lo più da africani, c'erano sì alcuni soldati ma infagottati in una loro non si sapeva se inquieta o smarrita solitudine canina, gruppi continui di donne beduine nei loro costumi bianchi da cui uscivano delle gambette nere, nervose e anziane, e sulla fronte una crocetta tatuata. Poi ancora uomini di varie razze tra cui, accanto alle Terme di Diocleziano un gruppo di alti neri, nerboruti, vestiti quasi d'estate con leggere tele sui muscoli e come unti d'olio. Avevano il capo rasato e camminavano in un modo al tempo stesso selvaggio e potente che rammentò all'uomo gli schiavi nubiani, i flabellanti dei cortei del tardo impero, i massaggiatori, i poderosi e scivolosi addetti alle terme. Questa impressione, come di una scena di film trasportata nella realtà, non lo lasciò più. Scese al suo indirizzo, portò la sua borsa in casa e fu spinto dalla luce a scendere di nuovo.

Ancora non era buio e si sarebbe detto che quella luce violacea non avrebbe abbandonato la città per tutta la notte. Carabinieri giovanissimi, quasi ragazzi, simili a reclute di un esercito mercenario, presidiavano un ministero con il mitra stancamente spianato: anch'essi parevano stranieri, o indossare divise straniere povere e ingombranti, stanchi e annoiati della ronda solitaria.

L'uomo passeggiò sul lungotevere, sempre incontrando gente di colore che camminava e si muoveva come padrona della città, di tanto in tanto sfrecciava una macchina con dentro dei ragazzi, scuri di capelli e riccioluti anche loro. Uno di quei neri, un etiope forse, con una coperta candida sulle spalle gli si avvicinò ridendo; rideva in quel modo in cui ridono tutti gli africani quando debbono parlare con un europeo: un modo fatto di gesti al tempo stesso eccessivamente servizievoli, vanitosi e con occhi dalla cornea bianchissima, venata di pazzia. Non parlava italiano ma con la sua lingua aspirata e a cenni offriva la coperta da vendere. «Venticinquemila» disse, con una pausa quasi per ogni sillaba e per ogni sillaba muovendo le mani tra il mendico e lo sbruffone. L'uomo disse di no ringraziando. Ma il nero sorrideva sempre di più e con un movimento pieno di grazia minacciosa, con lentezza ed eleganza, pose la coperta sulle spalle dell'uomo e perfino la drappeggiò guardandolo da sotto in su con movimenti delle mani lunghe e lucide come per complimentarsi. L'uomo se la sfilò di dosso e la tese al giovane etiope che, con un bagliore degli occhi, parve disgustato. Fece anche una vera e propria smorfia di disgusto e si ritrasse come per non voler riprendere indietro la coperta. Allora l'uomo la posò sulla spalletta del fiume e riprese il suo cammino.

Proseguì lungo il Tevere e si trovò poco dopo ai bordi del Circo Massimo: ancora non era sera o non pareva sera, a causa della luce e dei suoni della città completamente attutiti come avesse avuto dei tappi alle orecchie. Due o tre volte sbadigliò come si fa negli aerei ma non riuscì a percepire suoni più chiari; forse un brusio, un bisbiglio lungo i bordi del Circo, dove, tra i cespugli, si muoveva qualcosa. Poco più avanti infatti, uscì una donna, con una piccolissima sottana di raso rosso e lucente che non riusciva a coprire nemmeno lo slip. Aveva una lunga parrucca bionda ma era anche lei nera e dal modo con cui i capelli si muovevano nell'aria fredda, a ciocche rigide e morte, l'uomo capì che si trattava di un travestito. Intorno a lui non c'era nessuno eppure il travestito si muoveva con gesti di danza e apriva e chiudeva a cuore la grande bocca rossa.

L'uomo proseguì fino alla Passeggiata Archeologica, il suo stato d'animo era molto strano e forse a causa di quella sensazione di orecchie tappate (prima, il travestito sicuramente cantava ma egli non aveva udito alcun rumore) si sentiva ancora più straniero di quanto lo fosse in modo leggero e trepidante e come liberato da un peso che, ora soltanto lo sapeva, lo aveva accompagnato tutta la vita.

Anche la Passeggiata Archeologica era quasi interamente sommersa da quell'oscurità violacea che persisteva nonostante i lampioni accesi. Costeggiò le Terme di Caracalla, camminava molto piano, attratto dal terreno intorno ai muri e alle rovine. C'erano ciuffi di erba polverosa, cartacce, kleenex appallottolati, qualche bottiglia di birra. Raccolse un bastoncino e camminando frugava tra quei detriti come si trattasse di trovare il passato che era lì, certamente lì sotto qualche strato o parecchi strati. Scoprì alcuni preservativi e una catenella, una povera catenella di metallo. Andò avanti: qualche auto passava mostrandosi per i fari e per lunghi colpi di clacson che però le sue orecchie non percepivano chiaramente. Che fosse diventato sordo, così di colpo?, si domandò, ma al tempo stesso sentì che si trattava di una sordità più diffusa, una specie di narcosi penetrata in tutta la sua persona. Guardò l'orologio, era tardi, ma lo stesso, come condotto dalla dolciastra passività romana, continuò il suo cammino. Forse l'immaginazione lo aveva colto alla sprovvista ed egli fantasticava, con tutti quegli africani che aveva visto dal momento che era sceso alla stazione, sulla vita quotidiana di dieci, quindici, venti secoli prima.

La luce viola era ancora nel cielo e l'uomo vide una prima stella, al di là delle mura romane, di nuovo fissò lo sguardo tra le erbacce e i rifiuti: vide una macchia di petrolio, luminescente, con degli stracci vecchi e impastati al suolo. Poi frammenti di pietra bianchissima, quasi porosa, certamente molto antica anche quella. Gettò uno sguardo alla Passeggiata dove qualche automobile passava senza nessun rumore. «Forse sto per diventare sordo, ma proprio ora, oggi?» si chiese e proseguì sempre lungo le mura, i rimasugli, le cartacce. Di colpo si trovò all'imboccatura di un anfratto, come una rientranza nelle mura in forma di nicchia profonda. Pensò subito a una guardiola, come dovevano esserci, forse anche a guardia delle terme, e pronunciò tra sé la parola *tepidarium*, che aumentò la rilassatezza dentro di sé. Nella nicchia si accese un fiammifero, ma stando all'imbocco, grazie sempre a quella luce viola vide che qualcuno stava lì. C'era una donna, molto grassa e quasi distesa per terra, con delle calze arrotolate da sopra fino al ginocchio, e le si vedevano le cosce. Era una donna anziana, con l'aria di massaia, di portinaia romana. In piedi accanto a lei, appoggiato allo stipite della nicchia un giovane alto con dei gran capelli crespi, di cui si vedeva chiaramente il sorriso mezzo invitante, mezzo disgustato, biancheggiare nel viola. Anche lui era un etiope, anzi somigliava molto a quello incontrato poco prima con la coperta. Con la sua bacchettina l'uomo entrò e non udì, anche se i due parlavano, la donna stando scomodamente sdraiata per terra con il capo sorretto da una mano: gli parve di udire il nome Alì mentre osservava il vestito lucido e stretto dell'etiope che fece come un balzo: tale era la passività della luce viola nel cielo notturno e la persistente sordità da analgesico, che l'uomo non si rese immediatamente conto che l'etiope lo aveva colpito con un coltello. Gli rivide poi in mano il coltello e gli sembrò un normale coltello da cucina, insanguinato, poi lo sentì penetrare ancora nel ventre, nel petto, nel collo mentre i denti bianchi dell'etiope gli stavano vicino; e l'uomo, sempre preso da quella sordità totale e quasi senza sentire dolore zampillava sangue (la donna si era alzata e messa da parte), a fiotti abbondanti e regolari come in chiaro ma anche oscuro accordo con il cuore.

s

SESSO

Una sera di fine inverno una donna di cinquant'anni che si sentiva sola perché l'amante non c'era mai e la casa era vuota andò senza tanta voglia a una conferenza con drink. Era una cosa noiosa dove rivide per la millesima volta le stesse facce che conosceva da sempre e con cui scambiò le solite frasi con qualche pettegolezzo: il pettegolezzo, per lei che non era pettegola ma sola, la svegliava un po', specie i pettegolezzi d'amore nei quali lei, purtroppo, non c'entrava mai. Ma non la svegliò tanto e anche a quell'ora, prima di cena (erano le otto e mezzo di sera), cominciò a sentire le palpebre che si abbassavano, stando con il solito bicchiere in mano. Non era vestita particolarmente bene, come si usa in queste occasioni, anzi aveva un giaccone di panno blu, impolverato. Le mani, quella che reggeva il bicchiere era già un po' anziana con delle dita però di bambina, un po' storte e infantili, come di scolara che tiene svogliata la penna e si sporca di inchiostro. Era una donna non bella, ma aveva conservato un modo infantile di muoversi e, ancora più infantile, di arruffare i capelli ricci con una mano. L'acqua ossigenata nascondeva i capelli bianchi che erano diventati appunto di un biondo bianco perché da un po' non andava dal parrucchiere. Aveva però labbra strette e capricciose, quando sorrideva mostrava denti piccoli e molto forti.

Verso le nove la gente cominciò a sfollare e anche lei uscì nella notte quasi di primavera: un odore, un lontano tepore, nulla più. Nel vicolo vide dei ragazzi e uno con un casco di capelli ricci, scarpe da ginnastica e un giubbotto di pelle nera, uno dei tanti che circolano, si avvicinò e le disse saltellando: «Sei simpatica, come ti chiami? Voglio rivederti».

La donna ebbe un attimo di esitazione, molto sonnolenta, per timore di uno scippo, ma finì con il dire il suo nome e, lei stessa cavando dalla borsa carta e matita, scrisse il numero di telefono. Questo la sorprese ma si avvide della sorpresa a cose fatte. Poi si avviò verso casa a piedi. A casa si preparò un vassoietto con un uovo, un po' di formaggio e del pane e guardò la televisione, poi andò a letto. La casa era vuota, lei si sentiva sola ma questo accadeva ormai da più di un anno e anche si annoiava molto. Ogni tanto era triste e avrebbe voluto che qualcuno si muovesse. Aveva preso un Tavor e si addormentò subito. Fu svegliata dal telefono alle tre del mattino: era il ragazzo che l'aveva fermata per strada, con una voce chiara e allegra disse se poteva venirla a trovare. La donna disse di no e si addormentò di nuovo. Ma fu svegliata un'ora dopo e così altre due volte. Subiva un po' passivamente queste telefonate notturne a cui non era affatto abituata ma la passività si tramutò molto presto in un sentimento strano di paura e di attrazione: un ladro, un pappone, chissà chi era e perché? Con suo grande stupore sentì dentro di sé quel piccolo frizzo della lusinga che

338

non sentiva da molto tempo e, non troppo convinta e pur sempre sorpresa, sorrise tra sé.

Il giorno dopo il ragazzo ricominciò a telefonare, nel pomeriggio, e già diceva, come se in poche ore si fosse stabilita un'abitudine: «Sono Mario». «Ah, ciao» rispondeva la donna, e diventava passiva. Alla terza o quarta telefonata del giorno successivo il ragazzo chiese ancora una volta se poteva andarla a trovare e insistette. La donna era svogliata, annoiata, triste per la casa vuota e per la mancanza del suo amante che non vedeva ormai da un mese e disse di sì. Poco dopo, pochi minuti dopo sentì suonare il campanello.

«Mario» disse il ragazzo, al citofono e in un attimo fu sulla porta, entrò e la strinse subito tra le braccia volendo baciarla. La donna si divincolò ma lo fece con fatica perché il ragazzo la teneva stretta tra le braccia muscolose. Stavano sulla porta e la donna sentiva nelle narici l'odore del giaccone di pelle aperto da cui spuntavano i peli del petto. I peli sapevano buonodore.

Era riuscita a divincolarsi e il ragazzo, con un atteggiamento della spalla destra portata avanti e il collo eretto in un improvviso scatto di immensa e quasi pazzesca vanità uscì di casa sbattendo la porta. La donna restò sorpresa e come un po' in ansia senza sapere bene il perché. Tutta la sera pensò a quello strano incontro che la incuriosiva e, non osava dirlo a se stessa, la intimidiva. A cena con degli amici si chiedeva: «Che si sia offeso?» e non udiva i discorsi degli altri.

Durante la notte fu svegliata due volte dal ragazzo al telefono. Questi disse: «Sono io» e poi rise con una risata pazzoide simile al gesto di vanità. La donna disse: «Dove sei? Sento rumore», ma il ragazzo aveva riagganciato. Erano le due. La seconda volta, alle cinque del mattino, fu la stessa cosa ma la risata durò più a lungo e diede alla donna un brivido come di paura. Non disse nulla stavolta ma rimase al telefono perché nessuno dei due parlava, udì soltanto una sirena lontana poi la comunicazione fu interrotta.

Passarono alcuni giorni in cui la donna aveva i nervi a fior di pelle e mai pensava, dopo molti anni, al suo amante. In compenso, senza dirselo, aspettava di giorno e di notte le telefonate del ragazzo che non venivano. Usciva di casa per pochissimo tempo, poi rimaneva lì facendo qualcosa e se la invitavano a pranzo o a cena non andava. Lo ricordava appena: dei capelli ricci, quel gesto di vanità che già nel suo corpo diventava un gesto di virilità, di coraggio, di sprezzo verso il mondo diurno (ricordava o sognava di averlo sentito dire che il giorno gli faceva schifo?), i muscoli delle braccia, i peli del petto sfregati sulla sua guancia incipriata, l'odore del giubbotto di cuoio, la voce notturna e prepotente da film giallo. Ricordando provava un brivido. Era nervosa e per la prima volta nella sua vita cominciò a fumare sigarette che non aveva mai fumate: ne fumava, goffamente, sbuffando il fumo come i bambini, un pacchetto al giorno. Non usciva.

Un pomeriggio il ragazzo telefonò. Disse soltanto: «Vengo?» e la donna disse «sì» con un filo di voce, tanto grande era l'emozione.

Corse a pettinarsi, a truccarsi, a cambiarsi di abito. Ma il ragazzo non arrivò. Suonò il campanello tre giorni dopo, verso sera. Se lo vide davanti alla porta, alto e con quei ciuffetti di pelo, lo fece entrare. Il ragazzo taceva, gli occhi nascosti da un paio d'occhiali a specchio, e camminava con quel collo eretto e un po' di lato, le spalle erette ma un po' sbilenche e la donna si accorse che era alto: le parve che muovesse un po' d'aria nella casa immota. Si aggirava come dovesse valutare l'appartamento, con spregio nelle labbra carnose, senza guardare la donna che lo seguiva. Poi si buttò a sedere a gambe larghe su un divano. Guardava la donna in modo fisso e con quella vanità immensa senza dire una parola. A un certo punto vide una radio, la accese, cercò della musica alla moda e senza dire una parola cominciò ad accennare passi di danza dimenandosi e gonfiando il petto: roteava anche gli occhi sui movimenti del proprio corpo. Poi, di colpo, prese per un braccio la donna e la sollevò dal divano dove stava seduta come un'educanda: la baciò a lungo dimenandosi contro di lei, la buttò sul divano sempre baciandola e dimenandosi su di lei per un tempo che alla donna parve lunghissimo, poi fece l'amore roteando gli occhi in una specie di delirio. La donna provò un piacere sconosciuto, fremette, si dimenò, urlò. Il ragazzo si alzò e sempre preso da quel delirio si esibì lungamente a gambe larghe davanti a lei che lo guardava come si guarda un cobra eretto a pochi centimetri dal volto. Solo dopo parecchio tempo il ragazzo richiuse la lampo e con passi lenti e silenziosi sulle scarpe di gomma si avviò alla porta. La donna lo seguì un po', scarmigliata, curva, e quando il ragazzo aveva già aperto la porta disse: «Mario» con voce esile e implorante ma quello aveva già chiuso la porta. Dei tonfi, balzi della gomma sulle scale, silenzio. La donna si avviò curva in camera, si buttò sul letto con il cuore che batteva in gola ma poco dopo si addormentò e fece un sogno infantile: qualcosa come Dracula, qualcosa di notturno e sulfureo.

Passarono i mesi, la donna come ipnotizzata non usciva di casa. Quasi sempre la notte squillava il telefono. C'era un «pronto» (era lui) poi la comunicazione veniva interrotta. Di tanto in tanto il ragazzo arrivava, tutto avvolto nella sua corazza di vanità, faceva l'amore, si esibiva, taceva sempre e se ne andava. La donna fumava molte sigarette al giorno, si sforzava di fare la sua solita vita, un po' sociale, un po' mondana, ma correndo a casa e aspettando lo squillo del telefono o una visita. Qualche volta dava soldi al ragazzo che mostrava per qualche minuto immensa offesa, poi li prendeva, certe volte portava una scatola di cioccolatini. La donna lo convinse a spogliarsi e vide che aveva il corpo costellato di cicatrici, soprattutto ai polsi, di un colore violaceo, e questo le dava quel senso di attrazione e di ribrezzo come la vista del cobra la prima volta.

In quegli stessi mesi e giorni, ma già verso l'estate, un uomo solo e lontano molti chilometri guardava con un cannocchiale nel fitto della boscaglia: coppie di fagiani si aggiravano attratti dal mangime che egli stesso spargeva per loro. L'uomo li osservava: le femmine si appressavano al mangime con cautela, con trepidazione, immediatamente dopo il maschio giungeva da dietro e le beccava duramente sul capo finché non si allontanavano per lasciare il posto a lui, in qualunque punto fosse il mangime. Il maschio becchettava qua e là, sempre cacciando le femmine dal mangime, poi si aggirava intorno a loro, timide, impaurite, da padrone, con il suo minuscolo occhio, e le femmine parevano obbedire felici quando, per primo, egli decideva di muoversi e inoltrarsi nel folto, alzando la lunga coda variopinta.

SIMPATIA

Una notte d'inverno una specie di irsuto *hippy* che il caso e una madre contadina avevano chiamato Bortolo fu svegliato da un topo che rosicchiava. Bortolo dormiva con una sua compagna, una ragazza di vent'anni di nome Papillon, francese chissà come trapiantata in Italia, tra sacchi a pelo e vecchie coperte con del fieno. Abitavano una casupola di campagna semidiroccata e abbandonata sulle sponde di un torrente come un detrito sceso con le acque dalle montagne, non facevano praticamente nulla salvo qualche lezione (erano entrambi laureati e conoscevano le lingue) in un istituto privato poco lontano che raggiungevano a piedi nelle scarpe bucate. Quando non avevano lezioni Papillon si occupava di un bambino sordomuto, nipote di contadini ricchi e un po' bestioni sepolti nella campagna e proprietari della casupola.

Bortolo tese l'orecchio al topo che doveva essere poco lontano, forse in una cesta dal lato dei piedi e, nel silenzio della notte colma di nebbia gelida, gli parve che il topo avesse denti di acciaio tanto il rumore era forte, simile a quello di una raspa da falegname e Bortolo pensò a un falegname davvero, preso dal suo lavoro.

Anche Papillon si era svegliata, irsuta anche lei nel suo gran casco di capelli ricci e arruffati e, attraverso i capelli, teneva gli occhi aperti nel buio. Entrambi ascoltavano con l'intontimento della gioventù.

Il topo occupò un bel po' di tempo a raspare, poi il rumore diventò dolce e come liscio, di pialla. I due rumori si alternavano: prima si udiva in tutta la casa il grò-grò della raspa, poi quello della pialla: scié-scié-scié. Poi più nulla, solo uno zampettio veloce sotto i sacchi a pelo in direzione della stufa e a quel punto però tra i due corpi giovani e tiepidi passò velocissima la carezza morbida della coda di uno scoiattolo: era lui, il topo. Tutti e due balzarono su con un salto, Papillon con uno strillo, e Bortolo sollevò le coperte con un gran colpo di vento freddo e polvere. Stettero così nudi un bel poco di tempo dopo aver accesa la luce, alla fine si ficcarono sotto stracci e piumino, si scaldarono vicendevolmente, si addormentarono nel loro irsume. Nella notte e nel sonno profondo parve loro di udire ancora il rumore di falegnameria ma nonostante l'inverno la notte finì presto, il primo chiarore filtrò dalle molte fessure, era un mattino di nebbia.

Con la luce del giorno commentarono il topo notturno e il suo mestiere di lavoratore del legno e lo chiamarono «il falegname» pensando anche con molta simpatia alla qualità individuale e per così dire artigianale dell'attività del topo. Senza volere anche durante il giorno tendevano l'orecchio perché il falegname si faceva sentire nella sua attività: si esplicava a diverse ore del giorno, indifferente agli abitanti della casupola, carica di quella concentrazione un po' febbrile di chi deve finire un lavoro al più presto e consegnarlo in tempo, secondo la parola data. Era un topo puntuale e incurante.

Fu Papillon a pronunciare per prima la parola «simpatia» nei confronti del topo. Bortolo si seccò un poco perché credette di ravvisare in questa parola i residui delle letture giornaliere di Papillon e cioè i fumetti di Topolino, cosa che rendeva banale, infantile e mielosa l'idea dei topi simpatici: e siccome Papillon era tutt'altro che banale essendo ella stessa un animale Bortolo non la voleva vedere sotto l'aspetto dei lettori di Topolino, altra razza, altra specie. Papillon era laureata in psicologia ma non era una stupida.

«Perché simpatico?» disse Bortolo un po' rabbiosamente: da figlio di contadini non vedeva nel topo Topolino, ma un animale schifoso e portatore di danni.

«Perché fa il falegname e se ne frega di noi. È autosufficiente, indaffarato e di poche parole» disse Papillon ridendo con la sua boccuccia a forma di cuore.

Bortolo pensò che Papillon non aveva torto e fu un po' trascinato anche lui da una indubbia simpatia contadina verso chi lavora in quel modo, con coscienza, passione elementare, testoneria. Tuttavia lottava in lui anche lo spirito dei padri che avevano sempre cacciato i topi e uccisi con trappole, acqua bollente, veleno e strumenti aguzzi.

Passò qualche notte tranquilla (o il loro sonno nella nebbia era più denso e profondo, sepolto nei capelli di Papillon) poi il topo tornò a far sentire il rumore del suo lavoro. Ma questa volta aveva cambiato mestiere, da falegname a muratore. Il rosicchiamento non aveva più nulla di echeggiante e di ligneo, ora si aveva a che fare con mattone, calce e pietra. Si trasportavano pezzetti di muro sotto il pavimento, nell'intercapedine tra le tavole e il soffitto

345

inferiore, sassi correvano, poi si mischiava sabbia, si spatolava, insomma c'era il da fare del muratore per casa.

Bortolo affondò la bocca nel ricciume di Papillon fino a trovare l'orecchio sapore del latte (lei era già sveglia) e disse:

«È ancora qui, ora è diventato muratore».

«Muratore» rise piano Papillon con quella sua risatina di rondine. E un po' ancora parlarono del nuovo inquilino che Bortolo con gran dispetto immaginava un po' sullo stile dei fumetti: qualcosa tra Topolino e uno dei nani di Biancaneve. Fuori la nebbia stillava a gocce dagli alberi, lente gocce che nel mezzo del sonno potevano sembrare pioggia: poi il tempo cambiò e arrivò una specie di vento a raffiche, la bandierina di ferro sbilenca sul tetto cigolava.

Il topo indaffarato smise per un po', li svegliò un'altra volta verso il mattino: era tornato falegname, noioso, ripetitivo falegname munito di sega, raspa e pialla.

Papillon furiosa e capricciosa si alzò a sedere: «Ssst!» fece. «Sssst, piantala rompicoglioni!» con una autorità tale e un timbro di voce così acuto e sibilante che a Bortolo parve di vedere (come accadeva a lui stesso) il topo impaurirsi, drizzare il pelo da sotto il berrettino da Walt Disney, sedersi e guardare per terra con le zampette anteriori incrociate. Da quel momento infatti non si udì più nulla, i due ragazzi si allacciarono in una specie di nodo e dormirono. Verso l'alba fece un gran freddo, e vento.

Passarono dei giorni, nevicò (pochi fiocchi larghi, qua e là) tornò la nebbia, il torrente fumava e non si vedeva l'acqua, ma il topo non sapeva trattenersi dal lavoro. Di giorno, non potendo stare in ozio causa l'ozio forzato della notte per timore di Papillon, dava in improvvise escandescenze di attivi-

346

tà, sia di falegname, sia di muratore: maratone di dieci-quindici minuti ininterrotti dove impastava, costruiva, segava, raspava, piallava. Se Papillon lo zittiva, quello smetteva, Bortolo ci provò ma non veniva ascoltato. Per questo accumulò, pescandolo nelle origini contadine, un po' di odio causa gelosia, nei suoi confronti. E in quei momenti meditava trappole, colpi di vanga, veleni. Lo disse a Papillon.

«Nemmeno per sogno, che male ti fa, è così simpatico».

«Ma si può sapere perché ti è tanto simpatico? Ecco cosa fa» diceva indicando i buchi che si allargavano e i minuscoli escrementi sparsi qua e là con indifferenza e nessuna educazione o cultura, perfino intorno al pane nella credenza. Perché il topo non si limitava a lavorare, mangiava qua e là in modo disordinato e disinvolto, assurdo e sciupone. Per esempio bucava un caco o un panettone da una parte all'altra, o un libro, giusto della sua misura. Questo mandava in bestia Bortolo che non osava mangiare i resti del topo. «Perché ti è simpatico? Eh? Rispondi?». «Lasciami stare, mi fai male,» si strappava via Papillon «mi è simpatico perché è come noi, il suo lavoro è inutile, non ha utili lui, non ha interesse: è disinteressato. Ecco perché è simpatico».

Tra sé Bortolo ammise che Papillon aveva tutte le ragioni, ma il topo disturbava, lo disturbava, faceva un sacco di lavoro, anche se poetico, e di rumore e poi insomma era geloso, sì geloso, perché sapeva di non essere così simpatico. Decise di eliminarlo, non era che un topo, una bestiaccia. Comprò del vischio, lo spalmò su una tavoletta e dispose la tavoletta davanti al buco, di lì sarebbe dovuto passare, si sarebbe impigliato nel vischio e da lì sarebbe finito tra le fiamme nel focolare.

«Che crudeltà» disse Papillon ma era distratta,

non insistette, pensava da qualche giorno a una giacca di piuma d'oca rossa.

Bortolo sistemò l'assicella con il vischio e molto spesso, ma sempre meno più i giorni passavano, andava a vedere: del topo nemmeno l'ombra.

Il topo cominciò a farsi vedere: velocissimo, appariva e spariva. Era quello che si dice, veramente, un topolino. Papillon diede in piccolissimi strilli ad ogni uscita, che diventarono sempre più piccoli ma quell'apparizione eccitò l'odio di Bortolo a cui parve di vedere, in quegli istanti, delle orecchie. Comprò il veleno, specie di semi rosa, rosa *shocking* (a quel *shocking* Bortolo bofonchiò) che disseminò intorno ai buchi e ai passaggi obbligati.

I giorni passarono, il topo era sempre, anzi ogni giorno di più simpatico nella sua ansia lavorativa, nella sua fretta di concludere, di finire, di consegnare. Cosa? Nulla, l'inutile. Ma quel modo, quello stile, candido e testone, non poteva non essere simpatico come lo stile di qualunque artista. E tuttavia il ribrezzo restava: leggendo Freud ebbe conferma del suo ribrezzo e non ci fu barba di Lorenz a farlo desistere dal suo proposito. Una notte Papillon, dopo averlo redarguito disse al topo: «Ti butto Freud in testa» e guarda caso era un caso clinico: l'uomo dei topi. Il topo zittì, rispettoso.

Una notte Bortolo era inquieto. Si alzò, girellò nella casupola, passò in legnaia. Faceva freddo, ma subito sentì un lieve raspare, lieve e, Bortolo lo intuì subito, malato. Il topo era debole, avvelenato. Gli parve venisse dai cachi allineati su una mensola. Frugò con un bastoncino, spostò un caco e vide il topo, piccolissimo, era lì, la testa ficcata tra i cachi, timido, il culo rivolto a lui. Poi si girò, lentamente, senza fuggire, senza sparire, e con la piccola testa orecchiuta lo guardò. Aveva un muso mongoloide, di uomo mongoloide e anziano, con occhi mongoloidi minuscoli e lucidi: occhi sottili e rivolti all'insù, tra piccolissime rughe, verso le orecchie.

«Credevo avesse gli occhi tondi» pensò Bortolo e quell'immagine di degenerazione ereditaria, quel mongolismo, quel grosso culo, più gobba che culo, che il topo leggermente dimenava contro di lui, gli diedero la nausea. Cercò per un attimo con gli occhi qualcosa di aguzzo per trafiggerlo ma poi pensò «ha ancora poco da vivere» e lo lasciò dove era, tra i cachi. Bortolo pensò con ribrezzo alle molte degenerazioni (apparenti) della natura, ai *raptus*, alle contrazioni sessuali, alle deformità, poi tornò a letto accanto a Papillon così perfetta, esteticamente utile, simpatica davvero, con le sue labbra semiaperte a cuore, a bacio, da allattamento. Passò alcune ore della notte completamente sveglio: il silenzio era totale, invernale, profondo, non simpatico.

SOGNO

Una notte Piero, direttore di banca dal naso grande e grosso, fece il sogno seguente: cercava in un
cassetto del comò, lì nella stanza da letto dove dormiva, frugando e buttando all'aria ogni cosa con
una agitazione via via più angosciata una vecchissima penna stilografica, marca OLO, dei tempi del gin-
nasio. Ma per quanto frugasse non la trovava, pure
essendo certo che doveva esser lì dove era stata per
anni, e già aveva il pianto in gola, una disperazione,
un'angoscia di bambino. Non si sa come la penna
era sparita, ma come poteva essere sparita se, nel sogno, ricordava benissimo non soltanto che era sempre stata lì ma che quasi quotidianamente la guardava per un attimo, il tempo bastante per ricordare
come e quando la penna era apparsa nella sua vita
ed era diventata sua?
Questo non accadeva nel sogno ma durante il
giorno quando appunto la vedeva, nel suo astuccio,
quasi nascosta tra il mucchietto ordinato dei fazzoletti, tra un sacchettino di lavanda e la parete interna
del cassetto. Di giorno, guardandola, si ripeteva chia-

rissima come in un film la scena di se stesso, ragazzo, con gli occhi fissi alla vetrina di un cartolaio: era fissata con un elastico a un disco di velluto amaranto assieme ad altre, una penna di bachelite bianca e blu, screziata, come marmorizzata e simile alla malachite, ma blu, e con certe vene che facevano pensare alla madreperla. Guardandola e ammirandola immaginò che fosse sua per molto tempo finché un giorno, fermo come molte altre volte in ammirazione davanti al cartolaio e in compagnia di suo nonno manifestò timidamente, come solo lui sapeva essere timido, la sua ammirazione. Fu un istante: il nonno, un massiccio proprietario terriero di nobili discendenze, dal naso grande e grosso come quello del nipote ma più anziano di venuzze e pori, ebbe un lampo di affinità negli occhi sensuali e disse:

«Ti piace proprio tanto?».

«Sì» disse Piero, con un timbro di voce che avrebbe avuto un'altra volta soltanto nella vita, il giorno del matrimonio e poi mai più. Quella però era la prima volta e il sì quasi non fu udito dal vecchio che percepì invece un rantolo, una specie di squittio.

Il vecchio vestito con pelliccia interna di castoro e una lobbia nera lo prese per mano ed entrarono dal cartolaio: era il giorno 12 di gennaio del 1944, in una calle oscura e fumosa di Venezia, accanto a una friggitoria. Qualcosa scendeva dal cielo, non si sa se pioggia o fumo, o microscopica fuliggine di tubi di stufe o la prima nebbia del pomeriggio. Piero non capiva ancora quel che stava per succedere. Era quello che si dice un momento di massima *epoché*, di sospensione.

La penna fu esaminata, Piero capì le parole «diciotto carati», non udì il prezzo, ebbe la penna in mano e per un momento gli fu tolta dal cartolaio che la riempì di inchiostro blu: la immerse nella boccetta Pelikan a piramide tronca e Piero sentì il risucchio della pompetta di gomma. Poi la penna gli fu riconsegnata dentro un astuccio di cartone, finta pelle di coccodrillo. Uscirono, Piero diede un bacio al nonno e trovò il suo naso, che era già grosso, accanto a quello del vecchio che gli parve grossissimo: si somigliavano ed era quello un rapporto intimo.

Poi il 12 di gennaio 1944 si perse negli anni, circa quaranta, con uno strascico di tre uomini della polizia tedesca che sparivano nella nebbia delle calli con un rumore di armi. Ora la fuliggine dei tubi delle stufe, il fumo e l'umidità del selciato ritornavano nel sogno.

Quel giorno segnò per Piero il momento più felice della sua vita che egli concentrava tutta negli anni della guerra e del dopoguerra. La penna stilografica lo accompagnava a scuola, attraversava con lui le materie di insegnamento, il latino e il greco, era un tutt'uno con Plutarco. Lo accompagnava anche nella campagna di suo nonno, in una stanzetta riscaldata da una stufa, un letto, un tavolo e il dizionario, il Gheorghes. Piero aveva la OLO infilata nel taschino interno della giacca quando udì crepitare (o scoppiare?) i mitra che fucilavano un prigioniero inglese, pallido e biondino, vestito di stracci contro il muro di cinta della villa: pensò che, se fosse stato lui al suo posto, la penna sarebbe andata in frantumi.

Piano piano (Piero non poteva saperlo) la felicità della vita andava esaurendosi: venne il '45, il '46, il '47 e lì finì, come finisce una vita, tuttavia in quegli anni Piero visse intensamente la campagna e l'odore della campagna, i tubi di stufa colanti delle calli veneziane, il freddo, la vita dei contadini, la vita col nonno, le semine, i raccolti, le stalle e l'odore di letame quasi dovunque: soprattutto la vendemmia e l'odore del vino. Piero era molto felice quando camminava nella nebbia in sentieri fangosi nel cuore della campagna, tra i salici selvatici, con improvvisi scatti di cani puzzolenti alla fuga di una civetta: passando accanto alle case sentiva odore di polenta e un lieve rancido di maiale.

Molto belli erano anche i giorni di prima estate al Lido, con pochi bagnanti e anche lì Piero era inutilmente accompagnato dalla penna stilografica OLO. In sostanza, poiché la vita di un uomo si riduce sempre agli anni felici essendo quelli infelici simili in qualche modo alla morte, Piero visse cinque anni, e ancora esistevano nella penna stilografica. Ecco perché, nel sogno, non gli pareva possibile che fosse scomparsa, perché sarebbe scomparsa la sua vita, egli dunque stava per morire, o era già morto: da qui il sogno angoscioso.

Con questa certezza Piero si svegliò piangendo disperato. Accanto a lui la moglie, forte e senza sogni angosciosi, dormiva: nella stanza accanto dormivano i due figli che egli amava tanto. Anche essi senza angosce e ancora vivi. Persone viventi che egli amava sì, ma diverse da lui, dal suo proprio naso grande e grosso, dalla penna stilografica, dai tubi di stufe colanti: così diverse e lontane gli parevano ora perché estranee a quei cinque anni di felicità, dunque di vita. Che c'entravano loro con la OLO, bianca e azzurra, con pennino diciotto carati, con la boccetta di inchiostro, con le varie boccette di inchiostro e con Plutarco? Nulla: dopo, dopo, tutto era avvenuto dopo e quel dopo non contava un bel nulla se la penna non era lì nel comò, come sempre e da sempre.

Si alzò dal letto; la moglie socchiuse un istante gli occhi azzurri e chiari, di smalto, ed ebbe un gemito di protesta che Piero non sentì come nulla si sente quando rimbomba la disperazione. Si precipitò al comò e come nel sogno aprì immediatamente il secondo cassetto, guardò nell'angolo a sinistra accanto ai fazzoletti e alla lavanda. La penna era lì, c'era, appoggiata, bianca e azzurra (le screziature bianche, madreperlacee erano ormai gialline) a testimonianza non soltanto che lui era vivo ancora ma che era stato felice cinque anni. Piero inforcò gli occhiali, la strinse tra due dita, svitò il cappuccio, guardò il pennino con qualche traccia secca e rugginosa di inchiostro, subito la baciò due o tre volte, piangendo e ridendo nel cuore della notte. Poi richiuse il cappuccio, la posò dove stava. Andò in cucina con la sua piccola agenda tra le mani: come suo nonno ogni giorno scriveva piccoli appunti sul librettino omaggio della banca. Scrisse: «notte del 17 luglio 1979: sognato di non trovare più la OLO regalata dal nonno. Grandissimo dolore di cuore e sicuro di esalare l'anima a Dio. Cercata subito nel comò, ritrovata e baciata. C'era, cara, cara».

Tornò a letto, dormì senza sogni come quasi sempre. Al mattino, come ogni giorno andò in banca a piedi, di buon umore, come sempre del resto. In più del caffè comprò e mangiò con grandissimo piacere una pasta: era aumentata: 250 lire.

SOLITUDINE

Un giorno di un gelido inverno una donna di mezza età che da mesi girava raminga decise di accettare l'invito di un amico che abitava in una campagna piatta e umida insieme alla figlia. Decise è dire troppo perché il suo animo era tale da non sapere decider mai nulla e la trepidazione dominava il suo corpo fino alle mani e alle dita con anelli ricordo, che tremolavano dentro i guanti di lana. Era trasandata, curava poco se stessa, non si truccava, portava in valigia quattro vecchi abiti e addosso un pelicciotto spelacchiato e scucito che cadeva da tutte le parti. Non era povera ma era come fosse poverissima, non era vecchia ma era come lo fosse, non era brutta, anzi, nel suo dolore una grande bellezza partiva dagli occhi e dalla bocca che erano quasi sempre atteggiati al pianto e alla commozione. Era sola, questo sì.

Dunque arrivò con le sue valigie in una piccola stazione e poi in una minuscola casa dall'aspetto povero ma ben riscaldata, di due o tre stanze. Era sera. Trovò apparecchiato un modesto pranzo, mangiò, andò a dormire insieme con la figlia dell'amico (due letti erano tutta la mobilia), durante la notte fuori soffiò il vento, che aveva grandi spazi dove correre e solo pochi stecchi dove sibilare. A una cert'ora accese la luce, pochi secondi perché si era dimenticata di prendere il sonnifero, e vide la figlia dell'amico che dormiva accanto, sepolta sotto le coltri e il guanciale: era una donna ma aveva l'aspetto di una bambina. Dormiva profondamente con i pugni chiusi, e le gote rotonde e morbide scottavano. La donna ricordò l'assenza di figli nella sua vita, spense subito la luce e finalmente credette di addormentarsi: udì gli ultimi scoppi del fuoco al piano terreno.

Il mattino dopo era bel tempo e la donna, infilati degli stivali di gomma e il pellicciotto cadente, fece una lunga passeggiata nella campagna invernale, nel fango, incontrando rovi e sterpi. Ma incontrò anche un branco di faraone lontane e trovò per terra una penna di quegli animali che raccolse. Poi incontrò una contadina, finalmente arrivò al paese. Lì comprò i giornali, qualcosa in farmacia e scambiò alcune parole al caffè. Quando disse di chi era ospite fu guardata non più come una straniera ma come una persona in certo qual modo del paese. A mezzogiorno tornò a casa attraverso i campi, lievemente rasserenata. Trovò l'amico, subito arrivò anche la figlia che lavorava in fabbrica e parlarono un poco sempre con il focolare acceso, la voce della ragazza somigliava ai gridi delle rondini ed era fuori stagione. Poi la ragazza tornò in fabbrica e i due passarono il pomeriggio che cominciò immediatamente a calare verso la notte parlando di altri amici che abitavano in città lontane. Anche questo rasserenò un poco la donna.

Alla sera giunsero a cena due amici della figlia, un giovanotto che lavorava in fabbrica e la fidanzata che studiava medicina. Si intrecciò una conversazione e la donna, sconosciuta ai due nuovi venuti, fu argomento di grande interesse per i due. Ad eccezione della donna che aveva modi, pensiero e linguaggio di città, come in parte anche il padrone di casa, tutti gli altri avevano modi, pensiero e linguaggio di campagna. Un po' come i topi di campagna e i topi di città. Ma, a differenza dei topi della favola, anche se lo stile, il suono e i modi della conversazione erano diversi, il sentimento (non detto) era lo stesso: l'attrazione che tutti irresistibilmente provavano verso la donna. Avrebbe dovuto essere l'inverso, data appunto la differenza di tono della donna e degli altri, di solito non c'è attrazione tra gli abitanti di città e quelli di campagna, ma così avvenne. L'uomo si chiese il perché e l'avrebbe chiesto direttamente anche agli altri se non fosse stata presente anche la donna ma credeva di capire: la simpatia di tutti verso di lei apparteneva a uno di quei momenti di difficoltà della vita, un po' come accadeva in tempo di guerra, quando un fuggiasco si rifugiava in una casa di campagna.

«Già,» pensò l'uomo «ma ci sono fuggiaschi e fuggiaschi. Alcuni erano insopportabili». Guardò la donna che conosceva da molti anni e si provò a giudicarla: era impossibile, e già questo era un dato di simpatia, poi la giudicò con il cuore e la mente degli altri, compresa sua figlia. Questa stava seduta accanto alla donna e, in modo inconsapevole e quasi infantile, le stava appiccicata fianco contro fianco e la guardava da sotto essendo più piccola, da dietro le grandi lenti degli occhiali. La studentessa parlava con un leggero sorriso, il giovane operaio anche lui guardava la donna, erano tutti conquistati dalla donna ed egli non sapeva se esserne fiero o geloso. Si chiedeva che cosa li conquistava (il perché della simpatia) e provò a darsi alcune risposte, nessuna soddisfacente. La novità? La curiosità? L'attrazione, che non significa però simpatia, che sempre prova la gente di campagna verso la gente di città? La diversità, il linguaggio, l'interesse dimostrato dalla donna per tutti gli argomenti espressi dagli altri? Forse semplicemente il timbro di voce, i modi gentili, di «signora», l'aspetto dolente, le mani, lo sguardo? Certamente tutto questo ma c'era dell'altro, appunto la simpatia. Ma allora cos'era la simpatia?

Erano le undici, tutti si salutarono, tutti andarono a dormire. Quella notte sia l'uomo che la donna restarono invece un bel po' svegli, udirono il rumore della pioggia che era giunta a spezzare il gelo, la figlia invece dormiva nel suo proprio calore dentro quello del piumino e non si accorse di nulla: era giovane. Il giorno dopo la donna fu invitata a colazione da altri amici che abitavano poco lontano e l'uomo andò a prenderla dopo mangiato. Arrivò che chiacchieravano e non gli sfuggì la stessa cosa della sera precedente. La simpatia era diffusa nella stanza e il padrone di casa, un bell'agricoltore con barba, baffi e occhi chiarissimi, teneva stretta alle spalle la donna in atteggiamento protettivo; la moglie anche lei guardava la donna con occhi socchiusi e brillanti.

Anche qui, era la novità, il tempo trascorso, il piacere di rivedere una persona che non si vedeva da anni e che sempre, quando accade, sembra ringiovanire? Era tutto questo ma questo non era l'essenziale. L'essenziale sfuggiva all'uomo o voleva che gli sfuggisse. In realtà egli aveva in mano l'essenziale ma era questo un aspetto della vita che troppo spesso lasciava che gli sfuggisse perché la presa della sua mano diventava inerte. Non per disinteresse, né per insensibilità ma per noia.

Ogni giorno di più la donna si rasserenava (erano passati pochissimi giorni, tre o quattro) e ogni giorno di più ella conquistava la simpatia delle persone che conosceva anche di sfuggita. Uno di quei giorni cadde il suo compleanno, tre o quattro persone che aveva visto assai poco le portarono dei fiori e un dolce.

L'amico non ne fu affatto stupito ma trovò da riflette-
re sulla coincidenza di due sentimenti: quello dei paesani, attratti dalla donna e quello della donna che si
rasserenava via via. Egli conosceva abbastanza bene i
motivi del dolore di lei e li leggeva molto più profondamente nelle sue mani o in alcuni atteggiamenti un
po' curvi, o in certi passetti malsicuri, in certi inciam-
pi nel terreno, nell'approfondirsi di due rughe intorno alla bocca che nelle parole che lei diceva.

Non si spiegava però il sentimento dei paesani: es-
so andava ben oltre i modi di lei, c'era perciò intorno alla donna, e non per motivi superficiali e banali
come quelli che aveva pensato, del fascino che non
avrebbe dovuto esserci. Non era giovane, non era
bella, non era ricca, non portava bei vestiti, anzi era
quasi una stracciona che si aggirava nella campagna
le ore del mattino ogni tanto chinandosi a raccogliere un sassolino, una piuma, uno stecco che essi
non vedevano. Eppure c'era in lei qualcosa di impo-
nente, nel senso che si imponeva, che contrastava
sia con i suoi modi, sia con il suo aspetto. Egli stesso
ne era preso, come gli altri, come tutti.

La guardava quando appariva dal fondo di un
grandissimo prato e si avviava verso casa: era poco
più di un punto marrone e peloso pensieroso ed er-
rabondo. Egli apriva i vetri e subito la donna alzava
il volto, qualcosa di pallido, e dopo il volto alzava il
braccio in un gesto di saluto, poi allungava il passo
verso casa. Bastava questo e l'uomo era preso come
tutti gli altri.

La donna si rasserenò un poco, quel tanto da non
piangere sempre come l'uomo l'aveva vista (e per
questo l'aveva invitata) ma non abbastanza da ritornare ad essere quella che lui conosceva da molti anni. Passò ancora qualche giorno poi la donna partì
con la promessa, a tutti quelli che la invitavano, di
ritornare presto.

FINITO DI STAMPARE NEL GENNAIO 2010
DA GRUPPO POZZONI

Printed in Italy

GLI ADELPHI

BEAUTIFUL VALENTINA
IM SORRY I DIDNT CLEAN UP
AND I HOPE HAD A WONDERFULL DAY
BISOUS SUR CORP

B

GLI ADELPHI
Periodico mensile: N. 348/2009
Registr. Trib. di Milano N. 284 del 17.4.1989
Direttore responsabile: Roberto Calasso